旅游审美概论

LVYOU SHENMEI GAILUN

主　编　代道军
副主编　安　婷

西北大学出版社

·西安·

图书在版编目(CIP)数据

旅游审美概论／代道军主编.－－西安：西北大学出版社,2021.03
ISBN 978－7－5604－4679－0

Ⅰ.①旅⋯　Ⅱ.①代⋯　Ⅲ.①旅游学—美学—高等职业教育—教材　Ⅳ.①F590

中国版本图书馆 CIP 数据核字（2021）第 270886 号

旅游审美概论

主　　编	代道军
出版发行	西北大学出版社
地　　址	西安市太白北路 229 号
邮　　编	710069
电　　话	029－88303042
经　　销	全国新华书店
印　　装	西安日报社印务中心
开　　本	787mm×1092mm　1/16
印　　张	17.75
字　　数	317 千字
版　　次	2021 年 3 月第 1 版　2021 年 3 月第 1 次印刷
书　　号	ISBN 978－7－5604－4679－0
定　　价	45.00 元

本版图书如有印装质量问题，请拨打 029－88302966 予以调换。

前 言

著名学者叶朗先生说:"旅游,从本质上说,就是一种审美活动。离开了审美,还谈什么旅游?"旅游活动是一种有机的、整体的文化行为,审美从根本上是贯穿这一文化行为的一种态度、一种价值观念和一种思想方式,它决定着这种文化行为的出发点、方向和宗旨,其本质就是审美体验的过程,是寻找美、发现美、欣赏美、沉醉于美的过程。当代旅游活动本身就是一个体验的过程,它不是传统意义上个人行吟赏唱的爱好,不是独善其身的孤傲寄托,也不是消磨时光的闲情逸致,它是为恢复完整生命体验的一种尝试。所以,旅游活动应从人类发展史,从人类生命的必要前提来理解,因为它本身就是生活的艺术化和审美化。

旅游审美基础作为一门以旅游审美活动为主要研究对象的课程,在旅游业迅猛发展的今天,具有不可取代的作用。旅游审美属于应用美学的范畴,与旅游科学密切相关,它以探讨旅游审美主体(旅游者)、旅游审美客体(旅游资源)和旅游审美介体(旅游行业及旅游服务人员)之间的审美关系,分析旅游活动过程中的审美规律为主要内容,具有很强的实用性和针对性。本书主要针对高等职业院校旅游相关专业的在校生,在教材的设计和内容选择方面强调理论知识与实际应用相结合,收集整理了相关阅读材料和图片资料,旨在提高教材的实用性和可读性。

本书由陕西工商职业学院和北京经济管理职业学院的多名专业教师共同编写完成。其中,代道军担任主编,安婷担任副主编,具体编写分工为:第一、二、六章,第七章中的第二、三、四、五节以及参考文献由代道军编写;第三、四、五、八章由冯雅力编写;第九、十一章以及第十章第二、三、四节由安婷编写;第七章第一节、第十章第一节由苑秀芹编写;全书由代道军和安婷统稿。

在本书的编写过程中,查阅、参考了大量相关书籍、学术论文、网络文章,但限于篇幅,只有部分参考文献在正文后列出,在此谨向相关作者表示诚挚的敬意!本书中部分图片来源于有关网站,感谢图片提供者,如需主张著作权,请与作者联系。本书在编写过程中,西北大学出版社强薇、柴洁两位编辑给予了大量的指导和帮助,在此一并致谢!

旅游美学涉及多门学科,相关知识和素材丰富多彩,因时间仓促,书中难免有疏漏和不足之处,恳请读者提出宝贵意见。

编 者

2021年3月

目录
CONTENTS

第一章　旅游审美概述 …………………………………… (1)
　　第一节　旅游的审美本质 …………………………… (1)
　　第二节　旅游审美的意义 …………………………… (14)
　　第三节　中国古代旅游审美的典型形式 …………… (19)

第二章　自然景观的审美要领 …………………………… (28)
　　第一节　发现大自然之美 …………………………… (28)
　　第二节　自然之美与天人合一 ……………………… (34)
　　第三节　自然景观的审美内涵 ……………………… (39)

第三章　自然景观审美典型一：山岳景观 ……………… (52)
　　第一节　山岳地貌景观 ……………………………… (53)
　　第二节　山岳景观文化 ……………………………… (59)
　　第三节　山岳地貌景观的美学特征 ………………… (60)
　　第四节　山岳地貌景观的审美功能 ………………… (75)

第四章　自然景观审美典型二：水体景观 ……………… (77)
　　第一节　水体景观类型 ……………………………… (77)
　　第二节　水体景观的审美特点 ……………………… (90)
　　第三节　水体景观文化 ……………………………… (97)

第五章　自然景观审美典型三：天象景观 (100)

第一节　天象景观概述 (100)

第二节　天象景观的特点 (102)

第三节　天象景观类型 (104)

第四节　天象景观审美 (116)

第五节　典型景观赏析——大气之美 (117)

第六章　人文景观的审美要领 (120)

第一节　人文景观的审美价值 (120)

第二节　人文景观的工艺美 (130)

第三节　人文景观的文化意蕴美 (134)

第四节　人文景观的民族风情美 (137)

第五节　人文景观的意境美 (139)

第七章　人文景观审美典型一：中国古典园林 (144)

第一节　作为理想居所的园林 (144)

第二节　中国古典园林的造园手法 (147)

第三节　中国古典园林的美学精神 (155)

第八章　人文景观审美典型二：建筑景观 (161)

第一节　中国古代建筑审美概要 (161)

第二节　中国古代建筑发展历程 (162)

第三节　中国古建筑的主要形式 (164)

第四节　中国古建筑的审美特征 (171)

第五节　中国古代建筑审美典型案例 (174)

第九章　旅游景观设计的审美要求 (184)

第一节　旅游景观设计的相关概念 (184)

第二节　旅游景观设计的美学要素 (185)

第三节　旅游景观设计的构成要素 ……………（195）

第十章　旅游从业者的审美修养 ………………………（211）
　　第一节　导游的审美定位和作用 …………………（211）
　　第二节　导游的形象美 ……………………………（214）
　　第三节　导游的修养美 ……………………………（220）
　　第四节　导游的审美引导 …………………………（230）

第十一章　旅游者的审美结构和方法 …………………（244）
　　第一节　旅游者的审美结构 ………………………（244）
　　第二节　旅游审美方式 ……………………………（252）
　　第三节　旅游审美距离 ……………………………（256）
　　第四节　旅游审美位置与角度 ……………………（261）
　　第五节　旅游审美时机 ……………………………（266）

参考文献 …………………………………………………（276）

第一章　旅游审美概述

> **本章提要**
>
> 旅游活动是一种有机的、整体的文化行为，审美在根本上是贯穿这一文化行为的一种态度、一种价值观念和一种思想方式，它决定着这种文化行为的出发点、方向和宗旨。因此，审美活动是整个旅游活动中至关重要的一维，而不仅仅是它的一个方面，更不是可有可无的附属部分。本章分为三小节，第一节讲解为什么说旅游的本质是审美，第二节讲解旅游审美对人类的重要意义，第三节讲解中国古代几种典型的旅游审美活动。

第一节　旅游的审美本质

一、旅游的本质是审美

知乎上有一篇题目为《诗和远方，是误导年轻人的最大毒瘤》的文章，其大意是作者曾是一名文学青年，苦苦追寻"诗和远方"，但一无所获，后做小生意享受富足物质生活，他顿悟道："也许诗和远方，只是贫穷人生的一块遮羞布，一个让人暂时逃避残酷人生的龟壳，一群虚妄人的虚妄狂欢。"之所以从这篇文章开始，并不是要批判这一篇文章多糟糕，而是觉得，以物质满足取代精神追求，这种看起来富有批判精神的态度背后，其实代表了现代社会人一种普遍的、消费主义的生存形态，这是一种以货币为中心，存在于我们所有生活领域的、对消费商品的沉迷态度。我们不认为追求物质生活的满足有什么不对，人首先总要靠自己的努力，给自己创造一个相对富足的生活，只是把这种生活确立为人生的全部追求，人也就失去了做人的尊严，失去了人类生命的价值，这和动物把物质消耗当作生命的全部，其实没什么两样。

(一)旅游中的审美与消费

哲学家海德格尔说:"人,诗意地栖居……"与获得尽可能多的物质财富相比,对人类存在来说,对诗意所代表"美"的追求,以及对真和善的追求,对这些精神性的价值追求,才是能够让人从动物爬行的状态中站立起来,并确立生命终极价值的东西。19世纪美国的超验主义者梭罗,也是《瓦尔登湖》的作者,他发现一个人一年中工作六周就能自给自足,其他的时间可以用来享受阳光和星空的光辉,从事精神追求,这种简朴主义的生活,才让他觉得真正的富足和幸福。

本节开头提到的那篇文章,其问题并不在于"诗和远方"本身,反倒是在于,我们很多时候把"远方"即旅游也当成一种消费品,消费"诗和远方"就像消费快餐一样,那么在"远方"和在超市也就没有什么区别了。学者叶朗说:"旅游,从本质上说,就是一种审美活动。离开了审美,还谈什么旅游?"不少人觉得,似乎只要踏上了旅途,就进入了"诗和远方"的状态,进入了审美的状态,其实不然,我们也许只是在消费旅游。很多人的旅游其实只是照相机的旅游。回想一下,我们常常到了景点,就轮番拍照,之后抬腿走人。这样的旅游其实和审美没什么关系,这样的"远方"除了照片,还能留下什么呢?很多时候,我们现代人的感受力,被物质的满足消耗完了,像老子《道德经》里说到的,"五色令人目盲,五音令人耳聋,五味令人口爽",失去了对世界之美的感受力,只好让照相机代替我们去看,而我们自己的眼睛,没有了审美的眼光,即使想去看,也只是看到一些表面的光色声影或者干脆什么都看不到。

阅读材料:人,诗意地栖居……(节选)

"人充满劳绩,但却诗意地,栖居在这片大地上。"

这个诗句引自荷尔德林后期一首以独特方式流传下来的诗歌。这首诗的开头曰:"教堂的金属尖顶,在可爱的蓝色中闪烁……"为了恰当地倾听"……人诗意栖居……"这个诗句,我们必须审慎地将它回复到原诗中。而且,我们要思量这个诗句,澄清此诗句此刻唤起的种种疑虑。因为否则的话,我们就不会有开放的期待姿态,去追踪从而应答这个诗句。

"……人诗意地栖居……"说诗人偶尔诗意地栖居,似还勉强可听。但这里说的是"人",即每个人都总是诗意地栖居,这是怎么回事呢?难道一切栖居不是与诗意格格不入的吗?我们为住房短缺所困挠。即便不是这样,也由于劳作而备受折磨,由于趋功逐利而不得安宁,由于娱乐和消遣活动而迷惑。而如果说在今天的栖居中,人们也还为诗意留下了空间,省下了一些时间的话,那么,顶多也就是从事某种文艺性的活动,或是文学,或是音乐美术。诗歌或者被当作顽物丧志的矫情和不着边际的空想而遭到否定,被当作遁世的梦幻而遭到否定;或者,人们就把诗看作文学的一部分。文学的功效是按照当下的现实尺度而被估价的。现实本身由形成公共文明意见的组织所制作和控制。这个组织的工作人员之一(既是推动者又是被推动者)就是文学行业。这样,诗就只能表现为文学。甚至当人们在教育上和科学上考察诗的时候,它也还是文学史的对象。西方的诗被冠以"欧洲文学"这样一个总名称。

……然而,在我们如此粗略地宣布栖居与作诗的不相容之前,最好还是冷静地关注一下这位诗人的诗句。这个诗句说的是人之栖居。它并非描绘今天的栖居状况。它首先并没有断言,栖居意味着占用住宅。它也没有说,诗意完全表现在诗人想象力的非现实游戏中。如此,经过深思熟虑,谁还胆敢无所顾忌地从某个大可置疑的高度宣称栖居与诗意是格格不入的呢?也许两者是相容的。进一步讲,也许两者是相互包含的,也即说,栖居是以诗意为根基的。如果我们真的作此猜断,那么,我们就必得从本质上去思栖居和作诗。如果我们并不回避此种要求,我们就要从栖居方面来思考人们一般所谓的人之生存。而这样一来,我们势必要放弃通常关于栖居的观念。根据通常之见,栖居只不过是人的许多行为方式中的一种。我们在城里工作,在城外栖居。在旅行时,我们一会儿住在此地,一会儿住在彼地。这样来看的栖居始终只是住所的占用而已。

当荷尔德林谈到栖居时,他看到的是人类此在的基本特征。而他却从与这种在本质上得到理解的栖居的关系中看到了"诗意"。

……

(节选自海德格尔《演讲与论文集》,孙周兴译,三联书店,2006)

(二)审美活动贯穿于旅游活动的全过程

旅游活动是一种有机的、整体的文化行为,审美在根本上是贯穿这一文化行为的一种态度、一种价值观念和一种思想方式,它决定着这种文化行为的出发点、方向和宗旨。因此,审美活动是整个旅游活动中至关重要的一维,而不仅仅是它的一个方面,更不是可有可无的附属部分。当代旅游活动本身就是一个体验的过程,它不是传统意义上个人行吟赏唱的爱好,不是独善其身的孤傲寄托,也不是贵族消磨时光的闲情逸致,它是当代人类被生活困扰后的生命呼喊,是为恢复本我、丰富感觉的一种尝试。而始终贯穿于旅游活动全过程的审美冲动,使生活艺术化的理想追求在这一过程中得以全面实现。所以,旅游活动应从整个人类发展史,从人类生命的必要前提来理解,因为它本身就意味着生活的艺术化和审美化。

审美不仅贯穿于旅游活动之始终,而且与旅游终极目标根本一致,是旅游发展的主要原动力。因此,对旅游的基本美学思想和原则的考察,便不能仅从某一方面着手,而应深层次、全面化,本质地去把握一种方法、一种视野和一种态度。正如充满审美意趣的人生才是充分发展的、丰满的人生一样,旅游活动只有上升为一种审美活动,才会成为真正健康的、充满意义与生机的活动。这样看待旅游及其审美,我们便可以获得对旅游审美意义更加深刻、真切的体认,获得对旅游审美进行认知、评价和把握的更加内在和全面的依据。

(三)旅游审美是朝向自由和无限的一种努力

旅游本质上是一种审美活动,是有其深刻内涵的。旅游的内涵是什么呢?中国最早的古文字之一金文当中,"旅"字有两种较明显的字形,一是下部为"车"字,一是下部为"止"字。"止"在金文中是脚趾的象形,这两个字都代表行走、出走的意思,意味着从常住地、日常的生活状态中走出去。"游"字也有行的意思,它还有另一层意思,指像旌旗那样自由飘动的样子。段玉裁的《说文解字注》认为"游"可引申为"出游、嬉游",实际上意味着从事无功利性活动的自由状态,即暗含着从功利状态中走出来,超越出来的意思。我们可以这样来理解,以审美为其本质的旅游活动,意味着精神上一种自由、超越的状态。女诗人茨维塔耶娃的恋人是诗人里尔克,她在信中对里尔克说,之所以会爱上他,就是因为看到了里尔克的《致俄耳浦斯的十四行诗》中的那个著名开头:"一棵树长得超出了它自己。"树就是树,它又怎么会长得超出了自己呢?举个例子来类比,如果我们对自然还有足够的感受力,不妨去看齐白石画的牵牛花,或者去看春天的时候,石头缝里钻出的一棵小草的嫩芽,会发现这些极其微小的生物上,居然洋溢着宇宙无限的生机。从有限进入无限,就是一棵树超出了它自己。审美,旅游审美,都具有这样超越的性质,就是克服人自身物质生命的有限性,朝向精神上的自由和无限的一种努力。所以哲学家康德曾说:"美是对无限的眺望。"

二、旅游是一种脱离日常功利状态的生活方式

居家的生活是以追逐物质利益和日常人际关系为中心形成的牢固的事务链,

这种事务链把人的精力牢牢地固定在日常的琐事之中,功利层次的生活其实正是日常烦恼和不自由感的主要来源。朱光潜曾说,"人们迫于生存竞争的需要,通常都把全副精力费于饮食男女的营求,这丰富华严的世界除了可效用于生活需要之外,便无其他意义,所以美感上的距离往往极难维持。"在这种全副精力费于饮食男女的营求生活中,人们的行动和意识是一致的。

"日常意识"在居家生活中占主导。滕守尧曾专门分析过人们的日常意识,他说:"日常意识是一种受功利性的有限目的遥控的意识。在这种意识中,我的思路就像乘上快车,直向目的地开去,并不在中间做任何停留,从开始到目的达到,中间这段时间的消耗,完全是一种手段,似乎没有什么价值。日常意识中,真正的价值在于目的达成,而非达成目的的过程。只是每一个目的并非是最终目的,它也是达成更大目的的手段,当追问这个目的链条的终点,或者说终极目的的时候,日常意识往往茫然无措,甚至陷入虚无主义之中。"

和居家生活不同,旅游的最终价值就是审美活动本身,换句话说,旅游审美活动的价值在于其过程,而非其目的,是一种无目的的自由活动。这种自由活动带给人的精神体验,具有某种终极性,朱光潜认为类似于"天启",他说:"偶然之间,我们也间或能像叔本华所说的,丢开寻常看待事物的方法,见出事物的不平常的一面,于是天天遇见的、素以为平淡无奇的东西,例如破墙角伸出来的一枝花,或是林间的一片阴影,便陡然现出奇姿异彩,使我们惊讶它的美妙。这种陡然的发现像一种灵感或天启,其实,不过是由于暂时脱开实际生活的约束,把事物摆在适当的距离之外去观赏罢了。"这种暂时脱开实用生活的约束,偶然之间的灵感或天启,正是旅游观赏的实质。旅游从本质上来说不是一种有功利化目的的活动,它是日常生活生产的一种超离,也可说是"日常意识"的断裂,正是这种日常意识的断裂,把人的精神从不自由的状态中暂时解放出来。

今道友信的"日常意识的垂直切断"与此类似。按照今道友信的分析,日常生活的意识构造,就是朝着一个目标,把一系列行为条理化的构造,他说:"日常生活意识,就是把独立的片段行动组织成适应于一个明确目的的系统。"审美活动则是"日常意识的垂直切断",他分析道:"在我们平时走路不太注意的大树上,缠绕着常青藤,背后是蓝蓝的天空,阳光映照着绿叶,有时我们会被这景色吸引,一下子停住脚步,这并不是什么特别的美的体验,但我们一下子注意到那个平常不十分注目的景色时,在那一瞬间,我们的意识一下子脱离了行动体系,而集中于那一景色。如果我们把行动体系的意识方位作为水平运动的话,那么在那一瞬间,水平运动中断了,而转向景色意识的方位,可以说这时日常意识被垂直地切断了。在那一瞬间,我们在追求一个与必要的行动体系毫无关系的构图。常青藤螺旋形的线与树干垂直的线,加之背面的蓝天与阳光的构图。"

一般情况下的"日常意识流切断",如居家生活中短暂的艺术欣赏、审美、娱乐、游戏等,是一种短暂的精神体验,并不切断日常生活链,这与旅游审美活动是有区别的。离开久居地外出旅游,这时居家的日常意识自然就切断了,就旅游美学看来,当主体一踏上行程,日常生活之链即切断,物质的羁绊即摆脱,精神为之振奋,自由的精神创造性生活即开始。这里,生活事务链的断开比意识流的断开更具有全面性和社会学层面上的意义。

三、旅游是一种美感和诗意的生命态度

旅游生活是对日常功利生活的一种超离,或者说"垂直地切断",这代表了一种特别的生命态度,是一种美感的、诗意的生命态度。

(一)看待世界的不同态度

对每个个体来说,世界不是纯粹的客观,它总是打上个人的精神色彩,所以每个人眼中的世界都是不一样的。悲伤的时候,看到的世界也是悲伤的;高兴的时候,看到的世界也焕发出光彩;内心平静的时候,也能感受到"万物静观皆自得"的世界。正如"子非鱼"的故事,庄子和朋友惠施在濠水的一座桥上散步,庄子看着水里的小鱼说:"小鱼在水里悠然自得,这是鱼的快乐啊。"惠子说:"你不是鱼,怎么知道鱼的快乐呢?"庄子说:"你不是我,怎么知道我不知道鱼的快乐呢?"惠子说:"我不是你,本来就不知道你;你本来就不是鱼,你不知道鱼儿的快乐,也是完全可以断定的。"庄子说:"请回到我们开头的话题。你说:'你哪里知道鱼的快乐'等等,就是已经知道了我知道鱼的快乐而问我,我是在濠水河边上知道的。"在这个著名的辩论中,到底孰是孰非? 其实并无对错,只是对待世界的态度不同。庄子在作诗,在表达他对自由生命的向往。惠子在讲科学、讲知识论,用逻辑告诉庄子,他的诗是不对的。就像我们中秋赏月,一个颇有天文常识的人却告诉我们:月亮只是一块坑坑洼洼的大石头,光还是反射太阳的,并无观赏价值。他的论点并没有错,只是他发表的言论不合时宜,或者说,他用科学的态度剥夺了赏月的意义。庄子的世界是一个诗意的世界,而惠子的世界是一个科学的世界。这代表了两种不同对待世界的态度,也代表了两种不同的人生态度。

（二）三种态度：实用的、科学的、美感的

我们再看另外一则典故。朱光潜在其美学著作《谈美》中，谈到对于同一事物，不同的人往往会有不同的认识。他举了一棵松树的例子，说明人们对一件事物的三种不同态度。比如，园里有一棵古松，一位木商、一位植物学家、一位画家，他们同时来欣赏古松。但每个人"知觉"到的却是不同的东西。木商所看到的是可做家具、值多少钱的木料；植物学家看到的是一棵叶为针状、果为球状、四季常青的显花植物；画家则从审美出发，他看到的只是一棵苍翠挺拔的古松。同时，三人的反应态度也不一致。商人心里盘算它的用途，考虑怎样去制作、运输；植物学家把它归到某类某科里去，注意它和其他松树的异同点；画家则聚精会神地观赏它苍翠的颜色和盘曲如龙蛇的线纹。

朱光潜把这三种态度分别称为实用的、科学的、美感的。所谓实用的态度就是对生活有利的东西我们趋奉、对生活有害的东西我们逃避的一种意志和活动。商人求利就可以归为实用的态度。科学的态度就是抛却自己所有的爱好和情感，以纯粹客观的精神去探索真理，这是植物学家的态度。但是，持美感态度的人，就像那位画家，古松在他的眼里，就像是一幅画，他把自己沉浸在古松的姿态所创造的美感体验当中，古松对于他而言变成了唯一，是一个当下独立的世界。

朱光潜建议我们像欣赏艺术一样，以一种美感的态度去欣赏世界和人生。凡是善于欣赏的人，他"有一双慧眼看世界，整个世界的动态便成为他的诗，他的图画，他的戏剧，让他的性情在其中'怡养'。到了这种境界，人生便经过了艺术化"。艺术是情趣的活动，艺术的生活也就是情趣丰富的生活。"情趣愈丰富，生活也愈美满。所谓人生的艺术化就是人生的情趣化。"以情趣为着眼点，朱光潜把人分为两种：一是情趣丰富的，对于许多事物都觉得有趣味，而且到处寻求、享受这种趣味；另一种是情趣干枯的，对于许多事物都觉得没有趣味，也不去寻求趣味。

（三）旅游是一种美感的生命态度

从本质上说，旅游便是这样一种艺术化的生命态度。当我们踏上旅途，暂且离开日常的生活世界，抛开对功名利禄的追逐，去发现世界的美和诗意，就像大家都熟悉的那首歌，"生活不止有眼前的苟且，还有诗和远方"。

旅游审美，便是欣赏这个世界的美，也就是庄子所说的"天地之大美"。欧洲阿尔卑斯山谷中有一条宽阔的汽车路，两旁景物极美，路上的一条标语说："慢慢

走,欣赏啊!"朱光潜的《谈美》一书最后一章就以这六个字为标题,全书也以这六个字结尾,他以此奉赠青年朋友们:在这车水马龙的世界中生活,不要像在阿尔卑斯山谷中乘汽车兜风,匆匆忙忙地急驰而过,而要多多回首流连风景,这样,丰富华丽的世界才不会了无生趣。

阅读材料:人生的艺术化

……

人生是多方面而却相互和谐的整体,把它分析开来看,我们说某部分是实用的活动,某部分是科学的活动,某部分是美感的活动,为正名析理起见,原应有此分别;但是我们不要忘记,完满的人生见于这三种活动的平均发展,它们虽是可分别的而却不是互相冲突的。"实际人生"比整个人生的意义较为窄狭。一般人的错误在把它们认为相等,以为艺术对于"实际人生"既是隔着一层,它在整个人生中也就没有什么价值。有些人为维护艺术的地位,又想把它硬纳到"实际人生"的小范围里去。这般人不但是误解艺术,而且也没有认识人生。我们把实际生活看作整个人生之中的一片段,所以在肯定艺术与实际人生的距离时,并非肯定艺术与整个人生的隔阂。严格地说,离开人生便无所谓艺术,因为艺术是情趣的表现,而情趣的根源就在人生;反之,离开艺术也便无所谓人生,因为凡是创造和欣赏都是艺术的活动,无创造、无欣赏的人生是一个自相矛盾的名词。

人生本来就是一种较广义的艺术。每个人的生命史就是他自己的作品。这种作品可以是艺术的,也可以不是艺术的,正犹如同是一种顽石,这个人能把它雕成一座伟大的雕像,而另一个人却不能使它"成器",分别全在性分与修养。知道生活的人就是艺术家,他的生活就是艺术作品。过一世生活好比做一篇文章。完美的生活都有上品文章所应有的美点。

第一,一篇好文章一定是一个完整的有机体,其中全体与部分都息息相关,不能稍有移动或增减。一字一句之中都可以见出全篇精神的贯注。比如陶渊明的《饮酒》诗本来是"采菊东篱下,悠然见南山",后人把"见"字误印为"望"字,原文的自然与物相遇相得的神情便完全丧失。这种艺术的完整性在生活中叫作"人格"。凡是完美的生活都是人格的表现。大而进退取与,小而声音笑貌,都没有一件和全人格相冲突。不肯为五斗米折腰向乡里小儿,是陶渊明的生命史中所应有的一段文章,如果他错过这一个小节,便失其为陶渊明。下狱不肯脱逃,临刑时还叮咛嘱咐还邻人一只鸡的债,是苏格拉底的生命史中所应有的一段文章,否则他便失其为苏格拉底。这种生命史才可以使人把它当作一幅图画去惊赞,它就是一种艺术的杰作。

其次,"修辞立其诚"是文章的要诀,一首诗或是一篇美文一定是至性深情的流露,存于中然后形于外,不容有丝毫假借。情趣本来是物我交感共鸣的结果。景物变动不居,情趣亦自生生不息。我有我的个性,物也有物的个性,这种个性又随时地变迁而生长发展。每人在某一时会所见到的景物,和每种景物在某一时会所引起的情趣,都有它的特殊性,断不容与另一人在另一时会所见到的景物,和另一景物在另一时会所引起的情趣完全相同。毫厘之差,微妙所在。在这种生生不息的情趣中我们可以见出生命的造化。把这种生命流露于语言文字,就是好文章;把它流露于言行风采,就是美满的生命史。

文章忌俗滥,生活也忌俗滥。俗滥就是自己没有本色而蹈袭别人的成规旧矩。西施患心病,常捧心颦眉,这是自然的流露,所以愈增其美。东施没有心病,强学捧心颦眉的姿态,只能引人嫌恶。在西施是创作,在东施便是滥调。滥调起于生命的干枯,也就是虚伪的表现。"虚伪的表现"就是"丑",克罗齐已经说过。"风行水上,自然成纹",文章的妙处如此,生活的妙处也是如此。在什么地位,是怎样的人,感到怎样情趣,便现出怎样言行风采,叫人一见就觉其谐和完整,这才是艺术的生活。

俗语说得好:"惟大英雄能本色。"所谓艺术的生活就是本色的生活。世间有两种人的生活最不艺术,一种是俗人,一种是伪君子。"俗人"根本就缺乏本色,"伪君子"则竭力遮盖本色。朱晦庵有一首诗说:"半亩方塘一鉴开,天光云影共徘徊。问渠那得清如许?为有源头活水来。"艺术的生活就是有"源头活水"的生活。俗人迷于名利,与世浮沉,心里没有"天光云影",就因为没有源头活水。他们的大病是生命的干枯。"伪君子"则于这种"俗人"的资格之上,又加上"沐猴而冠"的伎俩。他们的特点不仅见于道德上的虚伪,一言一笑、一举一动,都叫人起不美之感。谁知道风流名士的架子之中掩藏了几多行尸走肉?无论是"俗人"或是"伪君子",他们都是生活中的"苟且者",都缺乏艺术家在创造时所应有的良心。像柏格森所说的,他们都是"生命的机械化",只能作喜剧中的角色。生活落到喜剧里去的人大半都是不艺术的。

……

(节选自朱光潜《谈美》,华东师范大学出版社,2012)

四、旅游审美是主客观融合的生命体验

关于"美"的本质问题很难有一个准确的答案。它就如同"人的本质"一样，具有根本意义的困惑，但这又事关人类自身的尊严和价值。

（一）柏拉图、康德、维特根斯坦对于"美"的本质的探讨

柏拉图所写的《大希庇阿斯篇》是最早一篇系统论美的著作，最早提出了"美是什么"的问题。这篇著作形式上是戏剧，戏剧的主角是著名哲学家柏拉图的老师苏格拉底。苏格拉底说，"美是年轻漂亮的小姐"，可接着又反驳自己："一匹母马很壮不也是美吗？"在这个戏剧中，他不断提出美的定义："美就是有用的""美就是恰当的""美就是视觉和听觉所生的快感""美就是有益的快感"。在戏剧开始的时候，苏格拉底曾经对希庇阿斯说："'美是什么'这个问题简单得很。"但到辩论结束，他才觉得问题并不是那么简单，便又对希庇阿斯说："讨论中我得到了一个益处，那就是更清楚地了解一句谚语'美是难的'。"

西方另一位美学大师康德，对美的本质问题有一个非常著名的总结，他说美是"判断力原理中谜样的东西"。这个谜一样的东西，是一种"主观的普遍必然性"。在黑格尔看来，这是美学家们有史以来所说出的"关于美的第一句合理的话"。康德注意到，审美活动似乎很另类。它具备一种"主观的普遍必然性"。我们都知道，主观的一定是不普遍的，不可能具有客观的普遍必然性，普遍的东西就一定不主观。我们经常说"必然规律""客观规律"，可是我们从没听说过"主观规律"。但是康德却在审美活动的身上有了一个重大的发现：主观的东西，竟然能够普遍，普遍的东西竟然是主观的。审美活动似乎是个神奇的例外。所以康德说，美是一个谜一样的东西。

持类似观点的，还有一位哲学大师，就是影响了整个西方现代思想界的维特根斯坦。维特根斯坦有一本很薄的著作《逻辑哲学论》，这本书以命题和推论的形式写作，异常简洁和清晰。他说："凡是可以被言说的，都可以被清楚地言说。"其最后一章只有一行字："对不可说的东西我们必须保持沉默。"他把不可说的东西，称为"神秘之域"。维特根斯坦认为美学与伦理学都是不可言说的，是神秘之物。他说："显然伦理学是无法表述的。伦理学是超越现实的。"后面还有一处标注：伦理学和美学是一回事。显然，美学问题，当然包括美的本质问题，语言是无法表述清楚的，是"能够被显示的，不能被言说"的。

为什么美的本质难以界定？我国著名的美学家潘之常认为美学所要探索的终极目的恰恰不应是"本质"，而只应是"意义"。探索美的"本质"问题本身是一条错误的道路，如果我们回到追寻"意义"的正确道路，长期以来的美学困惑也就迎刃而解了。换句话说，"本质"确实是"难的"，因为它根本就是一个虚假的美学问题，但是，"意义"问题或者意蕴问题，对美学来说却不是"难的"，因为它完完全全是一个真问题，一个真正的美学问题。

（二）旅游之美在于主客观的融合

那么美到底是什么？中国现代美学家叶朗试图给出一个参考性的答案：美在意象。这是对美的本质的一个界定。我们之所以说它是一个参考性的答案，是因为这个答案不像数学题的答案那样确定无疑。看起来，它似乎更像是对"美"的一个主要特征的界定。如何来理解这句话？"意"就是主观的精神世界，"象"是客观的物象或者艺术形象，"意象"就是主观和客观的融合。我们需要从以下几个方面去理解这句话。

首先，没有纯客观的美。唐代著名的文学家、思想家、哲学家柳宗元曾提出一个重要的命题，他说："夫美不自美，因人而彰。兰亭也，不遭右军，则清湍修竹，芜没于空山矣。"所以说，外物是不依赖于欣赏者而存在的。但美离不开人的审美体验。自然景物，"清湍修竹"，要成为审美对象，要成为美，必须要有"右军"王羲之等人的审美活动，必须要有他们的意识去发现它、唤醒它、照亮它。

其次，也没有纯主观的美。因为美并不是幻想而来的，能够让人们感受到美的，一定是客观存在的实物。而且，虽不存在所有人都公认的美，但总有一些事物的美可以掳获很多不同的人。比如，有些热门旅游景点，每到节假日就会人山人海，这说明很多人都认为这里的景色"美"不胜收。所以，著名高僧马祖道一说："凡所见色，皆是见心。心不自心，因色故有。"人的主观，说到底，就是人的这个"心"，它不是实体，心的存在就在于它显现了万物的面貌。所谓"色"，也就是物质世界中的种种现象，"色"在人心上打上种种印记，心才存在。审美体验或者审美精神，只有在外物形象映照在人心的时候才会存在。

第三，审美是主客观的统一。20世纪50年代，朱光潜指出："美感的对象既是物的形象，物的形象如上文所分析的，是主观与客观的统一，一方面由物的客观条件决定，一方面也受人的主观条件的影响。"这就像如果没有任何人称赞，田园中的花只是独自盛开和凋谢，没有其他的情感，但是如果有人感叹这朵花漂亮，那么它就被人赋予了美的含义。外在事物是客观的,人对物体的体验和感受是主观的。没有客观的物体,主观的情感也无处安放;没有主观的审美体验,客观的物体仍是客观的物体,无美感可言。唐代画家张璪曾说:"外师造化,中得心源。"这八个字成为中国绘画美学的纲领性的命题。什么意思呢?"造化"就是生生不息万物一体的世界,也就是中国美学讲的自然。"心源"是什么意思?就是说"心"是照亮世界上各种事物的一个源泉。宗白华说:"一切美的光是来自心灵的源泉,没有心灵的映射,是无所谓美的。"审美体验都是心灵和自然完全合一。

  叶朗把美的本质界定为"美在意象"。"美在意象"是对"美是主客观的统一"更进一步的表述,代表了中国传统对美本质的认识。朱光潜在《论美》这本书的开场白中,很明白地指出,美感的世界纯粹是意象世界。前面我们提到,"象"是大千世界中的事物形象,或艺术家创造出来的感性形象,"意"就是人对形象的体验,是人体验的意蕴或者意义。所谓"意象",既不是一个纯粹客观的物理的存在,也不是一种纯粹主观的心灵世界,而是一个主客观融为一体、充满了意蕴的感性世界。海德格尔曾举过一个例子,凡·高画了一双农妇的鞋,这双鞋本来是拿来穿的,但凡·高心目中鞋的意象,并不是作为物理世界的一双鞋,而是一个完整的、充满意蕴的感性世界。海德格尔阐释说:"从鞋具磨损的内部那黑洞洞的敞口中,凝聚着劳动步履的艰辛。……这器具浸透着对面包的稳靠性的无怨无艾的焦虑,以及那战胜了贫困的无言的喜悦,隐含着分娩阵痛时的哆嗦,死亡逼近时的战栗。"也就是说,这个感性世界显现了这位农妇的生存和命运,显现了天地万物和这个农妇结为一体的生活世界。当凡·高对它进行审美观照的时候,也就是当它进入凡·高的审美活动、审美体验的时候,这个意蕴世界对艺术家敞开,被艺术家所照亮。这双鞋的一切细节,譬如说磨损的鞋口、鞋底上的泥土等等,都同它的物理的存在,还有它的有用性脱离,而只是成为昭示,显示着一个完整的充满了意蕴的感性世界。这个完整的充满了意蕴的感性世界就是审美意象,就是美。

  阅读材料:美从何处寻

  ……

  "尽日寻春不见春,芒鞋踏遍陇头云。归来笑拈梅花嗅,春在枝头已十分。"

(宋罗大经:《鹤林玉露》中载某尼悟道诗)

  ……诗和春都是美的化身,一是艺术的美,一是自然的美。我们都是从目观耳听的世界里寻得她的踪迹。某尼悟道诗大有禅意,好像是说"道不远人",不应该"道在迩而求诸远"。好像是说:"如果你在自己的心中找不到美,那么,你就没有地方可以发现美的踪迹。"

然而梅花仍是一个外界事物呀，大自然的一部分呀！你的心不是"在"自己的心的过程里，在感情、情绪、思维里找到美；而只是"通过"感觉、情绪、思维找到美，发现梅花里的美。美对于你的心，你的"美感"是客观的对象和存在。你如果要进一步认识她，你可以分析她的结构、形象、组成的各部分，得出"谐和"的规律、"节奏"的规律、表现的内容、丰富的启示，而不必顾到你自己的心的活动，你越能忘掉自我，忘掉你自己的情绪波动，思维起伏，你就越能够"漱涤万物，牢笼百态"（柳宗元语），你就会像一面镜子，像托尔斯泰那样，照见了一个世界，丰富了自己，也丰富了文化。人们会感谢你的。

那么，你在自己的心里就找不到美了吗？我说，如果我们的心灵起伏万变，经常碰到情感的波涛，思想的矛盾，当我们身在其中时，恐怕尝到的是苦闷，而未必是美。只有莎士比亚或巴尔扎克把它形象化了，表现在文艺里，或是你自己手之舞之，足之蹈之，把你的欢乐表现在舞蹈的形象里，或把你的忧郁歌咏在有节奏的诗歌里，甚至于在你的平日的行动里、语言里。一句话，就是你的心要具体地表现在形象里，那时旁人会看见你的心灵的美，你自己也才真正地切实地具体地发现你的心里的美。除此以外，恐怕不容易吧！你的心可以发现美的对象（人生的，社会的，自然的），这"美"对于你是客观的存在，不以你的意志为转移。（你的意志只能指使你的眼睛去看她，或不去看她，而不能改变她。你能训练你的眼睛深一层地去认识她，却不能动摇她。希腊伟大的艺术不因中古时代而减少它的光辉……）

宋朝某尼虽然似乎悟道，然而她的觉悟不够深，不够高，她不能发现整个宇宙已经盎然有春意，假使梅花枝上已经春满十分了。她在踏遍陇头云时是苦闷的、失望的。她把自己关在狭窄的心的圈子里了。只在自己的心里去找寻美的踪迹是不够的，是大有问题的。王羲之在《兰亭序》里说："仰观宇宙之大，俯察品类之盛，所以游目骋怀，足以极视听之娱，信可乐也。"这是东晋大书法家在寻找美的踪迹。他的书法传达了自然的美和精神的美。不仅是大宇宙，小小的事物也不可忽视。诗人华滋沃斯曾经说过："一朵微小的花对于我可以唤起不能用眼泪表达出的那样深的思想。"

达到这样的、深入的美感，发现这样深度的美，是要在主观心理方面具有条件和准备的。我们的感情是要经过一番洗涤，克服了小己的私欲和利害计较。矿石商人仅只看到矿石的货币价值，而看不见矿石的美的特性。我们要把整个情绪和思想改造一下，移动了方向，才能面对美的形象，把美如实地和深入地反映到心里来,再把它放射出去,凭借物质创造形象给表达出来,才成为艺术。中国古代曾有人把这个过程唤做"移人之情"或"移我情"。……

(节选自宗白华《美从何处寻》,出自《美学散步》,上海人民出版社,2005)

第二节 旅游审美的意义

一、游之美:无用之用

旅游审美活动虽然并没有给我们的人生增添什么实实在在的可用之物,但具有不可估量的力量,也为人生所必需,无用之中有大用。

"学以致用"是春秋战国时期著名思想家荀子首先提出的,其大意是:"知"并不是目的,"知"是为了"用","知"而不会用,不能变成行动,再丰富的知识也没有用处。其顺理成章的推论就是不要去研究或学习那些没有用处的知识。宋代著名学者、史学家司马光在《答孔文仲司户书》中进一步提出了"学者贵于行之,而不贵于知之"的观点,其大意是:对于研究者来说,实践或实验比弄清其道理更为重要。几千年来,我们一直倡导人生要有用,为社会所用,为国家所用,为家庭所用。一切无"用"之物都成了奇技淫巧。"美"和"游"在很多人眼中也是无用之物,审美并不能使人获取直接的知识、技术和才能;"游"往往也被等同于不务正业。

《庄子·人间世》篇末中说道:"人皆知有用之用,而莫知无用之用也。"世间许多大用,都是从那些看似无用的癖好中衍生出来的,"无用"之癖好常常隐藏着有用的潜质。当我们功利地拒绝这些"无用"之癖时,其实放弃了很多隐藏在其中的"大用之用"。是"无用"还是"大用",往往取决于我们的观念,取决于我们对待世界和人生的态度。

所以,应当看到,尽管说"美"和"游"并不能给我们的人生增添什么实实在在的可用之物,但也应是人生所必需的无用之中的大用。如果说"有用之用"是物质需求的话,那么"无用之用"则是精神的补偿。如果说"有用之用"是肉体的满足的话,那么"无用之用"则是心灵的慰藉。"美"和"游"是对人心灵的慰藉,从根本意义上来说,"游而美"是一种人生视角的转换,是一种更加智慧的人生态度。

美对人生来说是必不可少的。有一句俗语,"爱美之心人皆有之",在这个世界上,有不爱真的人,比如他会说假话;也有不爱善的人,比如他会作恶;但是,有谁听说过不爱美的人？没有"美"的生活，恐怕会是干枯、无趣的生活。心理学家布罗日克也指出："对于发达社会中的人来说，对美的需要就如同对饮食和睡眠的需要一样，是十分需要的。"美学家卡里特说："没有某种来自想象美的刺激或抚慰，人类生活就几乎不可想象的。缺少这样一种盐，人类生活就会变得淡而无味。"

美对人类的力量是难以估量的。第二次世界大战刚刚结束的时候，德国到处是一片废墟，两个美国人访问了一家住在地下室的德国居民。离开后两人在路上谈起访问的感受。美国人甲问道："你看他们能重建家园吗？"美国人乙说："一定能。"甲又问道："为什么回答得这么肯定？"乙反问道："你看到他们在黑暗的地下室的桌子上放着什么吗？"甲说："一瓶鲜花！"乙于是说："任何一个民族，处于这样困苦灾难的境地，还没有忘记鲜花，那他们一定能够在这片废墟上重建家园。"这个故事告诉我们，有美就有希望。确实，对于人类来说，美就像"空气"和"爱"一样不可缺少，追求美，是人类文明的基础，也是人类尊严之所系，更是人类生命力的源泉。

二、旅游审美赋予人生独特的意蕴

美赋予生命以独特的意蕴主要包含两个方面：一是生命的意蕴是什么；二是我们试图说明，作为"诗意生存"的旅游美赋予生命独特的意蕴，美和诗意让生命焕发出光彩。另外，我们还当看到，旅游审美活动让人的生命更加真实。

（一）生命的意蕴问题

李泽厚把生命的意蕴问题表述为"人会如何活下去，为什么活，活得怎么样"。不管我们是什么专业背景，我们总有时候会问这样的问题："我们为什么活着？"或者说："生命的意义是什么？"这种追本溯源的问题往往会让人感到茫然，不知从何说起，因此很多人避而不谈，可是问题并不会因为我们的忽略而消失，即便不去追问这些问题，它们还是会存在，尤其是当人处于极端状态下时，这些问题会以一种强烈的姿态逼迫着人们。

人真是一种神奇的生物，是宇宙间最辉煌、最美丽的生命现象，莎士比亚曾经赞叹："人类是一件多么了不得的杰作！多么高贵的理性！多么伟大的力量！多么优美的仪表！多么文雅的举动！"我们也会记得歌德的浮士德博士，当他的生命走到尽头时，他呼喊道："停一停吧，你真美丽！"

但是我们还不得不正视人生的另外一面。海德格尔在揭示人类存在状态的时候,用到了两个词:第一个词叫被抛。我的存在并不是我要存在,我们没有一个人是因为想要来到这个世界,所以来到这个世界,是在不知情的状况下被"抛"出来的,于是我的存在找不到根据,也找不到意义,于是我没有家园,也不知家园在何处,"无家可归"。另一个词叫向死而生。死是必然的,我们不知道自己什么时候会死,但知道我们早晚会死,人生命的过程,从一出生就在走向死的边缘,我们过的每一年、每一天、每一小时,甚至每一分钟,都是走向死的过程。生命脆弱,所以帕斯卡尔说:"人是一根芦苇。人是一根苇草。人是世界上最脆弱的东西。用不着整个宇宙都拿武器才能摧毁他,一口气一滴水就足以致他死地。"还有一个大问题,人生烦恼和痛苦的问题。佛教三条基本教义的第一条:"一切皆苦",我们可以简单地理解为"人生皆苦"。俗语也说"人生来就是受苦的"。这两个说法太绝对,只能当作一种提示或者警示。我们都受过苦,只是,谁讲得清什么是痛苦?没有饭吃是痛苦,失恋了是痛苦;可什么都有了,心里还是不踏实,有种说不出来的感觉,也许是无聊,或者是空虚。

既然人都要死,我们所做的一切还有什么意义?我们所遭受的一切烦恼和痛苦又有什么意义?有的时候,我们恍然大悟:我们稀里糊涂地闯进了生命的舞台,蹦蹦跳跳地风光了一个晚上,结果却根本不知道自己演出的是什么。最主要的是,在面临无家可归、向死而生和遭受痛苦的时候,我们不知道如何安顿自己的生命。人生因此而蒙上了谜一般的晦暗的色彩。但也因为这层谜一样的色彩,让我们的生命充满种种可能,关键是我们在这样一个生命的背景下,将赋予人生什么样的意蕴。

(二)现代性与美的丧失

在这样一个技术和信息统治的时代,我们还面临着另外一个问题。

德国著名社会学家马克斯·韦伯在分析当代社会的时候,他认为随着科学技术的进步,世界不断理智化和理性化。他有个著名的提法"为世界除魅",也就是技术和理性正在让世界失去神性、诗意和艺术魅力。人的价值世界和意义世界失落了,销声匿迹。丰富浓郁的世界只剩下一个单调的、赤裸裸的理性世界,就像有血有肉的人变成了一个干枯的生物标本。在物质世界日益发展的同时,精神世界被分割得七零八落,成为所谓"文明的碎片"。人置身于不断丰富的世界中,只会感到"活得累"。人为物役,成为机器人的奴隶。

"为世界除魅"也许较难理解,不过,当人们走在废气充斥的城市中,漫步在灰褐色的小河边，我们会自然而然地意识到，以往清新可爱的自然已经不复存在了，田园式的生活理想只能出现在文学幻想之中。现在的生活充满了忙乱，到处是人造的机械，我们不能否认它们是有用的，而且在很大程度上对它们有了依赖性。于是，人们生活的诗意几乎不复存在，变得刻板空洞，这使人类的精神面临巨大的挑战。

所以，在这样一种状况下，我们要像李泽厚那样问道："人会如何活下去？为什么活？活得怎么样？"虽然我们不一定会找到一个普世的、放之四海而皆准的答案，但有了反思，我们追问下去，总会有所收获。

三、旅游是一种"诗意地栖居"方式

当代，技术和网络笼罩着一切，人们的精神生活完全为碎片化的信息所取代。北京大学的叶朗教授认为，"从物质的、技术的、功利的统治下拯救精神"，正是美学所面对的时代问题，文化建设要回归到宗白华所说的"永恒的灵的空间"中去。

什么是"永恒的灵的空间"？我们可以从宗白华的另外两段话中找到线索。在《中国艺术意境之诞生》一文中，他说："以宇宙人生的具体为对象，赏玩它的色相、秩序、节奏、和谐，借以窥见自我的最深心灵的反映。"在《论〈世说新语〉和晋人的美》一文中，他说："这种精神上的真自由、真解放，才能把我们的胸襟像一朵花似的展开，接受宇宙和人生的全景，了解它的意义，体会它的深沉的境地。"从这两段话中我们可以体会到，"永恒的灵的空间"是一种审美境界，这种审美境界是发自于人的心灵，人的心灵从万物的形象、秩序和节奏中发现无处不在的美的意蕴，这样一种境界把人的心灵置于宇宙和人生的整体境界当中，拓宽了人的胸襟，可以说是一种真自由、真解放的境界。生命回到"永恒的灵的空间"，为人生的意蕴问题提供了一种可能的答案。

"永恒的灵的空间"让万物沉浸在美的光辉之中，我们可以把它用大家比较熟悉的一个词来表述——"诗意"。这种"诗意"把世界失去的神性、艺术魅力和意义重新找寻回来。所以海德格尔说，"人，诗意地栖居……""诗意地栖居"是相对于"技术地栖居"而言的，海德格尔主张诗意地栖居而反对技术地栖居。在他看来，诗意地栖居是真正的存在，没有诗意地栖居就不是存在。这种诗意的眼光观照下的世界，是一个充满意蕴的世界。海德格尔援引了奥地利19—20世纪诗人里尔克去世前夕写的一封信中的话："对于我们祖父母而言，一所'房子'，一口'井'，一座熟悉的塔，甚至他们的衣服和他们的大衣，都还具有无穷的意味，无限的亲切——

几乎每一事物,都是他们在其中发现人性的东西与加进人性的东西的容器。"世界上一切的事物都有自己存在的意义,都有其迷人的光辉。如果从功利和技术的眼光中转换出来,而以尊重和欣赏其自身的色相、秩序、节奏、和谐的态度来看,任何本是平淡无奇的事物,如山中静静开放的野花、掠过天空的布谷鸟、墙角一棵不起眼的嫩芽、松柏竹林间的一片阴影,乃至一双被穿得破败不堪的球鞋,都能够散发出奇光异彩,让我们惊讶于它的美妙与和谐。总的说来,"诗意地栖居"便是审美赋予生命的独特价值。

四、美:照亮一个真实的世界

审美具有三个突出的特征:一是超越利害关系;二是超越主客观的对立而达到主客观的统一;三是美是感性直观,而不是理性思考和逻辑推理。

所谓感性直观或感性直觉,是一个与"概念性"相对的概念,是指一种直接地去把握世界的能力。与理性主要使用概念和逻辑推理不同,感性直观主要是视、听这两个感觉器官,有时也包括触觉、嗅觉等感觉器官。克罗齐在其《美学原理》中直接将美学定义为研究直觉的科学。他把审美活动作为直觉活动从理性活动、道德中剥离出来,有史以来第一次把直觉确立为独立自主的,而且是根本性的生命活动,既不依赖于外部的客体世界的束缚,也不依赖于内部的理性世界的束缚,不再是理性、道德的奴仆,而是一种高级的从整体上把握世界的方式,是审美活动的源头和源泉。它可以支撑所有审美现象并解释所有审美现象,但却不必为其他原则所解释。而且,是认识依赖于直觉,直觉并不依赖于认识。

感性直观的奥秘在于,不是为了得到真理,因此也没有必要打破砂锅问到底,而只是追求"意味无穷"。审美过程中的感性直观,把人的感情和对事物及世界意义的体验,融入感性形象中去,这种以感性性质的直觉而揭示世界的意义,就是审美意象的意蕴。既然说是感性直观,就是说在审美体验当中,我们不用概念去分析,而是直接把握世界。从根本的角度来说,人不能生活在概念的世界里,而必须直接和世界站在一起,也就是与世界直接照面。感性直观就是与世界直接照面。这就像是,世界犹如我们的老朋友,碰面后,没有必要去分析它,更不要去研究它,彼此之间点点头,便心领神会。中国人经常说"一见倾心""一滴水而见太阳""此中有真意,欲辨已忘言",都是着眼于直觉而言的。白居易在他的《琵琶行》中写道:"弦弦掩抑声声思,似诉平生不得志。"仅由琴声便感受到琵琶女的"平生不得志",这便是白居易直觉使然。

感性直观与理性推理不同,具有"当下即是"的真实性。清代著名思想家王夫之认为,意象世界是现量,所谓现量,是佛教因明学(也就是佛教逻辑学)的一个概念,是感觉器官对于事物属性的直接反映,是不为假象和幻相所迷惑的直接经验,现量即包含着"当下即是"的意思。意象世界"显现真实""如所存而显之"。"如所存而显之"是王夫之的原话,就像它存在的样子把它显现出来,意思就是"在意象世界中,世界如它本来存在的那个样子呈现出来了"。意象显示一个真实的世界,或者说意象照亮一个真实的世界。

什么是真实的世界?什么是世界本来的面貌?在中国美学看来,我们的世界不仅是物理的世界,而且是有生命的世界,是人生活在其中的世界,是人与自然界融合的世界,是"天人合一"的世界。意象之所以能够把握真实的世界,原因就在于它具有情景交融的性质,是对"天人合一"的原初状态的把握。王夫之一再强调审美意象情景交融的特征:"景中生情,情中含景,故曰景者情之景,情者景之情。""情不虚情,情皆可景,景非虚景,景总含情。"这些话都是说审美意象所呈现的感性世界,必然含有人的情感,必然是情景的融合。即便看来是单纯写景的诗,如"高台多悲风""蝴蝶飞南园""池塘生春草"等,也都有情寓其中。为什么情景不能分离?最根本的原因,就在于意象世界显现的是人与万物一体的生活世界,在这个生活世界中,世界万物与人的生存和命运是不可分离的。这是最本原的世界,是原初的经验世界,是包含着人类真实生命体验的世界。

第三节　中国古代旅游审美的典型形式

一、孔子之"仕游"

孔子的周游列国游说讲学也是一种旅游,那么在他的"旅游活动"中追求的是一种什么样的审美情怀?我们姑且把孔子之游称作"仕游",因为在一般人看来,"学而优则仕"是儒家的不二选择,儒者们的旅游似乎多与他们的仕途有关。不过我们应该看到,"仕游"背后乃是儒者的忧生精神,而儒者更深层的旅游精神是仁者与万物一体的审美境界。

(一)孔子的周游列国

谈中国文化,特别是谈儒,自然要从孔子谈起。数千年来,他一直作为中国文化的代表与象征被传诵,被膜拜。那么,孔子的魅力何在?孔子最伟大的地方,就在于他为中国人道德心灵的培育提供了最初的"范式",以一种"仁者襟怀"普照世人,从而成就了中国人积极的伦理生命。

孔子思想的核心是"仁","仁"的发现应说是中国先哲对世界人文的最伟大的贡献。什么是"仁"呢?在《论语·颜渊》中,孔子的徒弟樊迟问老师什么是"仁",孔子简单明了地告诉他说:"仁者,爱人。"意思是仁就是关爱他人。儒家的美学精神正是体现在这种对生命的普遍关怀上,也就是表现在对天地间有生命、有生意的东西的护持上,特别是对人的生命的守护上。春秋时期,诸侯混战,55岁的孔子竟然用了长达14年的时间周游列国(图1-1),先后历经卫、鲁、曹、宋、郑、陈、蔡、楚等国。有人会问:孔子为什么要历经艰难险阻去周游列国呢?这里面有多种因素,但其内在强大的动力则是他对天下百姓的关怀,他的"忧生"精神,对天下苍生的关爱和忧虑。

图1-1 孔子周游列国雕塑

(二)孔子的"与点"之游

考察孔子的旅游思想,便总会提到"与点之意"的典故。一日孔子与学生子路、曾点、冉有、公西华一起讨论为官治国。子路主张让人民勇敢,明白一些道理;

冉有的治国之道只能使人民饱暖,礼乐教化他办不到;公西华仅希望能出任小司仪类的小相;最后,曾点却说:"暮春者,春服既成,冠者五六人,童子六七人,浴乎沂,风乎舞雩,咏而归。"孔子听后,长叹一声说道:"我赞同曾点的想法呀!"在谈论治国之策时,孔子竟然同意一种放浪于山水中无忧无虑、无拘无束的游乐,对此,他的弟子们很不理解。

其实深入分析一下便可知孔子这两种看似矛盾的价值追求,有着内在的一致性。关于孔子"与点之意",宋代的大儒朱熹有一个很深刻的评点,他说:"而其胸次悠然,直与天地万物上下同流,各得其所之妙,隐然自见于言外。"在朱熹看来,曾点这种悠然自得的心胸和情怀,实际上是把自己置身于宇宙天地万物之间,把自己与万物看作一体的情怀,天地万物各得其所,各得其妙。也就是程颢所说的"万物静观皆自得,四时佳兴与人同"的意思,这是仁者胸怀更深刻、更宽广的表现,仁者与天地万物一体。儒家的这种情怀,是一种深沉的宇宙情怀,真正的儒者不是将宇宙看成一个冷漠的时空,一个无情的物理世界,而是将宇宙看成生命的鼓动、情趣的流荡、严整的秩序、圆满的和谐,开拓着我们的心胸情怀,启示着至深的审美境界。

二、庄子之"心游"

当代人,无论所到何地,一要拍照,二要分享到朋友圈,以此来记录行至天下。倘若庄子见到当代人,一定会说:"肤浅。"庄子认为真正的游是"心游",是心的解放,而不是形体的旅游,不是到处留下我们形体的踪迹。

(一)庄子之隐

庄子一生如隐士般生活。他的生卒年均不详,约在公元前300年出生,公元前375年去世,大概与齐宣王、魏惠王同时,与惠施为友。他曾经做过漆园小吏,相当于现在的护林员,后来厌恶政治,脱离仕途,在家乡的丘陵和河流间漫游。他以编制草鞋糊口,时常食不果腹,靠借粮度日。但即使如此,他也不愿为官,主动放弃了很多次入仕做官的机会。楚王曾经要拜庄子为令尹(楚国重臣),派两位大夫邀其入仕。两位大夫奉命前往,碰巧遇见庄子在濮水钓鱼。两位大夫表明来意,庄子说:"我听说楚国有个神龟,已经死了三千年了,楚王很是喜欢它,特地制了一具很好的箱子,把它装进去,藏于庙堂之中。请问:这个神龟认为在死后留着一副骨骸,供人家珍藏好呢?还是生前拖着尾巴,在路上自由自在地爬行好呢?"两位大夫回答:"那自然在生前拖尾巴自由爬行好。"庄子便说:"那么请二位回去告诉楚王,我也愿意拖着尾巴在路上自由自在地行走哩!"可见在富贵名利与自由的选择间,庄子没有任何两难的姿态,他坚决地选择了后者,在他眼里,自由高于一切,天性不受名利等外物的负累和羁绊才是生命的真谛。

(二)形游与心游

"隐"与"游"有着极大的内在关联,二者都是超越现世利害关系的生存状态。隐士们总是远离名利场,而选择在名山大川中漫游,欣赏着大自然的美景,保持内心的安宁和充实。庄子便是一个真正的隐者,也是一个真正的"游者"。

据统计,《庄子》一书中"游"字共出现 101 次,在先秦诸子典籍中非常突出。陈鼓应曾经指出《庄子》哲学中"游"的概念的特殊性,庄子大量使用"游"来表达精神的自由活动。例如,他说"游无穷者""乘物以游心""游心乎德之和""游乎天地之一气""游心于淡""游于无何有之乡"等句,都展现出超越的境界。从《庄子》的文本解读中,"游"可以从两个层面来认识:一是指从容而有意思的游历活动,如与惠施"游于濠梁之上""知北游于玄水之上""黄帝游乎赤水之北";二是指内心、精神的极致之游,如"乘物以游心""游心乎德之和""游心于淡""游心于物之初""游心于无穷"等。从"游"的本意出发,经庄子解读,"游"可以视为一种自然、畅适的心理状态。其实,我们可以看到,庄子笔下的旅游者们,所去之处都很奇怪,如游于"无穷""物之初""玄水之上",这些地名现实中并不存在,都不是实际的物理的空间,而是一个心境、一种心理状态。我们还发现,庄子笔下的旅游者们多是些怪人和残疾人,而且很多都是"兀者"(被砍掉脚的人),如鲁有兀者王骀,这些兀者如何游呢?这正是庄子所要表达的:真正的隐与形体无关,而是"心隐",心若隐,怎样纷乱的世界都不会打扰到我们;真正的游与形体无关,不是在大地上实际遨游,而是"心游",心若摆脱了羁绊,处处都是自由、宁静、和谐的美景。

(三)心游的意义

庄子所谓的"游",呈现的是审美中心灵达于极致的自由的释放,此心超越感官,超越尘俗,无碍无挂,却又容天地万象之物,能够欣赏到天地万物之美,因而是心灵向天地之境回归的过程,它直接通向道家审美的理想境界。

庄子"心游"的审美可以从两个方面理解。一方面,在"心游"的审美中可以超越时间和空间。超越时空的"心游",类似于老子的"体道"。"心游"的审美,所获得的至美至乐的感受是无限的,不受时间和空间的限制。另一方面,心与物相融,不受物象本身有限性的限制,"思接千载,视通万里",任凭思绪和心灵"独与天地精神相往来"。"心游"审美瞬间的体验抵得上永恒的时间流逝和空间转换。如宋代诗人唐庚的《醉眠》:"山静似太古,日长如小年。余花犹可醉,好鸟不妨眠。世味门常掩,时光簟已便。梦中频得句,拈笔又忘筌。"诗人游心于这静寂的体验中,已超越了时间,把握了永恒。

其次,"心游"的审美超越现实,主要存在于想象空间。超越现实的"心游"是带有庄子独特意义的"体道"。"心游"的审美,是想象的心灵带来的妙悟,审美主体借此摆脱一切知、智、心机的束缚,"乘物以游心",到达一种精神自由释放的境界,而通向至美、至乐之道。正如东晋王微所说:"望秋云,神飞扬;临春风,思浩荡。虽有金石之乐,璋之深,岂能仿佛之哉!"这种自由与畅快的"神飞扬"与"思浩荡",只有在游心于道的审美体验中才能呈现。

阅读材料:庄子《知北游》选读

知北游于玄水之上,登隐弅之丘,而适遭无为谓焉。知谓无为谓曰:"予欲有问乎若:何思何虑则知道?何处何服则安道?何从何道则得道?"三问而无为谓不答也。非不答,不知答也。知不得问,反于白水之南,登狐阕之上,而睹狂屈焉。知以之言也问乎狂屈。狂屈曰:"唉!予知之,将语若。"中欲言而忘其所欲言。知不得问,反于帝宫,见黄帝而问焉。黄帝曰:"无思无虑始知道,无处无服始安道,无从无道始得道。"知问黄帝曰:"我与若知之,彼与彼不知也,其孰是邪?"黄帝曰:"彼无为谓真是也,狂屈似之,我与汝终不近也。夫知者不言,言者不知,故圣人行不言之教。道不可致,德不可至。仁可为也,义可亏也,礼相伪也。故曰:'失道而后德,失德而后仁,失仁而后义,失义而后礼。'礼者,道之华而乱之首也。故曰:'为道者日损,损之又损之,以至于无为。无为而无不为也。'今已为物也,欲复归根,不亦难乎!其易也其唯大人乎!生也死之徒,死也生之始,孰知其纪!人之生,气之聚也。聚则为生,散则为死。若死生为徒,吾又何患!故万物一也。是其所美者为神奇,其所恶者为臭腐。臭腐复化为神奇,神奇复化为臭腐。故曰:'通天下一气耳。'圣人故贵一。"知谓黄帝曰:"吾问无为谓,无为谓不应我,非不我应,不知应我也;吾问狂屈,狂屈中欲告我而不我告,非不我告,中欲告而忘之也;今予问乎若,若知之,奚故不近?"黄帝曰:"彼其真是也,以其不知也;此其似之也,以其忘之也;予与若终不近也,以其知之也。"狂屈闻之,以黄帝为知言。

(节选自陈鼓应《庄子今注今译》,中华书局,2016)

三、魏晋时代的玄游

(一) 魏晋时代的旅游风气

魏晋南北朝,上承两汉,下接隋唐,时间跨度近四百年(220—589)。在过去相当长的时间里,人们普遍认为它是充满战争和灾难的时代。在这一历史时期:魏、蜀、吴三国鼎立,匈奴、羯、氐、鲜卑、羌五胡乱华;晋分西东。接着是南北对峙;南朝历经宋、齐、梁、陈四代,北朝有过北魏、东魏、西魏、北齐、北周五朝。在群雄割据、杀戮不止的战乱年代中,在三国鼎立、相互攻伐的艰难岁月里,普通人想要保全性命很困难,有见识的人或韬光遁世,或虚与委蛇,委曲求全。在《世说新语》卷上《言语》篇里,有一则关于水镜先生司马徽的故事,很能代表当时士子的生活态度。司马徽为一时名士,见多识广,声誉隆高,深受诸葛亮尊崇,"居荆州,知刘表性暗,必害善人,乃括囊不谈议。"他在品评人物时,无论好坏他都只说好听的,从不说人家半句坏话,甚至当别人把自己家里的猪诬走时,也不据理力争。他的妻子知道后便责备他:"人们认为你有高尚的道德,都来向你咨询问题。你应该好好和他讲讲道理,怎么能什么情况都对他人说好的一面呢!"司马徽回答说:"你的话也很好。"

从整体上来看,汉末魏晋六朝是中国政治上最混乱、社会上最痛苦的时代,然而也是精神上最自由、最解放、最富于智慧、最浓于热情的一个时代,因此也就是最富有艺术精神的一个时代。社会上有抱负的才俊高士纷纷恣情山水,妙谈玄理,以求全身避祸。他们崇尚远离尘世而栖息山林,寄情山水田园,往往寻找好山好水好景的自然环境,辞官隐世遁名,清谈玄虚。我们可以把魏晋时代这种啸傲行吟于山间水畔、田野园圃,以山水田园为友,并在其中参悟玄理的旅游活动,称为玄游。

(二) 玄游的典型人物

最典型的魏晋玄游是三国魏末的七位名士:嵇康、阮籍、阮咸、山涛、向秀、刘伶、王戎,人称"竹林七贤"(图1-2)。他们之间互有交往,常常不远千里跑到山阳(今河南修武)幽静的竹林之中聚会,喝酒聊天,探讨"三玄",即《老子》《庄子》《周易》。嵇康、阮籍、刘伶、阮咸始终服膺老庄,越名教而任自然;山涛、王戎则好老庄而杂以儒术;向秀则主张名教与自然合一。虽然他们在政治态度上分歧明显,但都以纵情放荡、玩世不恭的态度来反抗礼教的束缚,寻求个性的解放,其行动则表现为饮酒、崇尚隐逸、寄情山水。

图1-2 竹林七贤图

(三)越名教而任自然

嵇康提出的"越名教而任自然"是魏晋时期最富代表性的口号,也是名士们崇尚玄游背后的思想根源。所谓"任自然"就是让人的本性得到自由伸展,超越仁义礼智信等伦理纲常以及世俗名利等。竹林七贤行为上放纵不羁,蔑视封建礼法,但心中情感真挚,个性天真率直,是有大爱大智之人。在他们看来,心灵的自由和解放是最有价值的东西,而所谓封建礼法纲常都是束缚人的东西,也是戕害人本性的东西,应该通通抛在一边。

四、徐霞客的科考游

徐霞客是明代著名的地理学家、旅行家,著有《徐霞客游记》,被称为"千古奇人",也被称为"游圣"。其一生最主要的活动就是四方游历,足迹遍历全中国,所到之处,探幽寻秘,还边旅行边写游记,记录观察到的各种现象、人文、地理、动植物等。《徐霞客游记》中对各地名胜古迹、风土人情,都有记载。

(一)徐霞客从小就是大自然的崇拜者

徐霞客原名徐弘祖,他从小就酷爱自然山川,对功名不感兴趣。1587年徐霞客出生于江阴的一个没落士绅家庭,幼时很好学,博览群书,但他无比讨厌科举八股文,却酷爱历史、地理和游记,尤对名山大川的奥秘非常痴迷。老师问徐霞客的志向时,他顺手写下了 12 个字:"州有九,涉其八;岳有五,登其四。"同时还豪情满怀地说:"一个有志气的人,应该朝观碧海,暮登苍山。"

(二)徐霞客的游历,是一种典型的科考游

徐霞客的游历,主要是一种科学考察。他游历的目的主要是求证历史、地理典籍之正误。《尚书·禹贡》记载:长江的源头是岷江。《尚书》是上古之书,近两千年来,无人质疑。但徐霞客推敲一番后,认为:"此说有疑。"于是,他启动了寻找长江源头的旅行。循江而上,追踪万里,他终于找到了真正的长江源头——金沙江。徐霞客这种科考游不仅纠正了诸多地理典籍之错误,还证实了一系列只存于传说中的奇景,如香格里拉。他对锻石岩地貌做了深刻的考察研究和记录,包括对钟乳石、石笋和溶洞的分布,都做了大规模而详细的考察记录,可说是举世第一人;西方学者是在一两个世纪后,才开始与徐霞客类似的研究工作。

(三)徐霞客高度的审美追求

徐霞客所去的都是人迹罕至的地方,在多年的游历中屡次遇险,但都未曾放弃。朋友们也规劝他放弃这费力、无用的事情,但他却认为能与天地、自然融为一体,即使冒着生命的危险也是值得的。《徐霞客游记》中:"初四日,兀坐听雪溜竟日。"讲的就是他在黄山顶上听了整整一天下雪的声音,此时他感到"身心俱澄澈"。身心内外被大自然冰清玉洁的美景浸透,这才是一种真正的审美境界。再举一个例子,《徐霞客游记》中记载,崇祯九年十月某天,他在浙江的某江上游历,这样写道:江水清澈,月儿皎洁,水天一片空阔,觉得此时所有的忧虑、杂念都不再存在,全身心与周围的村庄、树木、人物一起融合了,完全成了一块水晶,只感到肌肤中毫无空隙,不留一点渣滓,眼前的景物都有灵性一般地飞跃。他的这种体验,正是一种与大自然融合为一的审美体验。

这部游记,不仅是地理巨著、生态巨著、科学巨著,也是文学巨著、哲思巨著、心灵巨著。更难能可贵的是在多年的科考游历中,徐霞客将每天的游历见闻一一记录,后又结集成册,便有了流传后世、被称为"古今中外第一游记"的《徐霞客游记》。

本章习题：

一、选择题

1.《南华经》里面记载的"子非鱼"表达了庄子（　　）。

A. 对世界逻辑推理式的思考　　B. 对自由生命的向往

C. 唯物主义的世界观　　　　　D. 唯心主义的世界观

2. 朱光潜先生认为人们对一件事物的三种不同的态度,分别是（　　）。

A. 实用的　　B. 科学的　　C. 美感的　　D. 以上说法都不对

3. 下面表述错误的是（　　）。

A. 实用的态度就是"对生活有利的东西我们趋奉,对生活有害的东西我们逃避"这样的一种意志和活动

B. 科学的态度就是抛却所有自己的爱好和情感,以纯粹客观的精神去探索真理

C. 持美感态度的人,欣赏古松会研究其树皮价值

D. 美感态度就是用自己的爱好和情感来欣赏景物

4. "庭下如积水空明,水中藻、荇交横,盖竹柏影也。何夜无月？何处无竹柏？但少闲人如吾两人者耳。"这篇散文是我国古代作家（　　）的作品。

A. 柳宗元　　　B. 苏轼　　　C. 欧阳修　　　D. 王安石

二、实践题

以下这段文字选自丰子恺《庐山面目》,请简短分析丰子恺眼中庐山所呈现出来的"诗意"。

庐山的名胜古迹很多,据说共有两百多处。但我们十天内游踪所到的地方,主要的就是小天池、花径、天桥、仙人洞、含鄱口、黄龙潭、乌龙潭等处而已。夏禹治水的时候曾经登上汉阳峰,周朝的匡俗曾经在这里隐居,晋朝的慧远法师曾经在东林寺门口种松树,王羲之曾经在归宗寺洗墨,陶渊明曾经在温泉附近的栗里村住家,李白曾经在五老峰下读书,白居易曾经在花径咏桃花,朱熹曾经在白鹿洞讲学,王阳明曾经在舍身岩散步,朱元璋和陈友谅曾经在天桥作战……古迹不可胜计。然而凭吊也颇伤脑筋,况且我又不是诗人,这些古迹不能激发我的灵感,跑去访寻也是枉然,所以除了乘便之外,大都没有专程拜访。有时我的太太跟着孩子们去寻幽探险了,我独自高卧在海拔一千五百公尺的山楼上看看庐山风景照片和导游之类的书,山光照槛,云树满窗,尘嚣绝迹,凉生枕簟,倒是真正的避暑。……

第二章　自然景观的审美要领

本章提要

自然是人类的家园，人们从自然那里得到的不仅是必需的生活用品和生活环境，自然还是人类心灵畅游的海洋。自然和人类生活的关系密不可分，人类在自然身上寻找自己生活的影子，也在自然身上找到了情感的寄托和对未来生活的向往。本章探讨在旅游过程中对自然美欣赏的要领，分成三个部分：第一节探讨大自然审美的几个基本问题，包括人类对大自然的审美态度、自然美的发现过程；第二节探讨自然美的审美本质等；第三节探讨大自然的审美内涵是什么、都体现了人的哪些精神追求。

第一节　发现大自然之美

一、我们与自然

自然的英文 Nature 来自拉丁文 Natura，意为天地万物之道。以人类对于自然的定义来看，最典型的莫过于："自然是自然界的现象，以及普遍意义上的生命。"人工物体及人类间的相互作用在常见使用中并不视为自然的一部分。自然的规模小至次原子粒子，大至星系。如果做一个简单的陈列：在我们生存的宇宙中，所有的自然现象，小到原子运动，大到行星运行，平常如风、雨、雷、电，全是自然的一分子；所有的自然物质，小到显微镜下的细菌，大到地球历史上最大的动物猛犸象和恐龙，平常如身边的狗、猫、鸟、鱼，莫不是自然的一员；自然环境中的一切，山峰、湖泊、海洋、岛屿、草原、湿地等，平常如家中小院里的土壤、花草、蚂蚁，皆是自然的题中之义。庄子曾经这样形容自然："天地有大美而不言，四时有明法而不议，万物有成理而不说。圣人者，原天地之美而达万物之理⋯⋯"自然离我们很远，静静地存在着；自然又离我们那么近，渗透在人类所拥有的一切中，人类和自然是一个生命共同体。

阅读材料：

我们要认识到，山水林田湖是一个生命共同体，人的命脉在田，田的命脉在水，水的命脉在山，山的命脉在土，土的命脉在树。用途管制和生态修复必须遵循自然规律，如果种树的只管种树、治水的只管治水、护田的单纯护田，很容易顾此失彼，最终造成生态的系统性破坏。由一个部门负责领土范围内所有国土空间用途管制职责，对山水林田湖进行统一保护、统一修复是十分必要的。

——习近平《关于〈中共中央关于全面深化改革若干重大问题的决定〉的说明》

我们知道了自然是什么，自然就存在于我们睁眼闭眼的那个世界里，包括我们自己，都是大自然的一员。那么，除却人类，这个大自然中最不安分的一个成员外，我们还有多少伙伴呢？当我们走进各个自然保护区的时候，映入我们眼帘的有各种奇妙不已的动物，它们或鱼翔浅底，或鹰击长空，或猎豹疾奔，总之是万类霜天竞自由。还有数量更为众多的植物，它们或驻存于人类的世界里，净化我们的空气，美化我们的环境；或温顺地俯卧在我们的住所中，默默地散发自己的芳香；或顽强地驻守在蛮荒之地，死死地抵挡冲向人类的自然灾害。中国的儒家把包括动物和植物在内的万物都看作自己的朋友。

阅读材料：

乾称父，坤称母；予兹藐焉，乃混然中处。故天地之塞，吾其体；天地之帅，吾其性。民，吾同胞；物，吾与也。大君者，吾父母宗子；其大臣，宗子之家相也。尊高年，所以长其长；慈孤弱，所以幼其幼；圣，其合德；贤，其秀也。凡天下疲癃、残疾、惸独、鳏寡，皆吾兄弟之颠连而无告者也。

——张载《西铭》

不过人类中的一部分人却认为人能征服大自然，同是儒家的荀子曾自信地宣布："人定胜天。"源自古希腊文化的西方文化，尤其是自培根以后，盲目相信人类对自然认识和利用取得的成果，对自然的征服和掠夺成为对自然关系的主流，无节制地向大自然索取资源，只考虑当前的利益和需要，而忽视人与自然关系的和谐统一性，造成环境污染、资源缺乏、道德退化等社会问题。古希腊悲剧大师埃斯库罗斯说："非但不能强制自然，还要顺从自然。"恩格斯更明确地指出："我们不要过分陶醉于我们对自然界的胜利。对于每一次这样的胜利，自然界都报复了我们。"自然是人类生存之本、发展之基。自然界先于人类而存在，反映了自然界不依赖于人类而具有内在创造力，它创造了地球上适合生命生存的环境和条件，创造了各种生物物种以及整个生态系统。中国古代儒家"天人一体"的思想,把人和自然的关系还原到至善和至美的本源状态,对我们今天认识人和自然的关系提供了极具参考价值的范本。

二、自然之美的发现

当然,我们现在还是从旅游审美的角度来看自然。旅游活动,其实就是人们投身于大自然的山山水水中,感受其无限的魅力。

(一)大自然的魅力

古今中外的很多名师大家,都对大自然表达了崇拜之情。老子、庄子、魏晋时代的名士们,以及宋元明清那些山水画家们,他们赞美大自然的作品我们早已耳熟能详。那么,我们再列举两位外国名家的例子,感受一下他们是如何赞美大自然的。

伟大的戏剧家莎士比亚曾有一首小诗,叫作《面对自然的五分钟》,这首诗是这么写的:

> 我们的生活,
> 可以远离尘嚣。
> 森林中有树木窃窃私语,
> 流淌不息的小溪似万卷书籍。
> 神的教诲寓于路旁之石,
> 世界万物皆蕴涵着启迪。

莎士比亚是在告诉我们,自然既有感性的美的一面,同时也有深刻的一面,隐藏着世界的奥秘。

19世纪,美国超验主义者梭罗从哈佛大学毕业后回到自己家乡,在无人居住的瓦尔登湖畔度过了两年自耕自食的生活,在此期间创作了《瓦尔登湖》一书。书中,梭罗描绘了纯洁透明的湖水,茂密翠绿的山林。夏天的时候,瓦尔登湖四周被浓密而高大的松树和橡树围起,有些山坳中,葡萄藤爬过了湖边的树,梭罗常常乘船从葡萄藤下通过。他偷闲地过了许多这样的时刻,一点儿也不后悔,相反,感受到人生的意义和价值。与城市生活相比,梭罗在瓦尔登湖畔的生活完全算不上富裕,然而他感到自己非常富足,因为他"富有阳光照耀的时辰以及天空中的日月星辰"。梭罗在1859年就提出,每个城市应该保留部分森林和荒野,以便城里人能从大自然中得到"精神的营养"。

(二)对自然恐惧的时代

不过,并不是一开始大自然就完全对人类呈现出温暖和美的一面。在人与自然的交往史中,从对自然的恐惧到热爱,有一个渐变的过程。人作为自然之子,他与自然具有天然的亲缘关系,但同时自然与人类相比,它明显又以异己的方式在这个世界上存在,并以风雨雷电、豺狼虎豹这些具有威胁性的力量对人的生存构成威胁。所以,在人类有效地与自然世界确立审美关系之前,无论在东方还是西方,都有一个漫长的对自然充满恐惧的时期存在。在这一时期,自然与人是不合作的。它不是人类的朋友,而是敌人。

古希腊有一则关于坦塔罗斯的神话。宙斯的儿子坦塔罗斯因得罪神灵受到惩罚,他被罚站在一个大湖的中央,湖水深齐他的下颔,他渴了想喝水,然而水哗哗退去;想吃树上的果子,树却被吹到云中。这明显是说自然不与人合作。一块巨石总是悬于他的头顶,则意味着自然界随时准备以蛮力夺去他的生命。这段神话讲述了神秘的自然给人带来的悲惨境遇。

在中国蒙古族民间传说中,有一则关于猎人海力布的故事。海力布是一个善良的少年,他爱自然界的动植物,自然界的动植物也把他视为朋友。长期的交往使他能够听懂动物的语言。有一天,一只小鸟告诉他,将有一场大洪水要洗劫村庄,让其赶快搬迁,但要求他不要告诉任何人,否则就会变成石头。海力布是个善良的青年,他将这一消息告诉了村民。后来,村民们得救了,但海力布却化成了一块石头。由这则民间传说可以理解两层含义:第一,由故事内容可以看出人与自然之间的隔离似乎是一种命定的不可逾越的禁忌。这一禁忌在许多民族文化的源头时期广泛存在。谁要触犯了这一自然的"铁律",就必须接受神的惩罚,付出变成石头的代价。第二,那来自自然世界的神秘的信息,似乎只有真正与自然为友的人才能理解。

(三)自然美的发现

中国的思想家中,真正把自然之美提升到一个终极高度的,是庄子。庄子在《庄子·知北游》中说,"天地有大美而不言,四时有明法而不议,万物有成理而不说。"天地就是大自然,庄子认为,真正的美或者说至高无上的美,是存在于大自然之中的,为大自然所具有。人要了解美,寻求美,就要到大自然之中去观察,去探寻。到了魏晋时代，走进自然、亲近自然、融入自然、欣赏大自然的美，开始变成知识分子们，尤其是高级知识分子们的集体行为，这里面著名的人物很多，如竹林七贤、王羲之、谢灵运、陶渊明等等。具体而言，竹林七贤中的阮籍游山玩水，"尽日忘归"；王羲之官都不做了，游览名山大川，泛舟于沧海；谢灵运则发现大自然无限的魅力，开创了山水诗派。魏晋时代的这些知识分子们，让心灵与外界的大自然沟通契合，交流互感，构建了一个个玉洁冰清、情景交融的精神世界。自然山水也从陪衬成为了主体，从附庸走向了独立，自然美在这个洒脱放达的时代被发现。

西方对自然美的欣赏比中国要晚得多。据统计，古希腊诗人荷马的史诗《伊利亚特》中，对事物的审美评价有493次，对人和神的审美评价有374次，而对植物的审美评价只有9次。到了文艺复兴时期，诗人但丁和彼特拉克，尤其是彼特拉克，热情地歌颂了大自然之美。彼特拉克曾写信给他的朋友，说：我多么希望你知道，当我单独自由自在地漫游在山中、林间、溪畔，所得到的无比的快乐。他还曾经引用神学家奥古斯丁在《忏悔录》中的一段话，来表明他对大自然的热爱，这段话是这么说的："人们到外边欣赏高山、大海、汹涌的河流和广阔的海洋，以及日月星辰的运行，这时他们会忘掉自己。"

三、自然审美的类型

对自然的审美有三种类型。但这三种类型并不是并列出现，而是按自然美欣赏的历史发展顺序，在我国先后经历了致用、比德和畅神三个阶段。

第一种类型是致用。所谓"致用"，就是指人类以实用的、功利的观点来看待自然。朱光潜指出："在起源阶段，美与用总是统一的。"在我国新石器时代西安半坡出土的彩陶中，人面鱼纹盆尤其引人注目。人面图案的旁边，往往画着单条大鱼或一张网纹。这种带有神秘色彩的人面纹，透露出半坡氏族公社的某种原始信仰。对鱼的崇拜中，也包含着对鱼的欣赏。半坡人是基于和自己的物质生活的迫切需要和密切联系，而对它产生一种集敬畏、依赖、喜爱于一体的心态。虽然这种自然观在严格的意义上还不足以被称为自然美感，然而它毕竟是史前人类与自然的真实的感情交流。史前人类不脱离自己的生活、生存去欣赏自然。在人类发展初期，致用的自然审美观不仅适用于我国，而且适用于欧洲。狩猎时代的欧洲原始人尽管周围环境长满花卉，然而他们对此视而不见，他们在洞穴中着意描绘的只是野牛、野猪、古象等，因为比起花卉来，这些动物和他们生活的关系更加密切。实用的、功利的特点决定了人类在自然美领域首先欣赏动物的美，然后才欣赏植物的美。

　　第二种类型是比德。所谓"比德",就是指以自然景物的某些特征来比附、象征人的道德情操。我国比较成熟的"比德"的自然审美观,形成于春秋时期。"比德"是儒家学说的表现,是将儒家思想核心中的"仁政""礼教"的部分渗透到山水审美中来。《论语·雍也》写道:"子曰:'知者乐水,仁者乐山;知者动,仁者静;知者乐,仁者寿。'"智者为什么乐水,仁者为什么乐山呢? 孔子没有明说。宋代学者朱熹解释道:"知者达于事理而周流无滞,有似于水,故乐水;仁者安于义理而厚重不迁,有似山,故乐山。"孔子对山水的欣赏,是从道德角度的一种欣赏。与其说他是醉心于自然山水本身,不如说他欣赏的是由眼前的山水引起的对一种道德品质的联想。自然景物的某些特点和人的道德品质的相似性,使欣赏者把二者联系起来。这在某种程度上成为中国文人对自然的一种一脉相承的审美习惯。

　　在中国文化中,比德是很重要的文化传统。以天地比德、以山水比德、以金玉比德,以松竹梅"岁寒三友"和梅兰竹菊"四君子"比德,值得说明的是,它们之所以能成为某种意义的符号,与它们的自然性有重要关系。松、竹、梅、兰、菊之所以能成为君子人格的象征,是因为它们具有一个非常重要的品质:耐寒。而牡丹之所以成为富贵的象征,则是因为它的花朵硕大、艳丽,给人以热烈、奔放之感。

　　第三种类型是畅神。所谓"畅神",是指自然景物本身的美可以使欣赏者心旷神怡,精神为之一畅。魏晋南北朝时期,对自然景物的"畅神"审美观盛行起来。正是"望秋兴,神飞扬,临春风,思浩荡"。"畅神"和"比德"不同,它专注于对审美对象本身的欣赏,不要求用自然景物来比附道德情操。与"比德"相比,"畅神"又前进了一步。

　　晋宋时期著名的绘画理论家宗炳最早在他的绘画理论中提出山水画的目的是"畅神"。"畅神"这个术语最早出现于晋宋画家和美学家宗炳的《画山水序》。宗炳是顾恺之稍晚的同时代人,他的《画山水序》是中国美学史上最早讨论山水画的一篇文章,其中包含了对自然美的理解。据《宋书·隐逸传》记载,宗炳"好山水,爱远游"。晚年他曾叹曰:"老病俱至,名山恐难遍睹,唯当澄怀观道,卧以游之。"即使老和病使他不能亲历山水之胜,他躺卧在家,也要在想象中遍睹名山大川。"峰岫峣嶷,云林森渺,圣贤映于绝代,万趣融其神思,余复何为哉? 畅神而已。"从中可以看出,这一时期岩岩山林、流泉飞瀑、茂林修竹、云光霞影在人的审美心理上唤起的已绝不只是取譬象征的比德,人类此时才真正成为审美的主体,在自然山水的忘情游乐之中,获得生命的激情和超然心境,在自然山水中寻找到与人的内在心灵性情相通相融的精髓所在,使心灵在自然山水中获得完全的舒展自由。《宋书·隐逸传》记载:(宗炳)"凡所游履,皆图之于室,谓人曰:'抚琴动操,欲令众山皆响!'"宗炳将游历所见的山川美景画下来,挂在室内。他和山水有了很深的默契,在自然山水里意识到音乐的境界,赞颂山水的妩媚时群山仿佛有灵性,皆做回应。真是境与神会,真气扑人。这是自然美欣赏中的胜境。可惜的是,宗炳的画作已经失传。

第二节　自然之美与天人合一

"天人合一"的思想是构成中华文化的主要内核,它既是一种哲学思想,也是一种伦理精神,更是一种生命状态或生命境界。就审美而言,天人合一也是一种审美境界。

一、自然景观的审美本质:人与自然的契合

自然是人类的家园,人们从自然那里得到的不仅是必需的生活用品和生活环境,自然还是人类心灵畅游的海洋。自然和人类生活的关系密不可分,人类在自然身上寻找自己生活的影子,也在自然身上找到了情感的寄托和对未来生活的向往。我们认为,自然美的本质在于人和自然的契合。当我们凝神自然之物时,便有共鸣的境界。与自然合一,和自然对象融为一体。清代学者王国维在《人间词话》中以"有我之境和无我之境"俯察万物,万事万物仿佛显现着我们的光辉,对人散发出迷人的光辉,充满着美的情趣。我们能够从自然对象中捕捉一丝情思或者美感,获得一种充盈的感受。此时的我们没有尘世的烦扰,在这自然中体验生命的真正意义和人格的魅力,回归最本真的自我,达到"诗意地栖居"之境界。正如有学者指出的:人们"欣赏自然美有一种归真返璞的感受,有一种超凡脱俗,远离尘世喧嚣,洗净人世烦恼的心旷神怡的体验。只有面对自然美的时候,人们才真正感受到自己是一个完整的、活生生的生命存在。"

王维中年以后曾居住在辋川别墅,在今陕西蓝田西南,在终南山脚下,是一个山清水秀的地方,王维的很多诗描写的是这个地方的美景。其《辋川集》中第四首《鹿柴》写道:"空山不见人,但闻人语响。返景入深林,复照青苔上。"这首诗描绘了鹿柴这个地方傍晚时分空山深林的幽静景色。一抹余晖射入森林,斑驳的树影

映在青苔上。《辋川集》第十八首《辛夷坞》写道:"木末芙蓉花,山中发红萼。涧户寂无人,纷纷开且落。"王维通过对这两首诗中所讲到的自然景色,表达了他对人生哲理和宇宙生命的直接感受。空山深林,花开花落,是宇宙的生命现象,在王维的诗中,心灵与自然合为一体,在自然中得到了停歇,心似乎消失了,只有大自然的灿烂美丽,景色如画。

我们中国文人对艺术所呈现的美用一个词总结,叫"意境"。"意"是人的精神世界,"境"是种种事物构成的场景,"意境"这个词本身就包含了人与自然事物的融合为一。李泽厚从审美的角度,把天人合一解释为"外在的自然山水与人内在的自然情感都渗透、交融和积淀了社会的人际的内容,社会和社会成员与自然的发展处在和谐统一中。"王国维在《人间词话》中谈道:"有有我之境,有无我之境。……无我之境,不知何者为我,何者为物。"比如"采菊东篱下,悠然见南山。""寒波澹澹起,白鸟悠悠下。"这种审美体验,正是主体与客体浑融交感,物我两忘的境界。正是因为有了"天人合一"的宇宙观念,山水草木在中国人的心目中,也就成了有生命、有性情的客体。到了诗人的笔下,人与自然山水竟可以成为知己,互相感应,浑融无间。李白的《独坐敬亭山》诗云:"众鸟高飞尽,孤云独去闲。相看两不厌,唯有敬亭山。"前两句写环境的清冷与诗人的孤独寂寞,后两句则写诗人与敬亭山依依相视,脉脉含情。此处的敬亭山,已经完全人格化,与诗人情意相通,在抚慰着诗人落寞孤傲的心灵了。辛弃疾的另一首《贺新郎》写道:"我见青山多妩媚,料青山、见我应如是。情与貌,略相似。"这里的青山与词人已是契阔相交的知己,完全打通了主客的分野,互相欣赏,彼此倾慕。

二、天人合一审美境界的典型:中国绘画

在中国,山林中的隐士和取材大自然的画家,可以说是最能够欣赏大自然之美的人。他们的共同点是,把自己的生命和自然万物的生命融为一体;不同点是,隐士们主要把自然山水的精神融入他们的精神修养之中,而画家们则把自然之境凝练为意境深远的绘画作品。

(一)中国绘画中对万物生态之美的追求

中国传统思想的精神底蕴,特别是儒家,从本质上来讲都是一种生命哲学,包含着对自然生命的关怀和尊重。儒家经典《易传》中说:"天地之大德曰生",也就是说世界上的头等大事就是生,生生不息是一种最高的宇宙精神。中国的艺术家

们也把天地自然视为一个大的生命世界,画家们的绘画题材都与这个生生不息的自然世界相关,与自身生命气息可以相与吞吐,表现出人对浩渺宇宙的认识、感觉和生命体验。尤其是中国的花鸟画,画家们无不以捕捉到一花一草的生机为其艺术追求。大家都知道宋徽宗虽是个昏君,重用奸臣,但在艺术上却是个天才,也是个全才,他的花鸟画是当时一绝。宋徽宗画鸟有个独创的绝技,生漆点睛,就是用生漆来画小鸟的眼睛。为什么用生漆点睛呢?生漆颜色比普通国画用颜料更黑一点,风干后会有一个凝结的漆团,使得小鸟的眼部在整个画幅的平面跳脱出来,这样一来,小鸟的形象便跃然纸上了。中国的花鸟画,鸢飞鱼跃、落花流水、莺舞蝶飞、修竹成林无不一派生机,就连枯藤老树、野鹤寒鸦、苍苔寒潭,在一片荒寒静寂中,也蕴涵着生命的温度。"八大山人"天真嬉戏的小鸟,郑板桥凛凛风神的竹子与兰花,吴昌硕笔走龙蛇的枯藤,齐白石逍遥自得的虾,或是徐悲鸿意气勃发的马,都是如此。在中国画家眼中,生命被视为一切艺术之源,是贯穿在中国画中不灭的精魂。著名画家傅抱石曾经说过:"一切艺术的真正要素乃在于生命,且丰富其生命。有了生命,时间和空间都不能限制它。"

(二)对"无限"的追求

尼采说,人是形而上的动物。人从本性上来说,有突破自身有限性达到无限、永恒、至高至上的精神追求。这一点,在中国绘画中体现得尤其充分。著名美学家宗白华提出了一个问题,"中国绘画里所表现的最深心灵究竟是什么?"宗白华的回答是,它不是以世界为有限的圆满的现实而崇拜模仿,它所表现的精神是一种"深沉静默地与这无限的自然,无限的太空浑然融化,体合为一"。南宋是我国山水画的鼎盛时期,有两位画家山水画的构图非常特别,一个叫马远,一个叫夏圭,他俩与李唐、刘松年被誉为中国"画史上的南宋四大家"。马远构图多用边角形式,夏圭常以半边景物表现空间,故有"马一角,夏半边"之称。他们为什么只画山水的一个角或者半边呢?其用意就在于,以有限来表现无限。马远有一幅名作,取名《寒江独钓图》,只在画幅中央画了一叶舟,漂浮在水面上,一个渔翁在船上独钓,四周除了寥寥的几笔微波,几乎全是空白。大面积的空白,却有力地衬托出江面上一种空旷渺茫、寒意萧散的气氛,真可谓"景愈藏境愈大"。中国的花鸟画也是如此。勃莱克的诗句:"一沙一世界,一花一天国",真可以用来咏赞一幅幅精妙的中国画家的花鸟画作品。一天的春色寄托在数点桃花,两三水鸟启示着自然的无限生机。中国画家总是在一丘一壑、一花一鸟中发现了无限,表现了无限,所以宗白华说中国的花鸟画,"就是尺幅里的花鸟、虫鱼,也都像是沉落遗忘于宇宙悠渺的太空中,意境旷邈幽深""潜存着一层深深的静寂"。

(三)山水画中的超越精神

山水画家们笔下的山水,多是可观、可行、可游、可居的远离尘世的山林,对画家们来说,画中山水其实是超脱于烦琐与庸俗社会的心灵居所,不论是北宗山水还是南宗山水,或是仙境一般的缥缈神奇,或是悠闲农夫渔樵的隐居之所。文人山水画,如董源、巨然、倪瓒、吴镇、石涛、黄公望等,多表现的是逸居山林的情趣、素朴自然的水墨风光;宫廷画家,如夏圭、马远等,展现的楼宇宫殿也并非人间繁华,而同样是超脱于人间的世外桃源。

元末明初的隐者画家倪瓒,朱元璋曾召其进京做官,他坚决不去,还作《题彦真屋》诗云:"只傍清水不染尘",表示不愿做官。"只傍清水不染尘"这句话也刚好非常恰当地评价了他自己的绘画作品。若是许多画作放在一起,倪瓒的画绝不会是最抢眼的那一幅。但如果细细品味其笔简意远,则一定会记住倪瓒,记住那个疏林坡岸,没有一丝云翳,也不见一痕鸟影的倪瓒,那个笔墨都素净得几乎透明的倪瓒。倪瓒的画有一个特点,他的画中基本上都没有人。有人问他,为什么画中不画人,他说"天地间安有人在!"按照倪瓒的标准,天底下找不到与自己内心相一致的纯净的"人",他便抛弃了世界。他曾为好友画家钱选的《浮玉山居图》题词:"何人西上道场山,山自白云僧自闲。至人不与物俱化,往往超出乎两间。洗心观妙退藏密,阅世千年如一日。"山居是一种无干扰的生活状态,正如诗中所言"山自白云僧自闲",倪瓒认为俗世中的人如困在樊笼中的鸟,只有离开了尘世喧嚣,才能保持内心的清净圣洁,心灵才有安顿的可能。

如果我们对自己旅游时的审美体验加以反思,不难发现,中国古代山水画所呈现出来的主要精神追求,其实也是我们普通人在投身自然山水时内在的向往:自由、本真、超越与充满生气的生命体验。

阅读材料:谢遐龄:"天人合一"的时代价值

天人合一是中华文明根深蒂固的传统,是天道内涵的展示。一般来说,道作为一个整体,称作易道;分解地说,道分为天道、地道、人道。《周易·系辞》中说:"立天之道曰阴与阳,立地之道曰柔与刚,立人之道曰仁与义",讲的就是这三道。天人合一,说的是天道与人道的一致性。这一思想不但对我国传统社会的发展有积极意义,而且对我们今天立身行事也有借鉴价值。

西汉董仲舒系统地阐述了天道与人道的关系：他以乾的性质为仁，认为帝王必须行仁政；以五行论证孝为天经地义，阐述官制与官德的根源。宋代张载首创民胞物与的思想，把天人合一提升到新的高度。明代王阳明承袭和发展了张载、程朱的思想，认为"自格物致知至平天下，只是一个明明德……明德是此心之德，即是仁。'仁者以天地万物为一体'，使有一物失所，便是吾仁有未尽处。"明明德是《大学》三纲领的第一条。王阳明把《大学》三纲领、八条目归结为明明德，抓住了核心，可谓要言不烦。"大学"即"大人"之学，"大人"是古代对领导干部的称谓。"格物"就是研究每一项事务，"致知"就是掌握各项事务的理路。王阳明强调，"大人"应当是仁者，在思想上达到天人合一境界，每一项事务都要处理得当。这就把天人合一与国家治理联系在了一起。

《大学》对人们的要求分为三个层次。用我们今天的话来说，这三个层次分别对应领导干部、一般干部、普通民众。对领导干部的要求是明明德、亲民、止于至善；对一般干部的要求是慎独；对普通民众的要求是修身，正所谓"自天子以至于庶人，壹是皆以修身为本"。王阳明说："《大学》之所谓'身'，即耳、目、口、鼻、四肢是也。欲修身，便是要目非礼勿视，耳非礼勿听，口非礼勿言，四肢非礼勿动。"意思是一切行为合乎规范。习近平同志提出的"三严三实"，对修身的要求更高一层，不仅要行为合规范，还要在正心诚意上下功夫。也就是说，党员干部不仅外在表现要合规范，还要时时警醒、反省内心，从意念上检查自己是否有错失。

简要地说，普通民众只要行为正确即可，意念也正确更好；即便意念不正确，只要不违法乱纪，也不作更高要求。党员干部则不但要行为正确，也要求意念正确。这是天人合一的要求，即仁德必须贯彻到所有行为中。用今天的话讲，就是全心全意为人民服务的根本宗旨、以人民为中心的发展思想必须贯彻到一切事务中。行为正确但意念上是为一己之政绩，则有亏天道，依天人合一的标准来衡量也有亏人道。

天人合一还包含了人与环境的关系。张载提出的民胞物与思想，把全社会看作一体，也把自然与社会看作一体。从今天的情况来看，民胞物与要求党员干部确立全社会是自己身体、整个大自然是自己身体的观念。王阳明说："天地万物本吾一体者也。生民之困苦荼毒，孰非疾痛之切于吾身者乎？"也就是说，分配不公、民生有亏，是伤害自己的身体；环境污染、生态受损，也是伤害自己的身体。党员干部思想上达到天人合一、民胞物与，有助于实现国家善治。

（摘自谢遐龄《人民日报》，2016年10月11日07版）

第三节　自然景观的审美内涵

大自然所呈现出来的特征,和人类的精神世界在很多方面都是契合和映射的关系,如自然所呈现出来的自由生长状态和人对自由的追求,质朴状态与人对真性的追求等等,我们列举以下几个方面。

一、自然与自由

(一)自然是"自己如此"

什么是自然?《说文解字》中说:"自,始也。""然"则兼有"是"和"这样"的意思。由此看,所谓的"自然"就是"自是",即一个事物是它自身,自然就是自己如此,其最初含义亦指非人为的本然状态。在西方语言中,"自然"(Natura)一词来自罗马人对希腊语词 physis 的翻译,本义是事物自身的生长和涌现,跟汉语"自己如此"的意思一致。自然引申出来的意思就是自己生成、自己如此、天然生成的东西,如空气、日光、森林、山河等。再引申一步,自然即整个物质世界,宇宙的生物界和非生物界都是自己如此的。同时,自然与人为相对,所谓的"事物是它自身"就是非人工、反人为。据此可以认为,在中国美学中,由于自然是先天的,人为是后天的,所以自然状态就是事物最初存在的状态,具有本源性;由于自然是本来就有的,所以自然就是自然而然,具有自由本己的特点。

(二)自然与自由

自然——"自己如此",从最本质的意义上来说,意味着自由。

在西方,"自由"是一个古老的概念。在英语中有两个表示"自由"的名词:Freedom 和 Liberty,基本含义都是"摆脱"。Freedom 指个人不受限制或威胁,摆脱束缚和被监护,自己做自己的主人。Liberty 指正式的法律上的自由权利,即要求宪法和制度对自由进行保护。武汉大学的邓晓芒教授曾经论证说:"自然的本质在其真正的展开中将表明它其实是自由。人的精神和自由意志体现了自然本身最内在、最深刻的本质属性。……凡是自然的,都是自由的,只有自由的,才是真正自然的。""自然"和"自由"都意指事物自然而然的存在状态,即去掉外在强加、摆脱外在力量对自己生命的支配。

阅读材料:超验主义者爱默生和梭罗

19世纪的新英格兰是一个群星璀璨的时代,一大批优秀的作家都深受超验主义运动的影响。1836年,爱默生发表了《论自然》,系统有效地阐述超验主义的哲学思想,成为超验主义的宣言。对超验主义者来说,成功生活的秘密就是游离于物质生活之上,将精力灌注在精神上,在精神基础上升华,正如爱默生所说:"站在空旷的大地上,我的头脑沐浴在清新的空气中,思想给提升到无限的空间里,所有卑微的自私念头都消失了。我成了一个透明的眼球。我什么也不是,但我却看到了一切。"

……

梭罗第一次碰到爱默生是1837年。可以说,爱默生的著名论文《论自然》对梭罗影响甚大。与爱默生生活在一起,梭罗吸收了超验主义的一切精华。从一定程度上来说,他住到瓦尔登湖畔,也是为了将《论自然》里的观点付诸实践。爱默生认为,人类并不受自然的摆布,但是自然也并非遥不可及。实际上,自然是人类精神的一个反映,再者说,人们也不应认为哲学与诗歌互为冲突。真正的哲学家和诗人同为一体,从许多方面来说,爱默生的思想都和梭罗的见解颇为吻合,爱默生的这些观点促进了年轻的梭罗去探索自然,了解自我。

虽然许多人认为梭罗是爱默生的门徒,但是两人的观点不尽一致。首先,爱默生只是一个理论家,而梭罗是位实践家,他在实际观察中获得的认识自然同爱默生的有所不同。梭罗对自然的兴趣同浪漫主义对自然的兴趣一样。但是浪漫主义的兴趣不仅在于自然本身,还在于人性。梭罗一开始就说,他到瓦尔登湖既不是为了生活得便宜,也不是为了生活得奢侈,而是从事自己的私事,这种私事就是认识自我的价值。认识自我,争取自由,享有个性。这在《瓦尔登湖》中得到了充分的体现。在作者质朴、真诚的描述下,我们看到了这样的文字:

4月29日,我在九亩角桥附近的河岸钓鱼,当时,我正站在摇曳的小草和麝鼠埋伏的柳树根上,就听到一声奇特的咯咯声,有点像孩子们手指敲木棒的声音,于是我抬头望去,看到了一只小巧、优美的鹰,犹如夜鹰,一会儿像水波,扶摇直上,一会儿又飞身而下,俯冲一两杆远,向人展示自己的羽翼,阳光下,羽翼闪闪发光,犹如一根缎带,又像贝壳里的珍珠。这一景象使我想起了猎鹰,这一项运动不知道塑造了多少高贵,引发出多少诗歌。我觉得这只鹰可以称作灰背隼,不过我对它的名字并不在乎。这是我见过的最为飘逸的一次飞翔。它不像蝴蝶那样翩翩起舞,也不像老鹰那样搏击长空,而是在田野上空,骄傲地翱翔,纵横嬉戏,它一会儿振翅高飞,发出古怪的叫声,一会儿又翻身而下,做出潇洒而优美的姿态,它就像是一只风筝,上下不停地翻腾,然后,又从高空翻腾中恢复过来,仿佛它的脚从未落地。它在宇宙中似乎没有什么伴侣,——独来独往,嬉戏游玩——但是它不需要伴侣,只需要清晨和天空,供其玩耍。它不孤独,相反,倒使整个大地为之感到孤独。

在这里,自然与自由很好地融合在一起。自然使人摆脱束缚,摈弃一切欲望。这是一种自然之美,荒野之美。

……

(节选自王光林《自然与自由的追随者——重新认识梭罗》,出自《当代外语研究》,2017年第2期)

(三)自由与寄情山水

卢梭说,人生而自由,却无往而不在枷锁之中。追求自然,也就是要去掉、摆脱强加给人的东西,摆脱枷锁,自己选择自己的人生道路,也就是获得了自由。

实际上,当我们投身大自然,欣赏天地美景的过程中,最深层的生命感受往往就是心灵的解放。这一点在魏晋时代士子们的身上体现得尤为明显。魏晋是真正发现自然美的时代。魏晋时期自然美进入士人的生活中,他们以审美的人生态度,一往情深地投入大自然,对山水草木进行自由的审美观照,山水草木开始真正作为独立的对象进入人的审美活动领域,具有了自身的审美价值。魏晋士人以新奇敏锐的眼光,发现了大自然的声色之魅和形式之美,在天地之大美中,体验生命的自由和喜悦。比如,山水诗的开宗巨匠谢灵运,就是能敏锐地体悟大自然的一草一木的真意的人。他借山水诗来表现自然生命自由蓬勃生长的生命本色。他说"野旷沙岸静,天高秋月明。憩石挹飞泉,攀林搴落英。"明净的山水,生动的色泽,自然灵动的生命形式,显现出自然的感性形式所蕴蓄的无穷魅力。魏晋士人寄情逍遥于山水,一个重要的目的就是要任真自适,最大限度地满足对自由人生的憧憬。《世说新语·识鉴》载,有一位名士叫张季鹰(本名叫张翰),是西晋著名的文学家,时人称之为"江东步兵",和阮籍齐名。他被任命为齐王的东曹掾,住在洛阳,看见秋风吹起,于是想起家乡吴地的菰菜、莼羹、鲈鱼脍,于是曰:"人生贵得适意尔,何能羁宦数千里以要名爵乎?"于是命令御者驾起车马就回归故乡了。张季鹰忧患备尝,成败毁誉,均不足萦怀,只求能得到使人生适意的菰菜、莼羹、鲈鱼脍、一杯酒。

这正是当时魏晋士人一种普遍的人生态度。张季鹰等魏晋士人不为外物所役,不为名利所羁,莫不以心灵的自在自适为贵,渴望沉浸于明山秀水之中,获得宁静的精神天地,忘掉世俗的纷扰。表现得最突出的还是陶渊明,他在《归田园居》中说:"少无适俗韵,性本爱丘山。""户庭无尘杂,虚室有余闲。久在樊笼里,复得返自然。"在《饮酒》中说:"结庐在人境,而无车马喧。问君何能尔,心远地自偏。采菊东篱下,悠然见南山。山气日夕佳,飞鸟相与还。此中有真意,欲辨已忘言。"在陶渊明的世界里,村落、炊烟、田野、月色、山涧、树木都和人的心灵相通,在安静的山野间生活,一切都是那样的自然,那样的合理,那样的真实,那样的永恒。人也在这和谐的大自然里自得自足,成了自然的一部分。在大自然之中,以陶渊明为典型代表的魏晋士人暂时摆脱了官场和政治纷争的困扰,忘却了痛苦和不快,精神与肉体也同时获得了自由和解放。此时,"外在的世界消失了,只剩下一颗通体澄澈的审美的心灵,而这颗心灵也没有了外在的堤防与界限,已与自然融合在一起,在大化流行中自然而然地运行。"在魏晋士人看来,唯有到大自然中去寻求山水之趣、田园之乐,方能使自己的精神获得慰藉,使自己的人格保持完整,拥有一份超脱通达的心境,寻找到人生的自由天地,将超然的心境在悠远无际、广袤无垠的自然中升华到"道"的境界,从中领会人生的真谛。

二、自然与真性

自然即意味着自由。可将自由理解为顺应自己的内在本性去选择和发展。自然的这种内在的本性,即称为"真性"。

(一)自然的野性或者说真性

事物的本性或真性,可简单地理解为真实的性情,本来如是,即佛教语"法尔如是",保持着其天然的面貌。人没有涉足之前,大自然总是保持着真性,因而也总是最富有美感的。叔本华说:"大自然是多么的富有美感!每一块荒芜、野生、完全未经种植亦即听其自然的地方——哪怕这只是很小的一块——只要不受到人爪的亵弄,就会马上被大自然以最雅致、讲究的方式装扮起来,饰以花草植物;这些花草植物从容不迫、自然而然的风韵,以及优雅的布置和编排,显示出这些东西并不是在人们膨胀的自我的严厉监管下长成,而是听从了大自然的自由调遣。"在深山和荒野中,在人类的欲望还没有涉入的地方,自然总是保持着最质朴、最真实的面貌,万物在其中保持着自然的、野蛮的生长,保持着野性,这就是自然的真性。

自然的真性也是自然的野性,就有机物来说,是它的原始生命本能,是那种蓬勃争取、扩大生存空间的努力。树木长到一定高度时,就要努力展开枝干去接受更多的阳光,只要空间足够、阳光充沛,树木就发育得正常;而如果它的旁边有别的树木,或影响它接受阳光、雨露的其他障碍物,它的生长就遇到阻碍,为了克服这种阻碍,它的长势、身姿必然会受到影响。我们在森林中看树木与树木之间为争夺阳光而展开的较量,就能感受到蕴含在万物之中内在的巨大力量,但一切无声,也正是这无声,让我们产生一种特别的审美感受。

(二)人的过分干涉让自然失去真性

自然事物的美往往就在于保持真性,而人为的矫饰,对自然的过度开发,必然使自然失去其真性,失去其原有的美感。过度开发的自然风光,做各种造型而被扭曲生长的盆景,为了取悦大众而驯化出来的海豹、海狮等,总是让人觉得厌烦。《庄子·马蹄》篇中说:"马,蹄可以践霜雪,毛可以御风寒,龁草饮水,翘足而陆,此马之真性也。""真性"就是本性或者野性,马的美不就在这"真性"吗?可是,号称"善相马"的伯乐,将马做了一番"整治",用烧红的铁器灼炙马毛,用剪刀修剔马鬃,凿削马蹄甲,烙制马印记,用络头和绊绳来拴连它们,用马槽和马床来编排它们,这样一来马便死掉十分之二三了。饿了不给吃,渴了不给喝,让它们快速驱驰,让它们急骤奔跑,让它们步伐整齐,让它们行动划一,前有马口横木和马络装饰的限制,后有皮鞭和竹条的威逼,这样一来马就死过半数了。这样治马,也许会训练出少数听人旨意,跑得比过去快的马,但却失去了马原有的野性和本色的美,不是真正的马了。人是社会动物,处在各种社会关系中,这一方面体现了人之为人的本质属性,另外一方面,社会也像庄子笔下的"伯乐"治马一样,不断在削减着我们的精神,很多时候不得不违背自己的心意和本性。

阅读材料:

马,蹄可以践霜雪,毛可以御风寒,龁草饮水,翘足而陆,此马之真性也。虽有义台路寝,无所用之。及至伯乐,曰:"我善治马。"烧之,剔之,刻之,雒之。连之以羁馽,编之以皂栈,马之死者十二三矣!饥之渴之,驰之骤之,整之齐之,前有橛饰之患,而后有鞭策之威,而马之死者已过半矣!陶者曰:"我善治埴。"圆者中规,方者中矩。匠人曰:"我善治木。"曲者中钩,直者应绳。夫埴木之性,岂欲中规矩钩绳哉!然且世世称之曰:"伯乐善治马,而陶匠善治埴木。"此亦治天下者之过也。

吾意善治天下者不然。彼民有常性,织而衣,耕而食,是谓同德。一而不党,命曰天放。故至德之世，其行填填，其视颠颠。当是时也，山无蹊隧，泽无舟梁；万物群生，连属其乡；禽兽成群，草木遂长。是故禽兽可系羁而游，鸟鹊之巢可攀援而窥。夫至德之世，同与禽兽居，族与万物并。恶乎知君子小人哉！同乎无知，其德不离；同乎无欲，是谓素朴。素朴而民性得矣。及至圣人，蹩躠为仁，踶跂为义，而天下始疑矣。澶漫为乐，摘僻为礼，而天下始分矣。故纯朴不残，孰为牺尊！白玉不毁，孰为珪璋！道德不废，安取仁义！性情不离，安用礼乐！五色不乱，孰为文采！五声不乱，孰应六律！

——庄子《庄子·马蹄》

（三）人在大自然中找回自己的"真性"

人也有人的真性，但人总是容易失去自己的真性。人按照自己的真性存在，德国大哲学家海德格尔称为"本真的存在"，中国的道家称这样的人为"真人"。海德格尔说人总是埋头于日常功名利禄的操劳，沉溺于毫无意义的好奇和闲谈，他把这种状态叫"沉沦"，他认为人需要从沉沦中觉醒，回到自己本真的存在，按照自己的真性去生活。中国的道家也认为，人对欲望的过分追求，总是让人迷失自己的本性。《道德经》第十二章说道："五色令人目盲，五音令人耳聋，五味令人口爽，驰骋畋猎令人心发狂，难得之货令人行妨。"颜色太多让人眼花缭乱，声音太多让人耳分辨不出，味道太多让人感觉失调，纵情打猎让人身心张扬发狂，稀奇的宝贝常常让人为了得到而不择手段。"社会"向我们呈现出来的东西，很多都与此有关。现代社会生产力发达，商品琳琅满目，无限丰富的消费品带给人们过多的物欲享受，但同时也让很多人失去了对生命的感受力，变得有些麻木。

投身大自然，欣赏大自然的美，则恰恰能重新唤醒人的感受力，让人们找回自己的真性。原因很简单，大自然之为大自然，就是在于其最大限度地保持其真性，而大自然的真性能唤醒人的真性。例如，有一个词："天籁"。什么是天籁？草丛中的虫鸣、林间鸟的啼鸣、泉水的潺潺流动、风声、雨声，广而言之，草长莺飞、日升月落、万物自由生长，都是天籁。人在大自然中聆听天籁，放开自己的心灵，放开自己的感受力，便能够领悟到，人的生命本就是天籁的一部分。我们不妨再温习一下陶渊明《饮酒》第五首："结庐在人境，而无车马喧。问君何能尔？心远地自偏。采菊东篱下，悠然见南山。山气日夕佳，飞鸟相与还。此中有真意，欲辨已忘言。"我们看到，喝得微醺的陶渊明，在山、菊花、飞鸟的大自然中，体验到了真意。真意是什么？万物，包括人的本真存在，万物的真性。

三、自然的生机

自然之美,也在于自然事物所蕴含的无限生机。

(一)生命力是自然之美的核心

对自然事物生命力的欣赏是自然审美的核心内涵。俄国著名的美学家车尔尼雪夫斯基有一个重要的观念,就是自然界中的自然物皆因其生命而美,失去生命则丑。自然事物,美在生命。比如,动物是因"生命"而美,他说:"马是最美的动物之一种,因为马有蓬勃的生命力。"动物的美是有差异的,其美的差异程度是由生命力的强弱来决定的,生命力越强的动物便是越美的动物。马之所以是最美的动物,就在于它具有"蓬勃的生命力"。植物的美丑也是由其生命力的有无决定的。比如说,就植物的审美观赏而言,我们喜欢新鲜、茂盛的植物,因为它显示着蓬勃的生命力。凋谢的植物或缺少生命力的植物总是不好的。总之,植物美的程度是由植物的生命蓬勃程度来决定的。再比如太阳,太阳之所以美是由于它给大地带来生机,他说:"太阳的光所以美,是因为它使整个大地复苏,使大地上一切生命的根源都盎然富有生气……白昼的光,自然界的生气的源泉,恩泽万物……旭日初升,大自然带着一股清新朝气的力量苏醒起来,我们也苏醒了……"这是说,太阳的美不是太阳光本身,而是太阳光的功能、作用,给大地带来生机,给植物带来生命。

(二)万物之生意最可观

自然事物的生命现象,是自然审美的一项重要内容,这也是中国古代思想家的一个共识。

中国古代思想家认为,大自然(包括人类)是一个生命世界,天地万物都包含有活泼的生命和生意,这种生命和生意是最值得观赏的。人们在这种观赏中,体验到人与万物一体的境界,从而得到极大的精神愉悦。宋明理学家都喜欢观"万物之生意",也就是说,欣赏世界万物生生不息的生命现象。程颢曾说:"万物之生意最可观",他的书窗前杂草很盛,有人劝他割掉,他说要留之以常见造物生意;又置办一盆养小鱼,时时刻刻不忘了去欣赏一下,别人问他原因,他回答说,欲观万物自得意。他体验到了人与万物的生命精神,体验到人与大自然的和谐,"浑然与物同体",得到一种快乐。这是"仁者"之"乐"。

朱熹和他的弟子们也是如此。《朱子语类》卷六十三中记载了陈淳和朱熹的一段对话:陈淳问朱熹,鸢有鸢之性,鱼有鱼之性,鸢飞鱼跃,是他们的自发的生命现象,这就是天理显现于具体事物,所以子思在《中庸》中举了这两个例子,是不是要说明道是无所不在的?朱熹回答说"是"。在朱熹他们看来,鸢飞鱼跃不是一种简单的描述,而是反映了一种生长发育、无止无息的生命精神。这种精神博大精深,无所不在。鸢飞鱼跃,从容来去于天地间,无滞无碍,从而提升了人的胸襟。这种对大自然生命世界的关怀和欣赏,既是一种伦理境界,也是一种审美境界。

(三)眼前一片生意

中国古代的艺术家们,也强调对自然生命世界的关怀和欣赏。明代画家董其昌说,画家多长寿,长寿的秘诀在于眼前一片生意。中国画家从来不画死鱼、死鸟,他们画的花、鸟、鱼、虫,都是活泼的、生机盎然的。英国美术史家 L. 比尼恩认为,中国绘画特别强调生命运动之势,静止的山以水映带之,以云烟缭绕之,使灵气得往来。中国画不仅再现生机勃勃的自然形态,同时还深入到宇宙的生命根源中,找寻灵魂的居所。中国画家们坚信,生命的幽深处,自然有烟有雾,有山林,有静水,有可以听天音、同宇宙的天地。因而中国画家不在于追求表面的动感,而在于追求深层的生意。

清代大画家郑板桥有一封写给他弟弟的家书,信中说,你们要注意培养孩子,要培养他们的仁爱之心,不要让他们养成残忍之性。如抓一只螃蟹,用一根绳子把它系起来,让小孩在地上拉着它走当玩具,不到一个时辰,就把螃蟹给拉死了。这种行为非常不好。因为螃蟹是有生命的。你把它作为玩物,把它拉死后,破坏了生命,使小孩有了残忍之性。郑板桥说,天地生物,一蚁一虫,都心存爱念,这就是天之心。人应该体天之心以为心。郑板桥平生最反对笼中养鸟。他说,我图娱悦,彼在囚牢,何情何理,而必屈物之性以适吾性乎?即使是面对豺狼虎豹,你最好把它们赶得远远的,不要让它们危害人类,人并没有权利任意去杀戮它们。人与万物一体,人与万物平等。人不能把自己当作万物的主宰。这就是儒家的大仁爱观。我也爱鸟,但真正的爱鸟是应该多种树,使其成为鸟国、鸟家。早上起来听到鸟在叫,鸟很快乐,你也快乐。这就叫各适其天。万物都能够按照他们自己的自然本性获得生存,作为和万物同类的人,也就得到一种真正的快乐,一种真正的美感。这也就是《乐记》说的"大乐与天地同和"。

四、发现事物自身的光辉

我们前面提到,自然本质性的内涵就是自由。自由的意义很丰富,其中一个方面的内涵就是每个自然物都有其自身存在的价值。对自然事物的审美,乃是对大自然自身价值的发现、欣赏和体验。

(一)人类中心主义的陷阱

人们对待大自然的态度中,有一种很有害的观念,即认为人是世界的中心,一切其他事物的存在都是为人类服务的,我们把这种态度称为"人类中心主义的陷阱"。公元前5世纪希腊哲学家、智者学派的主要代表人物普罗泰戈拉,他有一个著名的命题是"人是万物的尺度"。其完整形态是:"人是万物的尺度,是存在的事物存在的尺度,也是不存在的事物不存在的尺度。"培根、笛卡尔等思想家则主张"要像世界的本来面目"那样去认识自然、征服自然。这是人类中心主义对待自然的典型态度,他们认为人对大自然享有至高无上的权力,人类利用自然、改造自然、征服自然,而自然只是实现人类目的的一种工具和手段。这种观念使人无休止地对自然进行掠夺式的开发,严重破坏了人与自然之间和谐共生的关系。实际上,从本质意义上讲,世界本无中心。如《庄子·天下》云:"我知天下之中央,燕之北,越之南是也。"庄子不是说天下真有这样一个中心,而是说这样的中心是不存在的,燕在北边,越在南边,没有一个地方是在北边的更北边,南边的更南边。认为世界有一个中心,本是一种人为的设定,假设世界有中心的话,如果离开人类中心主义的视角,旷野中的一棵树、一粒沙、一匹马等,为什么不能成为建立宇宙秩序的中心呢?

阅读材料:人类中心主义与生态中心主义

传统的人类中心主义立足于人的根本需要,把自然当作索取的对象,人类为了自己的生存、发展可以不断地采掘自然资源。随着环境的日益恶化,修正的人类中心主义意识到要从长远考虑,使后代子孙有生存和发展的权利,从而下决心要爱护环境、保护环境,甚至限制人类的消费行为,改进技术,提倡清洁生产……无论是传统的、未经修正的人类中心主义或修正的人类中心主义,无疑都是以人为本,行为的出发点仍是以人为中心的。虽然现代的人类中心主义表面看来已经开始重视保护自然环境,但这仍是人类为了自身的生存和长远发展而做出的选择。人们的行为目的是为了更好地向自然索取,为了长久地开采,为了人类自身利益。

生态中心主义(非人类中心主义)与人类中心主义的不同在于:生态中心主义将人视为与自然平等的存在,或是认为人是自然演化发展的产物,人不能离开自然而生存、发展,是作为自然的一部分而存在,人与自然应该和谐共处,共同发展。而"大地伦理"作为非人类中心主义诸多观点中一种最为"激进"[注:此处的"激进"是指由于"大地伦理"相对于动物解放/权力论、生物平等主义而言,其对人类要求更为苛刻。前两者分别承认动物、生物(有机体)的权力,而"大地伦理"则更将此范围扩大到了整个包括无机界在内的自然界。]的环境伦理观念,其提倡者阿尔多·利奥波德认为,"大地伦理使人类的角色从大地共同体的征服者变为其中的普通的成员和公民。它蕴含着对它的同道的成员的尊重,也包括对共同体的尊重。大地伦理简单地扩展共同体的边界,使之包括土壤、水、植物和动物,或者由它们组成的整体:大地。于是,大地伦理反映了生态良心的存在,依次反映了个体对大地健康的义务的确信。健康是大地自我更新的能力。保护是我们了解和保持这种能力的努力。对于我来说没有对大地的爱、尊重、赞美和对它的价值的注意,对大地的道德联系能存在是难以想象的。当然,我所谓的价值是某种比纯粹经济价值更宽广的价值,我所说的价值是哲学意义上的价值。"利奥波德认为包括无生命的自然在内的整个大地,都应获得人类的尊重。

这两种自然观在价值评价上出现了分歧,他们首先都承认自然对人的价值,认为自然对人具有实践、审美、认知等价值属性,肯定人类一方面作为价值主体的地位,但是人类中心主义不涉及自然的"内在价值",否认自然的"固有价值",自然只能是人类改造的对象。而非人类中心主义或生态中心主义认为,自然有其"内在价值",人类应尊重自然。正是二者在 自然"内在价值"存在与否上的不同认识,导致了人类中心主义与非人类中心主义的分歧,从而在理论上、行动上表现出差异。

(节选自陈伟华,杨曦《世界观的转变:从人类中心主义到生态中心主义》,《科学技术与辩证法》,2002年01期)

(二)每一自然事物都有其独特的存在价值

不把人设定为宇宙的中心,其实质是尊重每一自然事物独特的存在价值。从这个角度来看,万物是平等的。庄子和他的学生有一段非常有深意的对话,他的弟子东郭子向庄子请教:"所谓道,究竟存在于什么地方呢?"庄子说:"道无所不在。"东郭子说:"必定得指出具体存在的地方才可以吧。"庄子说:"在蝼蚁之中。"东郭子说:"怎么处在这样低下卑微的地方?"庄子说:"在小草之中。"东郭子说:"怎么越发低下了呢?"庄子说:"在砖瓦之中。"东郭子说:"怎么越来越低下呢?"庄子说:"在大小便。"东郭子无语了。蝼蚁是动物,尚在有意识的动物之列,植物有生命却没有意识,到了砖瓦就成了无生命的东西,而大小便则更是污秽的东西,至高无上的道怎么会存在于这些地方呢? 先不讨论庄子的其他意思,其中有一层意思很明显,就是不管是人、蝼蚁、小草、瓦砾,还是污秽的东西,都可能是"道"的居所,都可能有其至高无上的价值,都有可能显示大自然最深的奥秘。而所谓高级与低级、干净与污秽,把人看作万物灵长、宇宙的中心,都是从人的角度来看,是人类一厢情愿的想法。

(三) 自然审美:发现自然物自身的光辉

对自然事物的审美态度,是欣赏和尊重事物自身价值的一种突出形式。比如说"天籁",它出自《庄子·齐物论》第一段,与地籁、人籁相比较,天籁是音乐的最高境界。怎样才能够听到天籁呢? 庄子的说法是"吾丧我",即我放弃以自我为中心的态度去看世界。天籁的说法,就是庄子寓言的主人公在说完"吾丧我"之后,紧接着提出来的。只有人消解了无所不在的主体性,万物才能褪尽"我之色彩",找回它自身;只有人放弃对话语权的独占,来自自然的天籁之音才能得到真正的重视和倾听。在自我意识没有得到强化的儿童那里,自然事物往往更有强烈的美的光辉,但成人却因自我意识的强化,事物的光辉反倒变得晦暗下来。苏联教育学家苏霍姆林斯基讲了这样一个故事:有一个孩子叫奥列霞,她很喜欢蝴蝶。每天清晨,当朝霞把玫瑰染成金黄色时,她便走进花园。色彩鲜艳的蝴蝶停在玫瑰花上,轻轻地振动着翅膀。奥列霞不敢出声,生怕吓怕了这些娇柔美丽的蝴蝶。……今天老师带来了一幅很大的挂图,上课时老师边讲边指着挂图解释,丑陋而有害的毛虫是如何变成蝴蝶的。"蝴蝶是害虫,必须消灭它",老师说。到了晚上,奥列霞悄悄地哭了……早晨她又去看盛开的玫瑰花,欣赏着美丽的蝴蝶,这时候蝴蝶美的光辉是否就变得黯淡了呢?

对大自然的审美,是一种暂时抛开人类的道德、功利的考量,对大自然自身价值的一种静观,在这样一种对待大自然的态度下,大自然自身的光辉才能显现出来。诺贝尔文学奖获得者、意大利诗人夸席莫多,他有一首很短的诗《瞬息间是夜晚》,"每一个人,依偎着大地的胸怀,孤寂地裸露在日光之下,瞬息间是夜晚",诗人的每一个审美意象,大地、日光、夜晚,都是我们司空见惯的寻常事物,但在诗人眼光的关照下,呈现出迷人的光辉。事实上,只要走进大自然,我们不仅可以看到这种诗意的精致的创意,还可以直接领会到大自然伟岸无边的创造力,那亘古雄伟的高山、汹涌奔腾的大河、壮丽辉煌的日出和辽阔无边的草原就是明证。大自然以它自身特有的方式,不仅创造了天地之间一切崇高和优美的事物,而且也创造了种种生命的奇观。大地上的万千植物和走兽,天空中的飞禽,海底的生物,还有一个在我们视线之外的生机勃勃的微生物的世界,所有的这一切,无不体现大自然的生生不息。当人类那渺小的自我走进这浩瀚无边的大自然的时候,除了震撼和惊喜,还能再说什么呢?

本章习题:

一、选择题

1. 中国古代的自然审美包括( )三种类型。

A. 比德　　B. 致用　　C. 拟人　　D. 畅神

2. 下列说法错误的是( )。

A. 中国古代美学中有"比德"说,将自然物某种性质联系到人类的某种品德,从而赋予这一自然物某种美德

B. 把橘树比喻为"秉德无私参天地"的高尚品德是庄子的说法

C. 自然物的审美潜质一方面是自然创化的产物,另一方面也是自然人化的产物,人与自然的关系很大程度上受到人类自身文明性质的影响

D. 自然物的形式与人的生活联系是多样的,因此,它的审美意味也是多样的

3. 下列关于秩序与和谐的说法错误的是( )。

A. 佛教这样来表述这个秩序严正的世界:"易有太极,是生两仪,两仪生四象,四象生八卦"

B.《易经》这样来表述这个秩序严正的世界:"易有太极,是生两仪,两仪生四象,四象生八卦"

C. 丹麦哲学家克尔凯阔尔说:"整个存在使我吃惊,从最小的苍蝇,到上帝下凡,化身为基督的神秘,每一件事物对我来说都是难以理解的,而最难以理解的则是我自己"

D. 德国的大哲学家康德说:有"两种东西,我对它们的思考越是深沉和持久,它们在我心灵中唤起的赞叹和敬畏就会越来越历久弥新:一是我们头顶浩瀚灿烂的星空,一是我们心中崇高的道德法则"

4. 下列关于"自然"的解释正确的是( )。

A.《说文解字》中所谓的自然是"事物自身的生长和涌现"的意思

B.《说文解字》中所谓的自然是"自是"的意思,也就是指非人为的本然状态的意思

C. 自然(Natura)一词来自罗马人对希腊语词 Physis 的翻译

D. 自然在西方语言中,是指自己生成、自己如此、天然生成的东西

二、实践题

　　天人合一是中华传统文化的精髓。用心呵护自然之美,就是保护人类自身。人类衣食来源皆赖自然所赐。近代地理大发现以来,人类开启了系统记录生物多样性、探求自然秩序的进程,博物学、生物学、地质学等学科相继确立,人类也得以更好地认识自身。同时,人也在大自然中寄托了人自身的精神追求,发现"天地之大美"即是其表现之一,大自然之美不仅在或壮阔或秀丽的风景中,也在大自然的一草一木中。从今天开始,请你在宿舍尝试养一株绿植,每天观察它的生长状态,并记录每次你从这株绿植中体验到的美感。

第三章 自然景观审美典型一:山岳景观

本章提要

本章从三个角度对自然景观中的山岳景观进行阐述:第一节介绍了山岳景观的相关定义、山岳地貌景观的基本类型和特点;第二节从神话文化、民间传说、旅游文学、信仰圣地、历史文化古迹等角度阐述了山岳景观的文化内涵;第三节从审美角度进行描述,包括山岳地貌景观的审美特征、审美功能和成名条件,在其间穿插若干阅读资料帮助读者拓宽视野、丰富知识。

我国儒家学派的代表人物、被尊奉为"天纵之圣""天之木铎"的春秋时期的孔子在其早年漫长的游历途中,对大好河山情有独钟,因景生情曾经有过不少赞美自然山水的论述,如"逝者如斯夫,不舍昼夜""登泰山而小天下""知者乐水,仁者乐山"等等。至圣孔子面对青山绿水发出的感慨,尽管只有只言片语,却对后世产生了极其深远的影响。特别是其"知者乐水,仁者乐山"的思想,逐步发展成为我国传统审美中著名的比德审美观。

从一段观水的论述中可以体现孔子的比德审美观点。子贡问曰:"君子见大水必观焉,何也?"孔子曰:"夫水者,君子比德焉。遍予而无私,似德。所及者生,似仁。其流卑下,句倨皆循其理,似义。浅者流行,深者不测,似智。其赴百仞之谷不疑,似勇。绵弱而微达,似察。受恶不让,似蒙。不清以入,鲜洁以出,似善化。至量必平,似正。盈不求概,似度。其万折必东,似意。是以君子见大水观焉尔也。"

问及仁者何以乐山,孔子这样回答:"夫山,笼撅冥靠,万民之所观仰,草木生焉,众物立焉,飞禽萃焉,走兽休焉,宝藏殖焉,奇夫息焉,音群物而不倦焉,四方并取而不限焉。出天风通气于天地之间,国家以成。"

问及智者何以乐水,孔子认为:"泉源溃溃,不释昼夜,其似力者。循理而行,不遗小间,其似持平者。动而之下,其似有礼者。赴千仞之壑而不疑,其似勇者。障防而清,其似知命者。不清以入,鲜洁而出,其似善化者。众人取平,品类以正;万物得之则生,失之则死,其似有德者。淑淑渊渊,深不可测,其似圣者。通润天地之间,国家以成。是知者所以乐水也。"

古人常常在纵情山水之时,将山水作为观赏、学习的对象,以山水比德,将人高尚的道德品质以山水喻之。在这两段用山水比喻君子品德的对话中道出了孔子对于山水的自然审美观。

孔子的比德思想触及山水之美的本质问题。山的壮丽雄美象征仁者的秉德无私、厚德载物,水的深不可测体现智者的豁达大度、学识渊博。在游山观水之时,君子仁者不但"高山流水,得遇知音",还能反躬自省、陶冶情操。景色之美,固然同山水自身的某些特征有关,本质上还是由于审美主体把山水的特征和人的道德品质相联系。这种比德审美理论,对我国美学史、文学史、艺术史的影响十分巨大和深远。这种对于自然山水审美所持的比德态度,不同程度地积淀在中国人山水意识的深层结构和文化心理之中,使得人们习惯于运用比德审美观来欣赏山水景观。

在旅游活动过程中,山水作为人们观赏审美的普遍对象,首先进入人们的视域,成为人们魂牵梦绕的审美客体,并形成了具有广博的文化内容与厚重的历史积淀相结合的山水文化。

第一节 山岳地貌景观

一、山岳地貌景观概述

山是指陆地表面高度较大、坡度较陡的隆起地貌。一般来说,海拔在 500～8 000 m 以上的地貌称为山地,全球山地面积约 7 120 万 km^2,占总面积的 13.96%,占大陆面积的 47.82%。我们通常将 200～500 m 的地貌称为丘陵,全球丘陵面积约 3 990 万 km^2,占总面积的 7.82%,占大陆面积 26.80%。有别于普通地理学的视角,我们从旅游景观的角度,将山地和丘陵通称为山。

从成因角度分类,山可分为褶皱山、断块山、侵蚀山、火山等;从岩性角度分类,山可分为花岗岩山、石灰岩山、流纹岩山、沙砾岩山、变质岩山等;从人类对山的利用角度分类,山可分为宗教名山、体育探险名山、旅游名山和历史文化名山等。

山体的形成主要与地壳的水平运动相关,岩层在水平方向上受力(挤压力、张力)形成巨大的褶皱和断裂构造。所以,水平运动通常又称为"造山运动"。经过亿万年的地质演变,地球表面逐渐形成了断崖、阶地、高山、深谷、平原等姿态万千的地貌景观。

在板块内部有着强烈的新构造运动,岩层断裂上升形成山地,称为断块山。山系所在地都是在该区地壳相对上升区。如我国的黄山、秦岭、天目山、太行山、吕梁山、武夷山、贺兰山、天山、恒山、峨眉山、庐山、泰山、阿尔泰山及欧亚洲间的乌拉尔山、北美洲的阿巴拉契亚山等。强烈构造运动中抬升形成的断块山,规模宏大,具有巍峨的气势,其发育一般经过两个阶段:即早期由于板块碰撞而产生的巨大褶皱,以及晚期板块内部的断裂上升。一般断块山体周围有大量因为断层形成的峭壁,秀丽险峻,这也成为很多名山的共同特征。本章节所涉及的山岳地貌景观泛指由地球内、外营力综合作用于岩石圈,辅以其他各个圈层作用如生物圈、大气圈等而形成的各种事物和现象的总称。它可以是地表上峰峦叠嶂、造型奇特的群山,也可以是高低起伏、错落有致的地势,还应该包括地下岩层中的岩洞与暗河。

当然,地壳运动和构造运动的结果只是从主体上构建了山岳地貌的框架,要使山体成为具备吸引力的风景名胜还应具备多种其他因素。如特殊的气候、相伴而生的丛林植被以及众多人文古迹等。

从景观的角度来欣赏山体,应该突破普通地理学的视觉局限。游客眼中的山,应该是典型的、具备美感的山岳自然景观主体,环境优美,加之丰富的、能净化人类心灵、启迪人类智慧的人文景观所形成的山地空间综合体。

二、山岳地貌景观类型

山岳地貌景观按照其地质地貌成因划分,可分为花岗岩地貌景观、变质岩地貌景观、丹霞地貌景观、岩溶山地景观等几种主要类型。

(一)花岗岩地貌景观

花岗岩,从自然地理学角度解释属于侵入岩中深成岩的一类。垂直节理发育,主要由长石和石英组成,质地坚硬,多成为显著的隆起地形,构成山地的核心。花岗岩地貌的发育受岩性影响很深,首先,由于其块状结构,导致其致密坚硬,抗蚀力强,通常会形成高峻陡峭的山地;其次,因风化壳较为松散偏沙化,加之其下原岩不透水,极易产生地表暴流与散流,形成严重的水土流失;由于其节理丰富,地表水与地下水易于沿节理活动,形成密集的河谷与沟谷;节理的形式决定了山坡的形态,节理密集区,由于重力崩塌,常形成挺拔险峻、峭壁耸立的雄奇景观。如果花岗岩表层球状风化显著,还可形成各种造型逼真的怪石,具有较高的科学研究价值和旅游观赏价值。

我国的花岗岩景观形成一般可分为以下几种形式。

1. 三清山式

三清山式花岗岩地处古地质板块间较为活跃的碰撞带,断裂或褶皱发育,岩浆活动较为频繁,经过一系列的造山运动,山体大幅度抬升,岩顶地层被风化剥蚀,岩体暴露出地表。伴随山体的抬升和水的强烈下切作用,地势高低差逐步加大。再者断层、节理的异常发育,形成了三清山特有的花岗岩峰林景观。

2. 黄山式

此种花岗岩景观为构造侵蚀与冰川侵蚀双重原因所致。在区域性块状隆升的基础上,受冰川刨蚀作用,整个景区地貌呈同心状分布模式,中心区为平坦夷平面残留部分,向外围山峰依次为穹峰、堡峰、尖峰、岭脊等,显示流水切割,溯源侵蚀的裂点还停留在中心区边沿。从地貌发展的阶段来看,黄山式处于三清山式和华山式之间。

3. 华山式

华山式花岗岩景观通过构造地貌加之冲刷侵蚀作用形成,大小纵横的断层和节理将完整的岩体分割成形状大小不等的岩块,在河流的切割活动中,风化剥蚀形成俊秀的山峰和奇形怪状的岩石。华山景观(图3-1)以陡崖高峰绝壁为特色,以险峻著称。安徽的天柱山也呈现出与华山相似的景观。

图3-1 华山

4. 泰山式

泰山的低山和丘陵地貌化学风化作用较强，主要以石灰岩的溶蚀作用为主，形成方山和"桌状山"。泰山以雄伟著称，以雄厚山体与崖壁、陡坡组合景观为特色。从形成阶段看，泰山式处于华山式和普陀山式之间。湖南衡山的景观与泰山有相似之处，但雄伟程度不及泰山。

5. 普陀山式

普陀山式花岗岩的形成原因与古太平洋板块向西俯冲密切相关，浑圆状花岗岩低丘和花岗岩石蛋是其景观特色。类似的花岗岩景观还有福建的鼓浪屿、平潭岛等。这类花岗岩景观化学风化作用较强，主要是海蚀风化作用，以多种石蛋、大型球状风化丘陵、柱状石峰和石林造型为主要标志。

在我国，花岗岩地貌广泛分布，相当部分的名山都是由花岗岩为主体构成。例如：黄山的炼丹峰、莲花峰和天都峰三峰鼎立，成为具有强大吸引力的旅游景观；球形风化景观较为著名的有海南的天涯海角、"南天一柱"等。

（二）变质岩地貌景观

岩浆岩、沉积岩或者先成变质岩在地壳运动、岩浆活动等作用下导致的物理、化学条件的变化，并使之结构、成分、构造产生一系列改变，这种改变的作用称为变质作用，所形成的岩石称为变质岩。由于原有岩石的岩性及所受的变质程度的差异，变质岩的岩性差别很大，所形成的地貌景观的风格特色也不尽相同。变质岩的岩性特征，既受原岩的本质影响，具有一定的继承性，同时因经受了变质作用，在结构构造和矿物成分上又具有新生性。我们一般将由岩浆岩经变质作用形成的变质岩称为"正变质岩"，将由沉积岩经变质作用形成的变质岩称为"副变质岩"。根据变质成因，变质岩又可分为区域变质岩、热接触变质岩、动力变质岩和混合岩化岩。除去花岗岩，我国由变质岩构成的名山也有很多，著名的如泰山、武当山、五台山、梵净山等。

阅读材料：名家游记：登泰山记

泰山之阳，汶水西流；其阴，济水东流。阳谷皆入汶，阴谷皆入济。当其南北分者，古长城也。最高日观峰，在长城南十五里。

余以乾隆三十九年十二月，自京师乘风雪，历齐河、长清，穿泰山西北谷，越长城之限，至于泰安。是月丁未，与知府朱孝纯子颍由南麓登。四十五里，道皆砌石为磴，其级七千有余。

泰山正南面有三谷。中谷绕泰安城下,郦道元所谓环水也。余始循以入,道少半,越中岭,复循西谷,遂至其巅。古时登山,循东谷入,道有天门。东谷者,古谓之天门溪水,余所不至也。今所经中岭及山巅崖限当道者,世皆谓之天门云。道中迷雾冰滑,磴几不可登。及既上,苍山负雪,明烛天南;望晚日照城郭,汶水、徂徕如画,而半山居雾若带然。

戊申晦,五鼓,与子颖坐日观亭,待日出。大风扬积雪击面。亭东自足下皆云漫。稍见云中白若摴蒱数十立者,山也。极天云一线异色,须臾成五彩。日上,正赤如丹,下有红光,动摇承之。或曰,此东海也。回视日观以西峰,或得日,或否,绛皓驳色,而皆若偻。

亭西有岱祠,又有碧霞元君祠;皇帝行宫在碧霞元君祠东。是日,观道中石刻,自唐显庆以来,其远古刻尽漫失。僻不当道者,皆不及往。

山多石,少土;石苍黑色,多平方,少圆。少杂树,多松,生石罅,皆平顶。冰雪,无瀑水,无鸟兽音迹。至日观数里内无树,而雪与人膝齐。

桐城姚鼐记。

(节选自于非《中国古代文学作品选》,高等教育出版社,2002)

(三)丹霞地貌景观

丹霞地貌是指红色砂砾岩经长期的流水侵蚀和风化剥离等内外营力的作用,形成陡峭的奇岩怪石和孤立的山峰,是垂直节理发育的各种丹霞奇峰的总称。1928年,我国地质学家冯景兰在广东韶关市仁化县境内发现这种地貌,并把形成这种地貌的红色砂砾岩层命名为丹霞层;1977年,我国地貌学家曾昭璇第一次把"丹霞地貌"作为学术名词使用,"丹霞地貌"由此得名。

红层地貌中的"红层"是指在侏罗纪至第四纪形成的红色岩系,称为"红色砂砾岩"。以红色砂砾岩为主的水平构造地貌,受溶蚀、侵蚀分割和重力崩塌等综合作用而形成陡崖、平顶、孤立突出的塔状地形。河流深切的岩层,或被切割成各种各样的奇峰,或形成顶部平齐、四壁陡峭的方山。有直立的、堡垒状的、宝塔状的等;在岩层倾角较大的地区,则侵蚀形成单斜山脊进而形成单斜峰群;岩层沿节理发生垂直崩塌,形成壮观、高大的陡崖坡,如果沿某主要节理走向发育,则会形成高大的石墙,石墙如果蚀穿则形成石窗,石窗进一步扩大,演变成石桥。

丹霞地貌具有整体感强、体态浑厚稳重、线条明快质朴、丹山碧水的特点,具有很高的游览观赏和科研价值,是我国重要的地质地貌旅游资源。较著名的有广东仁化丹霞山、桂北八角寨、福建武夷山等。

(四)岩溶洞穴景观

岩溶地貌也称为"喀斯特"地貌(Karst),是指以水流作用对可溶性岩石进行化学溶蚀作用为主,以冲蚀、溶蚀、侵蚀、切割等机械作用为辅而形成的地貌形态的总称。"喀斯特"原是南斯拉夫西北部伊斯特拉半岛上的一个石灰岩高原的名称。在此高原上,此种地貌广泛发育,1893年,南斯拉夫学者司威伊奇对此地貌进行研究并首次使用"喀斯特"一词,地貌得名由此而来。

从出露条件角度,喀斯特可划分为许多类型:覆盖型喀斯特、裸露型喀斯特、埋藏型喀斯特;按气候带可以分为寒带喀斯特、温带喀斯特、亚热带喀斯特、热带喀斯特、干旱区喀斯特。

喀斯特形态(地表)

溶沟和石芽:地表水在岩石表面通过溶蚀、侵蚀作用形成的凹槽称为溶沟。溶沟之间交汇、突出的部分叫石芽。高大的石芽可达20~30 m,密布如林,称作石林。

峰林、峰丛和孤峰:石灰岩遭受剧烈溶蚀形成的山峰集合体称作峰林和峰丛。如图3-2所示,峰丛是基部相连的峰林,峰林是基部断开的峰丛。孤峰是岩溶区孤立的山峰,多分布在岩溶盆地中。

图3-2 路南石林

溶斗和溶蚀洼地:溶斗是岩溶地区地表椭圆形或圆形的洼地,被丘陵、低山和峰林所包围的洼地称为溶蚀洼地。由流水对裂隙进行垂直溶蚀合并坍塌形成,使得地表水流向地下溶洞或地下的通道称为落水洞,河水常常通过落水洞汇入地下,而地上河水则断流形成盲谷或干谷。如果溶斗或者溶蚀洼地底部的落水洞被堵塞,可积水成塘,甚至形成岩溶湖。

喀斯特形态(地下)

溶洞:地下水沿可溶性岩石的节理、层面溶蚀和侵蚀而形成的地下洞穴称为溶洞。溶洞中常常形成石柱、石幔、石钟乳、石笋。

岩溶的分布与碳酸盐的分布密切相关。我国碳酸盐类岩石出露面积约90.7万km^2,主要分布于广西、贵州和云南东部。在山东、山西、湘西、川东及浙江、河北、北京、辽宁等地也有分布。岩溶峰林洞景迷人,神奇秀美。我国岩溶景观以广西桂林一带为代表,广西有"无山不洞"的美誉,如桂林市区的七星岩、芦笛岩等。此外,云南路南石林也因岩溶地貌著称于世。

第二节 山岳景观文化

如果说景观是山的躯干,那么文化就是山的精神、山的灵魂。以庐山为例,"春如梦,夏如滴,秋如醉,冬如玉"生动构建起了一幅极富魅力的天然立体山水画。中华民族五千年的悠久历史和博大精深的文化赋予了庐山深厚的内涵,使其不仅景色秀美,更集文化名山、教育名山、政治名山、宗教名山于一身。从司马迁"南登庐山",到陶渊明、李白、苏轼、陆游、胡适、郭沫若等1 500多位文坛巨匠登临庐山,为后人留下几千首诗词歌赋创作的文化名山的确立;从慧远开创"净土法门",始建东林寺,到集佛、道、天主、基督、伊斯兰教于一身的宗教圣地的形成;从宋代朱熹重建白鹿洞书院用来弘扬"理学",到构建教育丰碑;从"借得名山避世哗"的隐居之地,到20世纪初世界各国风格庐山别墅群的兴建;从胡先骕在庐山创建我国首个亚热带山地植物园,到李四光"第四纪冰川"理论的提出;从1937年的庐山谈话,到对新中国建设有着重大意义的庐山会议的召开。庐山的历史遗迹是中国历史发展脉络的生动体现,闪烁着中华民族传统文化的光华,展示着庐山极高的历史、文化、科学和美学价值。

山岳景观鬼斧神工,被赋予自然美感的同时,深深地打上人类活动的烙印,我们从自身独特的民俗文化角度去审视、欣赏山岳景观,使其具备特有的民族性格,展现出多彩的民俗风貌和深厚的文化内涵。

一、山岳神话文化

"山不在高,有仙则名"。一部古老、神奇的《山海经》几乎将中国海内外或真实、或虚拟的大小古山、名山用奇诞的神话全部塑造。先秦时期的五部《山经》共记载有347座名山,大多数将山岳与神话结合,为其注入神话文化内涵,成为解读中国传统山岳文化的一种思维定式。"方丈、蓬莱、瀛洲"是众神居住的海上三神山。三神山之说出自齐国人徐市,《史记·秦始皇本纪》:"齐人徐市等上书,言海中有三神山,名曰蓬莱、方丈、瀛洲,仙人居之。"他为讨好秦始皇而上书欺骗说三神山有众多仙人和长生不老之药;华山、灵山、登葆山、日月山被认为是众巫登天与神沟通的天梯;巫山和云雨山不但被传说生长长生不老神药,还被传说曾发生过诸神之间的战争;此外,众多山岳和奇异的禽兽有关。这些丰富的文化内容使得山岳从原始神话开始就形成了后世传统文化的模塑版本。在中国民族传统文化中,还存在祭拜山或山神的习俗,这也是原始文化的一种遗存。

阅读材料:神山"蓬莱"

传说,很早以前,渤海中有三座神山,名为蓬莱、方丈、瀛洲,住着许多仙人。山上"物色皆白,黄金白银宫阙,珠玑之树皆丛生,华实皆有滋味",吃了能长生不老。其中蓬莱在"东海之东北岸,周回五千里""乃天帝总九天之维"。

战国时代的《山海经·海内北经》中就有"蓬莱山在海中"之句;《列子·汤问》亦有"渤海之东有五山焉,一曰岱舆,二曰员峤,三曰方丈,四曰瀛洲,五曰蓬莱"的记载。

秦始皇统一中国后,慕名来到东海,希望见到传说中的神仙。他与当时的仙人安期生谈了三日三夜,赐他数千万金璧。秦始皇离去后,安期生丢弃金宝不顾,并留书始皇:"后数年求我于蓬莱山。"后来,秦始皇派方士徐福、卢生等数百人入海,但未到蓬莱山,就因遇风浪而折回。

"蓬莱"作为地名,大概起于汉武帝时期,唐代杜佑的《通典》记载:"武帝于此望海中蓬莱山,因筑城以为名。"公元前133年,崇尚仙道的汉武帝来到蓬莱,寻访神山不遇,遂在此建了一座小城,命名为"蓬莱"。

历史上,人们多次在蓬莱观看到了"海市蜃楼"的奇景。用现代科学的所谓解释是"大气折射所致",但又焉不是神仙将其生活场景展现给世人?让沉迷的世人多一份思考呢?

(摘自百度文库)

二、山岳民间传说

伴随着神话时代的终结,山岳成为民间传说的依托载体。在众多的民间传说中,主要分为两类:一类是将奇异故事甚至是精怪故事与山岳象形相附着、相比拟。如台湾地区、海南、河北承德都有的五指山,以及众多的龟山、虎山、龙山、猴山、鸡冠山、蛤蟆山等,都有相应的民间传说与之对应;另一类是将历史上知名的具有重要人文价值的传奇人物故事与山岳相结合。例如,传说虞舜南巡于九嶷山上驾崩,舜帝的二妃(娥皇和女英),在洞庭湖中的君山闻舜帝死讯,攀竹而恸哭。这个故事使得九嶷山和君山成为名山。总结起来,几乎所有的山岳都有美丽动人的民间传说,这些传说也成为名山文化内涵的精华所在。

阅读材料:骊山的由来

陕西省西安市临潼区有一座大山,名叫骊山。民间传说这座山是由一位仙女化成的。

传说远古时天塌地陷,百姓遭难。天神骊山老母带着两个女儿下界来炼石补天。

骊山老母和大女儿炼石,小女儿变成一匹飞马驮着母亲和姐姐飞上飞下,最终补好了天。可是,有一条黑龙又从被天砸坏的地底钻了出来,用洪水淹没了大地。骊山老母和两个女儿又制服了恶龙,拯救了人们。然后,她们开始炼石补地。

等把地补严后,小女儿由于疲劳过度,没有来得及变过本相就卧在地上休息了。等她一觉醒来,看到四周山清水秀,环境优雅,决定留在这里。她变成了一座大山,样子很像一匹黑色的骊马卧在人间。这就是骊山。

(摘自百度文库)

三、山岳旅游文学

古往今来,中国文学中对山岳景观讴歌的作品不计其数,有游记、诗歌、楹联、笔记小说等形式,无论是竹林七贤中"登山临水,经日忘归"的阮籍,还是"一生好入名山游"的李白,都对山川之美情有独钟,都将这份热爱凝结为流芳百世的文学作品;不管是传说中黄帝游五山、虞舜临四岳,还是自始皇帝开始的封禅泰山的传统,帝王的巡游在当时客观上引领着古代旅行活动的开展,也成为后世文学的题材,或被批判,或被歌颂。文人雅士因景因文青史留名,山岳景观因人因文相得益彰,名篇巨著因景因人百世流芳,人、文、景三个因素彼此联系,交相辉映,故有人杰地灵之说。

四、山岳信仰圣地

几千年来,中国儒、释、道等各教势力,纷纷选择甚至抢占洞天福地,开辟祭坛道场,广建观、庵、寺、庙、宫、亭、台、楼、塔、殿、阁、堂,开凿石窟岩洞,雕塑神像,把众多的山岳创建成崇拜和信仰的圣地。

受远古神灵崇拜、五行观念影响,与帝王政治封禅相结合的五岳是中华民族的古老、伟大形象的象征,因此名闻天下。五岳以中原为中心,按东、西、南、北、中方位命名。"五岳归来不看山",五岳被誉为华夏名山之首,有景观和文化双重意义。五座名山各具特色:东岳泰山之雄,西岳华山之险,南岳衡山之秀,北岳恒山之奇,中岳嵩山之峻,早已闻名世界。佛教传入后,先后开创了观世音菩萨道场——普陀山、文殊菩萨道场——五台山、普贤菩萨道场——峨眉山、地藏菩萨道场——九华山等四大名山,正所谓"天下名山僧占多"。湖北玉泉寺、山东灵岩寺、南京栖霞寺、浙江国清寺,占据了方山、栖霞、玉泉和天台四大名山而名扬天下,号称天下禅林"四绝"。其实早在佛教传入之前,中国的本土宗教——道教就已占据10大洞天、36小洞天、72福地。道教讲求修炼养生,将遍布全国的108座名山列为道家修炼圣地,形成了崂山、龙虎山、终南山、武当山等诸多道教名山。

五、山岳历史名胜遗迹

中国拥有五千年的文明史,许多重大历史事件都与山岳密切相关,山上所遗留的史迹令人景仰。例如,春秋时期伍子胥因忠谏而死,立祠于杭州的吴山、胥山上进而使其名满天下;辽宁凤城凤凰山的主峰箭眼峰、马蹄窝等景点,和唐太宗征辽的历史事迹密切相关;苏州的虎丘山、教场山,分别与吴王阖闾等事迹相关而得名。此外,许多名山和我国的近现代历史密切相关,如与抗日战争著名战役相关联的太行山、沂蒙山、大别山、狼牙山和宝塔山等。历史上的名诗、名人、名文与山岳结缘,其对山岳所赋予的多种评赞成为历代提高山岳文化品位的重要因素。

第三节 山岳地貌景观的美学特征

"五岳归来不看山,黄山归来不看岳",有山即有美,无处不风光。山岳景观千姿百态,魅力各不相同,美学特征也迥然不同。山岳景观通过幽、奇、雄、险、旷、野等形象美、姹紫嫣红的色彩美、蕴藏于静势之中的动态美而展示出丰富的美学特征。

一、形象美

自然之美,总是通过一定的形象和形式表现出来的,山岳景观也不例外。正如黑格尔所言:"美是形象的显现",山岳景观美学之中最显著的特征是形象美。山岳既是各种基本形象的空间综合体,又具有独特的总体形象特征,如泰山雄、黄山奇、华山险、峨眉秀、青城幽等。山岳景观的形象美可以概括为雄美、奇美、险美、幽美、旷美、野美等。

(一)雄美

"雄"是一种壮美、宏大、高大、气魄非凡的景象,人们对于"山"的印象,总是和气势雄伟、壮丽巍峨等文字联系在一起。凡山岳岩石陡峭、重峦叠嶂、体态高大者,都给人一种雄伟的美感;那些由高山、峡谷构成的景观,雄美壮观,常给人一种振奋、勇进的激情。被誉为"天下雄"的泰山,主峰玉皇顶海拔1 545 m,为"五岳之尊""五岳之长""五岳之首""天下第一山",泰山位于辽阔的齐鲁腹地,绵亘于济南、泰安、淄博三市之间,总面积242 km^2,气势磅礴地凌驾于齐鲁大地之上,山势陡峭,骤然突起,通天拔地,壁立霄汉,给人高大雄浑之感。唐代诗人杜甫在《望岳》中对泰山的感叹:"会当凌绝顶,一览众山小",便是对这一名山名景磅礴气势的生动写照。汉武帝游泰山赞其"高矣,极矣,大矣,特矣,壮矣"形象地道出了泰山壮观雄伟的形象美特征。山岳波澜壮阔、雄伟壮观;山林能聚水成河,兴风雨雷电,孕育大地万物,既满足了人类的物质需要,同时也成了人们精神崇拜的形象载体。

接下来以五岳之一的泰山(图3-3)为例,来认识山岳景观之"雄"美。

"泰山天下雄","雄"是在众多人文景观的烘托和历代精神文化的渲染下对高大雄伟的泰山景观的生动概括。下面通过对泰山景观"点、线、体"的分析,来理解泰山"雄美"的典型意义,借以构建泰山之"雄"美的美学观。

点雄:绝对高度上,泰山主峰玉皇顶海拔只有1 545 m,在五岳中排列第三,并不突出,只属于中等山体,但它在齐鲁大地拔地而起,相对高度达到1 360 m,如此高度给人以强烈的视觉震撼效果。以"点"的突出,骤然凌驾于齐鲁丘陵之上,雄起于华北大平原,气势十分宏伟。

图 3-3　泰山天下雄

线雄：因有东西方向断层，泰山南坡骤然上升，依天壁立，山势陡峭，方圆千里之内，无与伦比。整个山体"线条"刚毅挺拔，有壁立霄汉之风，气势雄伟。

体雄：泰山的体雄，一为基础宏大，盘卧总面积为 426 km²，绵延数百里；二为主体庞大，高耸挺拔，如大佛之坐于莲台，将军之坐于高丘。自古便有"稳如泰山""重如泰山""泰山如坐"之说，体现出泰山景观的雄浑之态。

文化雄：古代杰出的帝王君主在江山一统之时或是太平之岁，多来泰山进行封禅。封禅是古代帝王的最高礼仪大典，只有改朝换代、江山易主，抑或是久乱得治以后才会举行。所谓"封"，是到岱顶筑土为台祭天；所谓禅，是在泰山脚下的小丘（梁父山或蒿里山）辟场祭地。多次受雄主朝拜的泰山，自然"五岳独尊，雄镇天下"，聚"帝王之气"而获得了至高无上的地位。

自秦始皇开始到宋真宗，中国的封建社会时期先后有 6 位帝王 10 次登泰山封禅。泰山被古人视为"直通帝座"的天堂，成为百姓崇拜、帝王告祭的神山，自古就有"泰山安，四海皆安"的说法。泰山之雄伟，加之深厚的文化积淀，共同铸就了人们心中无可替代的东岳。泰山之雄，不仅是自然之雄，更是人们内心的雄伟。

看泰山之雄，是自然美和精神美的一种升华，是美学在人们心中的一种体现。

(二) 奇美

奇是指山岳景观的形态非同一般，变化多端，离奇怪异，出人意料。奇带给人们的审美感受是惊喜、兴奋、妙趣横生。集峨眉之清凉、泰山之雄伟、华山之险峻、衡山烟云之大成的黄山,因其奇松、奇石、奇峰、奇云,被誉为"中国第一奇山"。黄山奇松千姿百态,干曲枝虬;黄山奇石星罗棋布,竞相崛起;黄山奇峰雄姿灵秀,拔地倚天;黄山奇云变幻无穷,似锦如缎。除黄山之外,武夷山、雁荡山、桂林山水等也都具有奇美的特征。

"五岳归来不看山,黄山归来不看岳",黄山的"奇美"在于构成黄山自然景观的奇松、奇石、奇云、奇峰等基本要素能够有机结合,形成光怪陆离、奇异多变的景象。徐霞客以"生平奇览""步步生奇""有奇若此"来描绘黄山之美。

黄山奇松(图3-4)生态适应性极强,树冠扁平,针叶短硬,叶色浓绿,颈干粗韧,傲然挺拔,成为黄山"四绝"之首,多生长在海拔800~1 800 m的黄山之巅,挺立于悬崖绝壑之上,盘根于危岩峭壁之中,以石为母,以云为乳,小松不盈尺,巨松高数丈,黄山七十二峰,处处有青松点染,百年老松数以万计,正所谓"无树非松,无松不奇"。各式奇松成了主要构景要素之一,如一支支神奇的画笔,为黄山抹上了生命的色彩。

图3-4 黄山奇松

黄山奇松千姿百态,远观黄山松,呈现顶平、干直,刚劲挺拔,盘根虬枝,生机勃勃,苍翠奇特的"形异相、色纯粹、根基怪"的形态。其状或挺拔耸立,如巨人擎天;或盘根错节,似苍龙凌波;或枝脉舒展,似行云流水;或威武矫健,如猛虎归山,千变万化,令人浮想联翩。近观黄山松,既有成片的松林,郁郁苍苍,松涛轰鸣,如眉毛峰、狮子林,万松林等;又有单独成景的名松,如迎客松、送客松、望客松、接引松、连理松、探海松、黑虎松、竖琴松、凤凰松等。正如徐霞客所描述:"绝山献苍崖,尽皆陉松悬结。高者不盈丈,低者数寸,愈短愈老,愈小愈奇,不意奇山中又有此奇品也。"

黄山千岩万壑,山峰由基岩、石块、土壤、植被等组成。花岗岩山体呈纵节理为主,横、斜节理辅助发育,经球状风化作用,在100多万年前的第四纪冰川期形成石林、石柱、石蛋、悬崖、削壁、石墩等各种巧石构成的花岗岩特有奇观。黄山怪石,以多著称,以奇取胜,形态千奇百怪,几乎每座山峰上都有姿态不同的怪石。"如笔、如矢、如笋、如林、如刀戟、如船桅",有的像极了各式人物,如"仙人下棋""童子拜观音""天女绣花""夫妻谈心";有的酷似珍禽异兽,如"松鼠跳天都""猴子望太平""孔雀戏莲花""鳌鱼驮金龟";有的以故事传说而命名,如"太白醉酒""苏武牧羊""达摩面壁""武松打虎";有的如同各种物品,如"笔架峰""梦笔生花""仙人晒靴""仙人指路""飞来石"。形象逼真、情态各异,分布遍及峰顶、山脊、陡崖或坡道上,构成一幅幅天然奇石的景观画卷。这些方圆兼备的线条,古朴浑厚,质感坚实、纯朴,实为"奇"美。

黄山山峰高峻宏大,石峰纤细挺拔,巨细对比,景观生动而富于变化。松苍劲而洒脱,石浑厚而简洁,松得石而刚,石得松而灵,石峰如"笔",古松似"花",构成寓意深刻的奇景——"妙笔生花"。

黄山云海有东海、西海、南海、北海和天海,景观特色尤以冬季景观最佳。其美、胜、奇、幻之"奇妙"享誉古今。如图3-5所示,云海以云为衣、以峰为体,奇峰怪石和古松隐现云海之中。每当浮云飘雾时,黄山峰石在云海中时隐时现、似真似幻,使人感到一种缥缈般的仙境美;云海中的景物如峰、石、松,丰富摇动、若隐若现、虚虚实实、模模糊糊,令游客捉摸不定,产生神秘、幽邃、玄妙之感,给人一种朦胧美;峰石的实景和云海的虚景绝妙结合,呈现出一种烟水迷离、富有诗情画意的含蓄美。

除黄山的"奇"美之外,我国其他山岳也有着属于自己的"奇"美。

云南石林之奇,是在有利的地质、气候和水文条件下,以水平的厚石灰岩层为基础,可溶性岩石(碳酸盐岩)被流水沿纵横交错的构造裂隙,向纵深溶蚀,石柱被分隔出来而形成高耸数十米的石芽,形成"怪石森立,如千队万骑,危沿邃窟,若九陌三条"的景观,被誉为"天然雕塑博物馆"。

雁荡之奇,在于峰、嶂、洞、瀑"四绝"交相辉映。流纹岩属岩浆岩,中生代时期,由于太平洋板块向亚欧大陆板块俯冲挤压摩擦产生热能,将地壳熔融形成岩浆,进而通过断裂喷出地表形成火山喷发。经过塌陷、隆起等过程,岩浆对原始地

图 3-5 黄山云海

貌进行覆盖,形成各种气孔、溶洞、流纹构造,垂直节理发育,再经地质上升及风化作用,成为"海上名山、寰中绝胜",形成雕镂百态,富有宏博奇险、苍劲古拙风格流纹岩景观的中国"东南第一山"。徐霞客曾赞叹:"峭立亘天,危峰乱叠,如削如攒,如骈笋,如挺芝,如笔之卓,如幞之欹……突兀无寸土,雕镂百态。"康有为更称"雁荡山水雄伟奇特,甲于全球"。

阅读材料:名家游记:黄山印象

看山,普通总是仰起头来看的。然而黄山不同,常常要低下头去看。因为黄山是群山,登上一个高峰,就可俯瞰群山。这叫人想起杜甫的诗句"会当凌绝顶,一览众山小!"而精神为之兴奋,胸襟为之开朗。我在黄山盘桓了十多天,登过紫云峰、立马峰、天都峰、玉屏峰、光明顶、狮子林、眉毛峰等山,常常爬到绝顶,有如苏东坡游赤壁的"履版岩,披蒙茸,踞虎豹,登虬龙,攀栖鹘之危巢,俯冯夷之幽宫"。

在黄山中,不但要低头看山,还要面面看山。因为方向一改变,山的样子就不同,有时竟完全两样。例如从玉屏峰望天都峰,看见旁边一个峰顶上有一块石头很像一只松鼠,正在向天都峰跳过去的样子。这景致就叫"松鼠跳天都"。然而爬到天都峰上望去,这松鼠却变成了一双鞋子。又如手掌峰,从某角度望去竟像一个手掌,五根手指很分明。然而峰回路转,这手掌就变成了一个拳头。他如"罗汉拜观音""仙人下棋""喜鹊登梅""梦笔生花""鳌鱼驼金龟"等景致,也都随时改样,变幻无定。如果我是个好事者,不难替这些石山新造出几十个名目来,让导游人增加些讲解资料。然而我没有这种雅兴,却听到别人新取了两个很好的名目:有一次我们从西海门凭栏俯瞰,但见无数石山拔地而起,真像万笏朝天;其中有一个石山由许多方形石块堆积起来,竟同玩具中的积木一样,使人不相信是天生的,而疑心是人工的。导游人告诉我:有一个上海来的游客,替这石山取个名目,叫作"国际饭店"。我一看,果然很像上海南京路上的国际饭店。有人说这名目太俗气,欠古雅。我却觉得有一种现实的美感,比古雅更美。又有一次,我们登光明顶,望见东海(这海是指云海)上有一个高峰,腰间有一个缺口,缺口里有一块石头,很像一只蹲着的青蛙。气象台里有一个青年工作人员告诉我:他们自己替这景致取一个名目,叫作"青蛙跳东海"。我一看,果然很像一只青蛙将要跳到东海里去的样子。这名目取得很适当。

翻山过岭了好几天,最后逶迤下山,到云谷寺投宿。这云谷寺位在群山之间的一个谷中。由此再爬过一个眉毛峰,就可以回到黄山宾馆而结束游程了。我这天傍晚到达了云谷寺,发生了一种特殊的感觉,觉得心情和过去几天完全不同。起初想不出其所以然,后来仔细探索,方才明白原因:原来云谷寺位在较低的山谷中,开门见山,而这山高得很,用"万丈""插云"等语来形容似乎还嫌不够,简直可用"凌霄""逼天"等字眼。因此我看山必须仰起头来。古语云:"高山仰止",可见仰起头来看山是正常的,而低下头去看山是异常的。我一到云谷寺就发生一种特殊的感觉,便是因为在好几天异常之后突然恢复正常的缘故。这时候我觉得异常固然可喜,但是正常更为可爱。我躺在云谷寺宿舍门前的藤椅里,卧看山景,但见一向异常地躺在我脚下的白云,现在正常地浮在我头上了,觉得很自然。它们无心出岫,随意来往;有时冉冉而降,似乎要闯进寺里来访问我的样子。我便想起某古人的诗句:"白云无事常来往,莫怪山僧不送迎。"好诗句啊!然而叫我做这山僧,一定闭门不纳,因为白云这东西是很潮湿的。

(节选自丰子恺《丰子恺散文》,人民文学出版社,2008)

(三)险美

正如王安石在《游褒禅山记》中所言:"世之奇伟、诡怪、非常之观,常在于险远。"险成为打破平庸的一种手段和状态,通过强烈的夸张和对比得以实现。但凡"险"的事物,必然高挺而陡峭,名山大川和这一特征最为符合,黄山的鲫鱼背、华山的苍龙岭便是代表。

鲫鱼背在黄山东南三大主峰之一的天都峰上,自古以奇险著称。手扶铁索栏杆,从天都峰山脚沿"天梯"攀登,经过1 564级台阶一直到海拔1 770 m处的石硊,此为攀登顶峰的必经之处,石硊长10 m多,宽仅1 m,两侧是深邃莫测的千仞悬崖,形状酷似波涛之中跨越龙门的鲫鱼之背,故名"鲫鱼背"。鲫鱼背处的坡陡达85°左右,若山风吹起、云海涌动,仿佛山摇地动一般,攀登尤为惊险。清人许全治有诗记其险:"无意吞舟归北海,何心借水跃昆明。游人尽是批麟客,竹杖芒鞋脊上行。"

华山随处可见悬崖峭壁,两侧皆是万丈深渊,几乎与地面成90°,如刀削斧劈一般,山路异常险峻,令人触目惊心,叹为观止。华山主峰海拔2 154.9 m,从峪口到山顶,路程大约10 km,艰险崎岖,返邅曲折。青柯坪海拔1 125 m,既是海拔高度的一半,也是登山路程的一半,下面是幽险深邃的峡谷,上面是绝壁危崖的西峰。青柯坪与华山西峰的水平距离有600~700 m,而高差却能达到千米,游人攀登必须手攀铁索,经过"千尺幢""百尺峡""老君犁沟""擦耳崖""苍龙岭"五大险关才能到达华山之巅,因此才有"华山自古一条路"的说法。不少人将游华山看作探险,很多人慕名而来,但登到险处又胆战心惊,半途而返。登华山途中几乎无险不路,无路不险,但却又险而不危,只要胆大心细,勇敢沉着,不畏劳苦,就可以无往而不胜。探险猎奇是锤炼人的意志的有效方法,人们在战胜困难、克服心理恐惧后能够获得巨大的成就感和自豪感。

阅读材料:名家游记:华山谈险

正在这时候,却从山上下来一位气急败坏的青年人,一面擦汗,一面向老道要茶喝。我们问他从哪儿下来,他说:"咳!又高又险的路,一口气走了二三十里!我是早上从中峰下来的。这华山真是怕人,半个月前我爬过青海的雪山,还没有这样危险,那苍龙岭两边峭壁,中间一条'鲫鱼背'(意思是像鲫鱼背一样的两边陡峭的山脊),拉着铁链子上下,眼睛往下望,白茫茫一片,云树在万丈山坳底下,叫你心魂都震抖起来。老君犁沟和千尺幢也都是又陡又狭的石壁,一不当心准教你……"他停了一下又说:"刚才有一位四十多岁的老乡,是甘肃来的,下苍龙岭吓得直哭,一面哭,一面倒爬着,由两个人前后牵着下来……说老实话,我现在腿还是软的。"我们之中的一位"勇敢的人"先开口:"同志,我们还没有上山,先别给我们泄气,想听一听你对于山上风景的意见,冒那么大的险到底值得值不得呢?"年轻人这时立刻堆满笑容说:"对呀,我都忘了说,你不上到三峰顶上你真是想象不到,这山上的峰峦变化真是奇妙莫测咧!到了一个峰,你以为是绝境,却不想拐几拐又是一个比头一个更奇更绝的峰。华山的每个峰都各有胜处,北峰看日出和南峰看日出的景色就各有不同,所以为什么从古以来就有许多人爱华山,有许多人愿意一辈子在山上不下来。华山是险,但是确实值得付出一点代价,来领略这个大自然的奇迹!"

……

在九天宫睡了午觉,便沿路到达回心石,果然,抬头一看呀!铁链子就挂在那悬崖之上。不是回头就真没有别的路可去了。

只听得我们的"领队"轻轻地、似乎征询也似乎敦促的口气说:"怎样?走吧!"那时我已下定决心,就"外强中干"地冒出一声"走!"其实不走也不行哪,那位带路的人已经背着我们的行李在用手拉着铁链子上去了呢。

四个人战战兢兢地跟着他,此时我忽然发现了一个真理和奇迹:四条"腿"走起路来比两条腿轻松,手拉着铁链,减轻了下肢的重量,觉得既稳当又好走。这样,我们便上了千尺幢———自然,我没有敢向四周和底下看。

千尺幢是两面峭壁当中的一条狭隘的石缝,中间凿出踏步,踏步又陡又浅,全靠拉着两边挂着的铁链上山,这地方除了一线天光之外,周围看不见外景,这倒也感到安全,人一步一步地攀上去,到顶只有一二米大小的一个方洞眼,旁边斜放着铁板,只要把铁板一盖,华山的咽喉便被堵住,山上山下便没有第二条路可通。

从千尺幢上百尺峡,仍然是攀缘铁链上去。顾名思义,它比千尺幢路程较短,但是四周没有遮拦,心理上似乎觉得危险得多。从这里遥望峭壁尽头的群仙观的建筑,感到位置章法十分恰当,叫人想起古画中的"仙山楼阁图",群仙观是一位老道花了三四十年的精力修盖起来的道观。这位老者今年九十多岁,已经二十多年没有下过山了。

再上去就是老君犁沟,二十年前出版的华山指南,警告游客们到此要"敛神一志,扪索以登,切忌乱谈游视,万一神悖手松,坠不测矣!"因为这是一块大石板,光溜溜的草木不生,两旁竖着石柱,用铁索拦住,人就从这中间上行。自然,身到此间,不用说也就会"敛神一志"的。

攀完了老君犁沟,在太阳将下时,我们到达北峰,真武殿孤零零地立在山顶上,好像只要有一阵狂风,就会把整个建筑卷去似的。我们当天就在此住宿一宿。

……

第二天早晨起来说梦,有人梦见昨晚唱"混元颂"的道士,依然在唱它那听不懂的歌词;有人梦见自己变成巨人,横躺在苍龙岭上。梦究竟是荒唐的事。一早上最叫人暗中着急的是不停地刮着大风,眼看那"一线孤绳,上通霄汉"的苍龙岭兀立在那咆哮的狂风中,不要说人,就是蚂蚁怕也会被吹落到那万丈深坑中去。这时四个人中就有人提出:"刮这样大的风,怕上不去吧"的疑问,但谁也没有作正面答复。有人摊开纸笔对着远山作画,于是大家都画起画来。

华山有许多地方像北宋范宽的山水杰作,大片的山石像披麻,像斧劈,也有些地方宜用荷叶皴。望不见底的峭壁,有时只有几根纵线,有时却纵横交错表现出气魄的魁伟。从来画家都爱画华山,但真正把华山画得"形神"兼备却不容易。

午饭以后,我们离开北峰向南,到尽头又是绝路,崖边是垂直的一面石壁,凿出梯形踏步,两旁挂着铁链便人攀登,这就是十丈多高的"上天梯"。过了上天梯,穿过金天洞不远,就是苍龙岭。……

(节选自黄苗子《华山谈险》,出自《旅行家》,1957年第7期)

(四)秀美

山岳景观,从不同角度去领悟,便会得到不同的美的认知。山岳景观之"秀"美,是从美学角度对山岳景观的新认识。"秀"是指景观形态多姿、轮廓清晰、线条流畅、启承自然,具有雅致、优美、柔和、精巧的特点。在我们去欣赏秀美山岳的那一刹那,座座山峦如部部殷厚的卷册,迤逦复迤逦,连绵复连绵,在历史的长河中,隐其精髓于大地之上。

在生活中,我们常将"秀"同女性的阴柔之美相关联。下面就以中国名山之一的峨眉山为例,来欣赏峨眉山的"秀"美。

峨眉山坐落于神秘的北纬30°线附近,矗立在四川盆地西南边缘的峨眉山市境内,是大峨、二峨、三峨山的总称,风景秀丽,素有"峨眉天下秀"之美誉。万佛顶为最高峰,海拔3 099 m,高出峨眉平原2 700多米。峨眉山色彩碧翠,山林葱茏,山明水秀,线条流畅柔和,没有陡峭突兀的险峰,既雄伟,又不失迷人的秀色。所以李白的《峨眉山月歌》这样赞颂峨眉山:"峨眉山月半轮秋,影入平羌江水流。"峨眉成为山岳景观中秀美形象的典范。

峨眉山体磅礴巍峨,重峦叠嶂,云雾缭绕,沟深壑暗,绿荫繁茂,可谓"山山有奇景,十里不同天"。作为普贤菩萨的道场,佛教文化成为峨眉山历史文化的主体,几乎所有的音乐、绘画、礼仪以及造像、建筑、法器等都展示出佛教文化的浓郁气息。悠久的佛教文化、优美的自然风光、独特的地质地貌、丰富的动植物资源使得峨眉山著称于世,明代诗人周洪谟赞道:"三峨之秀甲天下,何须涉海寻蓬莱。"山上的众多古迹如龙门洞、洗象池、舍身崖等,众多寺庙如伏虎寺、报国寺,使峨眉山成为中国休养、旅游、避暑胜地。正如李白诗赞:"蜀国多仙山,峨眉邈难匹。"

峨眉之雄秀:古人通常按其特点和形态为山命名。峨眉山高大而秀丽、雄壮而伟岸,正所谓山高谓之"峨",山秀谓之"眉",故冠以"峨眉"之名。从远处观看:"此山云鬟凝翠,鬓黛遥妆,真如螓首峨眉细而长,美而艳也。"山体虽然高大,但整体线条轮廓却体现出柔美流畅的风格。尤其在雾气笼罩下,时时显现出为云雾所迷漫,两峨如眉的形象。明人赵贞吉在《游峨眉山歌》中咏道:"峨眉两片翠浮空,日月跳转成双瞳。美人两倚映碧落,昆仑东向悬青铜。"

峨眉之境秀:峨眉丰富多样的植被和罕见特有的地形为其基础景观特色。峨眉山拥有高等植物242科,3 200种以上,花卉植物500余种,轻工、化工、食用等植物600种以上,被国家首批列级保护的植物达31种,占中国列级保护植物总数的10%,全山森林覆盖率达87%。原生自然植被丰茂,终年不枯,色彩翠黛雅丽、生机盎然。峨眉山因境生物,拥有丰富的地形空间结构特征,具体可划分为三层景:基础景为广大起伏和缓的低山丘陵,如团团绣球,景观幽秀;主体景中山紧凑,峰峰如碧;第三层主峰景观险秀、险拔高耸。"山行本无雨,空翠湿人衣"生动地描绘出"秀美"峨眉山的境中感受。

山岳之秀美,峨眉一窥之,通过对峨眉之秀的学习分析,我们可以知道山岳之秀美,美在山岳景观之中,只要用心去发现,便能找到属于美的境界。

(五) 幽美

幽是指山水空间的幽静、幽雅和隐蔽。试想游人置身于由茂密森林和深谷以及山麓所构成的半封闭空间,超脱于尘世之外,远离外界喧嚣,身边碧绿成荫、苍松翠柏,泉水潺潺入耳,山路静谧曲折,间或听到清脆的鸟鸣,使人感受到一种幽深莫测的绝妙气氛。我国自古有"深山藏古寺"之说,如峨眉山的伏虎寺、泰山的普照寺等。正如宋徽宗诗曰:"登临古寺前,小草何芊芊。云雾山间绕,孤峰耸碧天。野花红烂漫,茫茫树生烟。日落余晖后,声声响杜鹃。"

幽景给人的感受是舒适、恬静,助人潜心静思,使人颐养怡情、悠然自得。我国名山大川中的幽美之地,首推四川成都的青城山,作为道教十大洞天的第五洞天,中国道教的发源地之一,青城山群峰起伏环绕、树木幽翠葱茏,犹如一个天然陶铸而成的青花瓷瓶,古朴幽雅。沿山间小路上山,丹梯千级,曲径通幽,翠竹苍松居于两侧,碧绿成荫,泉水溪流清澈见底,潺潺入耳,"蝉噪林愈静,鸟鸣山更幽"更衬托出一种幽深的神秘感。这种意境美,给游客一种安逸、舒适、悠闲自得的感觉,使其心绪温和、宁静、平缓、轻松、淡泊,感到恬适、逍遥、超然,也正是因为如此,才获得了"青城天下幽"的美誉。

(六)旷美

"旷"是指一望无际,视野开阔,景观空间宏大高远形成的美。"孤帆远影碧空尽,唯见长江天际流""天苍苍,野茫茫,风吹草低见牛羊"便是古人对旷美的生动描述。旷有高旷和平旷之分,山岳景观多给人以高旷之感。试想当游客置身于群山之巅,人与景观的距离充分拉大,视域得以发散,便得高旷之景。登香炉峰顶见"江小细如绳,溢城小于掌",登泰山"一览众山小",描绘出高旷景观给人们带来的超拔伟壮的审美感受,自古以来人们登高览胜的审美习惯得以充分彰显。至于平旷,典型代表当属黄土高原,单一的整体结构造就了黄土高原浑然一体的景观特征。地平如镜的塬面、馒头状的黄土峁、绵延数里的长梁等对黄土高原的整体形态进行勾勒,造就了与天相连的"旷"势奇观。此种景观特征和广袤无垠的草原景观、烟波浩渺的海洋景观以及幽静深远的森林景观都属平旷之列,但相比之下,显得更加原始,甚至带有几份野性的粗犷。

(七)野美

"野"是指未受人类侵扰、雕琢或破坏,原始天然、纯真古朴、富有野趣的自然景观。野性景观地貌往往呈现出土丘、洼地等不规则的高低起伏状态,给游人以复杂并且难以把握的原始感受。野美有多种类型,如"走马川行雪海边,平沙莽莽黄入天"的边塞之美;"返景入深林,复照青苔上"的山林之美;"大漠孤烟直,长河落日圆"的大漠之美;再比如有着嶙峋岖嵝地貌的九寨沟旅游风景区,其石、林、水、山、洞,都保持着原始古朴纯真的自然风貌,游历其中,便会给人一种远离喧嚣尘世的"野趣"之美。在生态破坏严重的今天,人们崇尚自然、回归自然、返璞归真的意愿异常强烈,蕴涵天然野趣的旅游景点日益受到人们的青睐,成为旅游者的向往之地。

以上归纳了山岳地貌景观的几种美学特征,事实上每个景区都是这几种美学特征的综合体,只是在整体上可能突出一两种形象美,或险、或旷、或野、或奇、或雄、或秀。在微观上,不同景区会因植被生成、地质地貌、气候变化等差异,幻化出多姿多彩的形象美。在欣赏山岳景观时,既要从整体上把握山岳景观的风格,又要细细品味其细微景象,只有这样才能真正领悟其自然之美。

二、色彩美

五彩斑斓的景观是大自然的杰作，四季轮回，犹如山岳绚丽的衣裳，给人以美的享受。赤、橙、黄、绿、青、蓝、紫，万象纷呈，五彩缤纷，蓝天、白云、碧海、金沙、绿水、青山、霜林……大自然是最伟大的画师。就山岳景观而言，其秀美的色彩更多地体现于山体覆盖植被色彩变化，它们随季节的变化而变化。春山如梦，争奇斗艳，鲜花遍野；夏山欲滴，枫林滴翠，绿波浩瀚；秋山如醉，层林尽染，红叶遍山；冬山如玉，银装素裹，晶莹剔透。五彩斑斓的山岳给游客带来赏心悦目的美感，带来轻松、欢悦和幸福，令人振奋、使人神往。北京西山和天津盘山枫树和柿子树较多，到深秋往往一株树红成一丛，多丛树红成一片，正所谓"霜叶红于二月花"。山岳景观中最引人注目的色彩莫过于鲜花，像云南的茶花，峨眉山的杜鹃花，盘山的梨花和杏花等，都因其色彩而为人称道。

除去山上的植被之色，岩石的颜色对人的吸引力也不容小觑。山石因所含矿物质成分、岩石种类、风化程度的不同而呈现出斑斓的色彩。例如，河南焦作云台山的红石峡，由红岩构成，属中国丹霞地貌峡谷景观，崖壁呈现出特有的赤红色；新疆吐鲁番盆地的火焰山，由红色砂岩构成，在烈日照耀下，山体宛若阵阵烈焰，美不胜收。

三、动态美

山岳的动势蕴藏在其静势之中，主要表现在群峰形象的方向性，及其倾斜、聚散、高低的节奏所形成的总体结构构图上。苏东坡诗云："前山槎牙忽变态，后岭杂沓如惊奔"生动描述了峰峦起伏、如奔如逐的动势。武当山的"七十二峰朝大顶"以拟人化的手法描写了武当山群峰顶微弯趋向主峰——天柱峰金顶，仿佛觐见君主的动态妙趣。山虽静、人亦动，由于人的活动，整个山岳得以活起来、动起来。此外，根据山岳特色设置的竞赛活动，如山地探险、山地自行车越野、徒步越野、山路汽车越野等，有了人的参与，山岳动态美也得以呈现。

第四节　山岳地貌景观的审美功能

一、激发和满足游客的美感需求

山岳由于成因多种多样、岩性不同、所受内外营力各异,加之所处环境的差异性,便形成了不同的体量、质地、线条和色彩,呈现出旷、秀、雄、险、奇、野、幽等迥然不同的审美特征。置身丛林之内,纵情山水之间,观赏奇峰异石、林木花草、虫蛇鸟兽、云霞雾霭、流泉飞瀑、日出日落,可以给游客带来多种美感。当游客历尽千辛万苦,站在群峰之巅,放眼望去,那种"一览众山小"的美感和成就感了然于胸,山的雄伟、高大、险峻在使人感叹大自然鬼斧神工的同时也让人增加了几分对自然的敬畏之情。

二、提高游客的环保意识

生态旅游是指以可持续发展为理念,以保护生态环境为前提,以统筹人与自然和谐发展为准则,并依托良好的自然生态环境和独特的人文生态系统,采取生态友好方式,开展的生态体验、生态教育、生态认知并获得心身愉悦的旅游方式。近年来国内外掀起的生态旅游热潮,便主要是以山岳旅游景点为主要场所的。名山大都花草丛生、森林葱郁、空气清新,较好保留了大自然的原始风貌,是庞大的物种基因库,蕴藏着丰富的生物资源。如此良好的生态能激发人们对自然环境的珍惜和热爱,提高人们的环保意识。

三、锻炼体魄、磨砺意志

登山,是一种集风景观赏、体魄锻炼、意志磨砺于一体的体育运动。日常的体育锻炼可攀登相对高度为 300~500 m 的低山,而想要达到磨砺意志的效果,则需要攀登千米以上高山。同时高度适当的自然山地还是避暑疗养的胜地,而攀登珠穆朗玛峰、梅里雪山这样的极高山则是对人类意志和体能的巨大挑战了。

四、增长游客的科学文化知识

一座名山,就是一处自然和历史博物馆,蕴含有丰富的自然和人文资源。游历名山，可以增进人们对地质、水文、气候、地貌、生物等的认识。自古以来"天下名山僧占多"，许多闻名遐迩的古城垣、古战场、古寨堡、古寺庙遗址，以及摩崖石刻等历史文化遗产多分布在崇山峻岭之中，游览山岳景观，对增加我们的历史、科学知识和提高艺术欣赏水平有很大的帮助。

本章习题：

一、选择题

1. 山岳地貌景观按照其地质地貌成因划分，可分为（　　）类型。
A. 花岩地貌景观　　B. 变质岩地貌景观　　C. 丹霞地貌景观　　D. 岩溶山地景观

2. （　　）是山岳地貌景观的美学特征。
A. 形象美　　B. 色彩美　　C. 动态美　　D. 声音美

3. "五岳归来不看山，黄山归来不看岳"，以下不属于黄山四绝的是（　　）。
A. 奇松　　B. 怪石　　C. 云海　　D. 珍禽

4. 大漠之美属于（　　）的美学特征。
A. 雄美　　B. 秀美　　C. 幽美　　D. 野美

5. 以下属于山岳地貌景观审美功能的是（　　）。
A. 激发和满足游客的美感需求　　B. 提高游客的环保意识
D. 锻炼体魄、磨砺意志　　D. 增长游客的科学文化知识

二、实践题

游客眼中的山，应该是典型的、具备美感的山岳自然景观主体，环境优美，加之丰富的、能净化人类心灵、启迪人类智慧的人文景观所形成的山地空间综合体。请选择本地一家地质公园或者风景名胜区进行参观，在掌握基本信息的基础上，从形象、色彩、动态等方面分析这些景观的美学特征，并深入体会这些山岳地貌景观的审美功能。

第四章　自然景观审美典型二：水体景观

本章提要

万物因水而灵动，水体作为独立的景观和重要的构景要素在旅游审美中起到重要作用。本章对自然景观中的水体景观从三个方面进行阐述，第一节介绍了水体景观的基本类型；第二节围绕着"壮"和"旷"，从形、影、声、色等几个方面阐述水体景观的审美特点；第三节从水的神话、水的德行和水的价值三个方面介绍水体景观文化。在其间穿插有多个阅读资料帮助读者拓宽视野、丰富知识。

第一节　水体景观类型

水是万物之源泉，是大自然最普通而又最特殊的存在。海洋面积占地球表面积的71%，加之众多的河流、湖泊，把地球叫作"水球"不为过。水通常以气态、固态、液态的形式存在于海洋、土壤、大气之中，在太阳的作用下，循环往复地进行着各种相态的变化，形成一个庞大而独特的圈层——水圈。水既是大自然的"美容师"，又是"雕塑师"，可以说地球上多姿多彩的动植物，鬼斧神工的地形地貌都与水有着莫大的关系。从古到今，水滋养历史、孕育文明、浸润生命、点化自然。地球上的万事万物都因水而灵动，都因水而瑰丽神奇。水赐予人类精神和物质的双重恩泽，它所承载的东西绵长而丰富，平静的湖泊、奔腾的江河、浩渺的海洋、晶莹的冰雪、飞泻的瀑布、清澈的泉水、潺潺的溪流成为旅游活动中的重要观赏对象。除此之外，水与山岳、植被等完美结合形成隽秀的"山水"，而成为风景的代名词。

我国拥有庞大的水系，丰富的水资源，形成了密如织网的河流和星罗棋布的湖泊，形成了多姿多彩的水体景观。本章从旅游审美的视角出发，依据旅游资源的性状，将水体景观分类情况归纳如下。

一、江河景观

从本质上来说，江河是大自然营造的巨大排水系统，亿万年来奔腾不息。从地理学角度解释,江河是由流域内的地下水和地表水补给、汇集而形成的天然地下或地表径流,是沿着地下或地表槽形洼地流动的水体。人们一般把较大的水体称为江、河,较小的水体称为沟、涧、溪、渠。此外,人类历史上还有很多人工开凿的河流,如灵渠、京杭运河、胥河、汉北河等。

江河景观按其成因可分为江河景观和溪涧景观。

江河景观,是指由大江大河及其冲积而成的平原和切割而成的峡谷共同形成的景观。例如,举世闻名的雅鲁藏布江大峡谷(图4-1)、长江三峡、广西"洞奇、石美、山青、水秀"的漓江、世界第一长河尼罗河,素有"风景画廊"之称的欧洲蓝色多瑙河等。

图4-1 雅鲁藏布江大峡谷

溪涧景观,是指由山涧溪流及其两岸景色形成的独特风景。与奔腾壮观的江河景观相比,溪涧景观更多了几分温柔秀美。沿岸壁立千仞,溪水蜿蜒曲折,峰峦叠嶂,构成一幅自然天成的山水丹青。福建鸳鸯溪、武夷山九曲溪(图4-2)以及湖北神农溪等都是著名的溪流景观。张家界的金鞭溪,山水相衬,形成了一幅"林因水更秀,峰因水更奇"的美景。这些涓涓溪流"久雨水不油,久旱不断流",盛夏之际或在溪间嬉戏,或在两岸徘徊,使人乐而忘返。

图 4-2　武夷山九曲溪

　　江河在流经不同的地貌部位,经过不同的地理环境时,会形成许多风格迥异的景观。河流多发源于山区,上游和中下游往往存在较大落差,流速上有很大的差异。河流上游地势落差大、流速急,河流中下游落差减小、流速适当放缓。当河流流经的地段以地壳上升为主时,往往出现峡谷,常伴有跌水、急流、陡崖、怪石等险峻景色,加之河流两岸的森林、峰峦和花草,可开发观光、漂流、探险等旅游项目。当河流流经的地段以地壳沉降为主时,河曲发育较好,水势缓慢平稳,常有牛轭湖和沼泽湿地相间的渔歌帆影景色(图 4-3),形成以各种三角洲或三角港为主体的独特景观。以我国的第一大河——长江为例,从上游到下游展现出神秘诱人的江源风光、高山峡谷和壮观雄伟的急流风光、江涛滚滚的平原风光、江海相连的河口三角洲风光等;有些长河,整个流程可穿越数个气候带,如非洲的尼罗河,沿途穿过热带雨林、热带草原、热带草甸、热带荒漠和地中海气候等多个景观气候带;有些河流在不同的季节也呈现出不同的景观,以黄河为例,其四季流量变化很大,枯水期、汛期、凌汛等景观各有不同。

图 4-3 渔歌帆影

阅读材料：名家游记：巴东三峡

"巴东三峡巫峡长，猿啼三声泪沾裳"，猴子现在虽说看不见了，三峡中山水的险恶形势，我想同往日是没有什么不同的。在绿杨城郭桃杏林中的江南住惯了的人，一旦走到这种地方来，不知道要生出一种什么样的惊异的情感。好比我自己，两眼凝望着那些刀剑削成一般的山崖，怒吼着的江水，自然而然地生出来一种宗教的感情，只有赞叹，只有恐怖。万一那山顶上崩下一块石头来，或是船身触着石滩的时候，那不就完了吗？到了这种地方，无论一个什么人，总没有不感到自己是过于渺小，自然界是过于奇伟的。

船身从宜昌上驶，不到一刻钟，山就高起来，绵延不断，一直到重庆。在这一千多里的长途中，以三峡的形势为最险恶。在三峡中，又以巫峡为最长，山最高，江最曲折，滩流最急，形势最有变化。船在三峡中，要走一整天，初次入川的客人，都紧张地站在船边上看，茶房叫吃饭也没有人理，我自己早就准备了几块面包，几支烟，一支蜀游指南，坐在船边的靠椅上，舒舒服服地看了一个饱。

开始是西陵峡，约长一百二十里，共分四段。第一段是黄猫峡，山虽高，然不甚险，江水虽急，然不甚狭。三游洞在焉。三游洞者何？唐白居易兄弟和元微之，宋欧阳修和苏东坡兄弟，都到此地游历过，所以有前三游后三游之称。可惜船过下牢溪时，不能停泊，只能从崖缝里隐约地望望而已。

第二段是灯影峡。江北的山虽是险峻,都干枯无味。江南的山,玲珑秀丽,树木亦青葱可爱。黄牛峡黄陵庙在焉。古语有"朝发黄牛暮见黄牛"之语,现在并不觉得如何危险。不过南沱至美人沱一段,石滩较多,江流较急而已。在这一段,我最爱黄陵庙。在南岸一座低平的山上,建立一个小小的古庙,前面枕江,三面围绕着几百株浓绿的树木,最难得的,是在三峡中绝不容易见到的几十株潇洒的竹子,石崖上还倒悬着不少的红色紫色的花。庙的颜色和形式,同那里的山水,非常调和,很浓厚的带着江南的风味,袅袅不断的青烟,悠悠的钟声,好像自己是在西湖或是在扬州的样子,先前的紧张的情绪,现在突然变为很轻松很悠闲的了,船过黄陵庙的时候,我有两句即景的诗。"黄陵庙下江南味,也有垂杨也有花。"不过这情景也很短促,不到两三分钟,船就驶入西陵峡的第三段了。

第三段是空冷峡,山形水势,突然险峻起来,尤以牛肝马肺峡一处最可怕。两旁的山,像刀剑削成似的,横在江中,成一个极曲折极窄的门,船身得慢慢地从那门中转折过去。在江北那一面作为门的山崖上,悬着两块石头,一块像牛肝,一块像马肺。牛肝今日犹存,马肺已被外国人用枪打坏了。在陆放翁的《入蜀记》里,写作马肝峡,想是一时的错误。在离牛肝马肺不远,有一个极险的空冷滩。水从高的石滩上倒注下来,而形势极可怕。上水船在这里都必得特别小心。今年上半年,有三只小轮船都在这里沉了。他们行船的人有一句谚语,"青滩叶滩不算滩,空冷才是鬼门关",那情形也就可想而知了。想着往日的木船,真不知道如何走得过去的。

第四段是米仓峡,又名兵书宝剑峡,距离虽是不长,水势虽没有从前那么急,在山崖方面,却更加高峻。出了峡,山便低平,有一个小口,那便是有名的王昭君浣装的地方,叫作香溪。昭君村离此四十几里,在秭归县东北。杜工部的"群山万壑赴荆门,生长明妃尚有村",要亲自到这地方,才可以领略到前人用字之妙。一个赴字,把那里的山势真是写活了。那里的山峰,高的高,矮的矮,一层一层地就像无数匹的马在奔驶的样子。所谓赴荆门,那形势是一点也不假的。

船过了秭归和巴东,便入了最有名的巫峡,这真是一段最奇险的最美丽的山水画。江水的险,险在窄,险在急,险在曲折,险在多滩。山的好处,在不单调。这个峰很高,那个峰还要更高,前面有一排,后面还有一排,后面的后面,还有无数排,一层一层地你围着我,我围着你,你咬着我,我咬着你。前面无路,后面也无路。四面八方,都被悬崖阻住。船身得转弯抹角地从山缝里穿过去。两旁的高山,笔直地耸立着,好像是被一把快刀切成似的,那么整齐,那么险峻。仰着头,才望见峰顶,中间是一线蔚蓝的天空。偶尔看见一只黑色的鸟,拼命地飞,拼命地飞,总觉得它不容易飞过那高的峰顶。江水冲在山崖上,石滩上,发出一种横暴的怒吼,有时候可以卷起一两丈高的浪堆。

"上有六龙回日之高标,下有冲波逆折之回川。

黄鹤之飞尚不得过,猿猱欲度愁攀援。"

李太白这几句诗,要亲自走过这一段路的人,才知道他是写得真,写得深,写得活现。在这几句诗里,并没有夸张,没有虚伪,完全是用写实的笔,把巫峡这一段险恶奇伟的形势,表现出来了。

三峡里面的山,以青石洞一带为最高。有名的巫山十二峰,便分布在大江的南北岸。"连峰去天不盈尺,枯松倒树倚绝壁",正是这地方的写实。望着神女庙的一线白墙,好像一本书那么大,搁在一张山上,真好像是神话中的景致。高唐观在巫山县城西,连影子也望不见。最雄伟的,是松峦峰、望霞峰、朝云峰、登龙峰、翠屏峰,各自呈着不同的状态,你监视我,我监视你,雄赳赳地耸立在那里,使人望了,发出一种恐怖的感情。

巫山的云,这一次因为天气晴爽,没有看到。据一位老先生说,看巫山的云,要在迷蒙细雨的天气。那时候,望不见天,望不见山峰,只见顶上云雾腾腾,有像牛马的,有像虎豹的,奇形怪状,应有尽有,那情形比起庐山来还要有趣。这一次因为正是秋高气爽的好天气,天上连云影也没有,几个极高的峰巅,我们可以望得清清楚楚。最可爱的,就是在那悬崖绝壁的上面,倒悬着一些极小的红花,映着古褐苍苍的石岩,另有一种情趣。任叔永先生过三峡有几句诗,写这情景极好:"举头千丈逼,注目一峰旋。红醉岩前树,碧澄石外天",岩前红树,石外青天,要到这地方来,才可领略得到。语堂达夫两兄可惜未来,若到此境界,不知如何跳跃叫喊也?

过巫山即入瞿塘峡。此峡最短,不过十三四里。山势较巫峡稍低平,水势仍险急,因有夔门滟堆阻在江中,水不得平流之故。过瞿塘峡,北岸有一峰突起,树木青葱,玲珑可爱,这便是历史上有名的白帝城。那一段古城刘皇叔托孤的悲惨的故事,就表演在这个地方。山顶上有一古刹,为孙夫人庙。颜色的瓦白色的墙,隐约地从树林中呈现出来。我们走过的时候,正是下午六点光景,一道斜阳,照在庙前的松树上,那颜色很苍冷。远远地朝北望去,可以隐约地望见八阵图的遗迹。庙里的钟声,同夔府那边山上传来的角声,断断续续地唱和着,那情调颇有些凄凉。所谓英雄落泪游子思乡的情感,大概就在这种境界里产生的。

到白帝城,三峡算是走完了。山势从此平敞些,江面宽得多,水势也平得多了。满船的人,一到这地方,都感到一种"脱去危险"的愉快,心灵中自然而然地生出来一阵轻松。好像一个人从险峻的山顶上走到了平地,从一个黑暗的山洞里,走出了洞口似的,大家都放下心来,舒舒服服地喘了一口气。不到十分钟,船就泊在夔府的江岸了。天上一轮明月,正在鲤鱼山的顶上,放射着清寒的光。

(节选自刘大杰《巴东三峡》)

二、湖泊景观

湖泊是指终年蓄积了水,又相对独立、封闭的天然洼地。湖泊面积占全球陆地总面积的1.8%左右,按成因可分为构造湖、风成湖、河成湖、海成湖、火山口湖、堰塞湖、溶蚀湖和人工湖(水库)等;按湖水盐度高低可分为淡水湖和咸水湖。

湖泊的分布既不受海拔的限制,也不遵守地带性规律。可以在高海拔的盆地、高原发现它们的踪迹,也可以在低海拔的低地和平原与它们不期而遇。总之,凡是地面上排水不良的洼地都可以储水而发育成湖泊。

地球表面地理环境复杂,千差万别,湖泊形成后由于人类活动的影响和自然环境的变迁,湖盆的形态、湖水的性质、湖中的生物都在不断地发生变化。而处于不断发展和变化过程中的湖泊或因形成和发育阶段的不同,或因区域地理环境的差异,进而呈现出丰富多彩的类型和不同的特点。自然形成的湖泊景观,如云南昆明滇池、水光潋滟的杭州西湖、"水天一色,风月无边"的湖北洞庭湖、中国第一大湖——青海湖(图4-4)、长白山天池、甘肃敦煌月牙泉、世界最大的咸水湖——里海、北美洲五大连湖、世界最大淡水湖群——苏必利尔湖、休伦湖、伊利湖、密歇根湖、安大略湖、世界最深湖——俄罗斯贝加尔湖、世界最低地——死海、瑞士日内瓦湖等。除此之外,还有在自然河流或湖泊基础上经过人工修成的水库景观,如刘家峡水库、三峡水库、新安江水库(浙江千岛湖)等;世界上著名的人工湖有俄罗斯古比雪夫水库、埃及纳塞尔湖、巴西与巴拉圭共同修建的伊泰普水库等。

湖泊作为天然水景,主要具备形、影、色等审美特征。

湖形,就是湖泊的形态。由于湖泊所处地形和成因的差异,湖泊形状多种多样,给人以充分的想象的空间。很多湖泊由于其特殊的形状而被命名,如扬州的瘦西湖、大理的洱海、日本的琵琶湖等,均名如其形,非常形象。

湖影,是指湖边景物在湖中的倒影丽姿。湖泊由于其面积广阔、水深等,一般具有水面平静、水质清澈的特点,湖泊倒影也比其他水域更加清丽,深受人们喜爱。我国有许多湖泊,特别是高山湖泊和高原湖泊,清澈如镜,如阿尔泰山的喀纳斯湖、天山天池、台湾的日月潭等,由于水源补给以冰雪、山泉为主,故湖水含沙量少,加之气候清凉,植被茂密,故特别静谧、清冽、幽美,透明度可达 8~10 m。

图 4-4　青海湖

湖色,指湖水的颜色。湖水由于水质、气候等原因往往呈现多种色相:海拔较高的湖泊一般因水质清冽而多呈蓝色,如镜泊湖呈现出迷人的湛蓝色,青藏高原上的鄂陵湖呈现为青蓝色。平原湖泊因水中含有较多的有机质而多呈绿色,如鄱阳湖呈碧绿色,南京莫愁湖为浅绿色,瘦西湖呈淡绿色。多姿多彩的湖光水色与山林幽境相结合,形成了绝妙的山水美景。

阅读资料:西湖十景

西湖十景形成于南宋时期,基本围绕西湖分布,有的就位于湖上。西湖十景各擅其胜,组合在一起又能代表古代西湖胜景精华,所以无论杭州本地人还是外地山水游客,都津津乐道,先游为快。

西湖十景:苏堤春晓

位于西湖的西部水域,西距湖西岸约 500 m,范围约 96 600 m^2。北宋元祐五年(1090),著名文人苏轼用疏浚西湖时挖出的湖泥堆筑了一条南北走向的长堤。堤上建有六桥,自南向北依次命名为映波桥、锁澜桥、望山桥、压堤桥、东浦桥和跨虹桥。后人为纪念苏轼,将此堤命名为"苏堤"。苏堤是跨湖连通南北两岸的唯一通道,穿越了整个西湖水域,因此,在苏堤上具备最为完整的视域范围,是观赏全湖景观的最佳地带。在压堤桥南御碑亭处驻足,如图画般展开的湖山胜景尽收眼底。

苏堤自北宋始建至今,一直保持了沿堤两侧相间种植桃树和垂柳的植物景观特色。春季拂晓是欣赏"苏堤春晓"的最佳时间,此时薄雾蒙蒙,垂柳初绿、桃花盛开,尽显西湖旖旎的柔美气质。

西湖十景：曲院风荷

位于西湖北岸的苏堤北端西侧 22 m 处,范围约 600 m^2,以夏日观荷为主题,在视觉上呈现出"接天莲叶无穷碧,映日荷花别样红"的特色。

曲院,原为南宋(1127—1279)设在洪春桥的酿造官酒的作坊,取金沙涧之水以酿官酒。因该处多荷花,每当夏日荷花盛开、香风徐来,荷香与酒香四处飘溢,有"暖风熏得游人醉"的意境。

西湖十景：平湖秋月

位于孤山东南角的滨湖地带、白堤西端南侧,是自湖北岸临湖观赏西湖水域全景的最佳地点之一,以秋天夜晚皓月当空之际观赏湖光月色为主题。

"平湖秋月"景观完整保留了清代皇家(17—18 世纪)钦定西湖十景时"一院一楼一碑一亭"的院落布局。

西湖十景：断桥残雪

位于在西湖北部白堤东端的断桥一带,范围约 26 100 m^2。尤以冬天观赏西湖雪景为胜。当西湖雪后初晴时,日出映照,断桥向阳的半边桥面上积雪融化、露出褐色的桥面一痕,仿佛长长的白链到此中断了,呈"雪残桥断"之景(图 4-5)。

图 4-5 断桥残雪

位于白堤东端的断桥上视域开阔,是完整观赏西湖南、北水域景观的最佳地点。因中国家喻户晓的民间爱情故事《白蛇传》的主人公白娘子与许仙相识于此,断桥成为拥有爱情象征意义的、最负盛名的桥。因白堤一直保持了沿堤两侧间株桃柳的植被特色,春日里桃红柳绿,游人如织。

西湖十景:花港观鱼

在苏堤映波桥西北197 m处,介于小南湖与西里湖间,范围约2 500 m^2。以赏花、观鱼为景观主题,体验自然的勃勃生机。春日里,落英缤纷,呈现出"花著鱼身鱼嘬花"的胜景。

"花港观鱼"位于南宋时(12—13世纪)官员卢允升的别墅内,因所在位置水域名花港,别墅内凿池养鱼,故名"花港观鱼"。该景观单元现存御碑、御碑亭、鱼池及假山等遗址。

西湖十景:柳浪闻莺

在西湖东岸钱王祠门前水池北侧约50 m的濒湖一带,范围约5 400 m^2,以观赏滨湖的柳林景观为主题。

"柳浪闻莺"所处的位置原为南宋时(12—13世纪)的御花园——"聚景园",因园中多柳树,风摆成浪、莺啼婉转,故得题名"柳浪闻莺"。如今,"柳浪闻莺"依然保留了传统的柳林特色,漫步其间,且行且听,柳丝拂面,莺鸟鸣啼,一派生机盎然的景象。

西湖十景:三潭印月

在西湖外湖西南部的小瀛洲岛及岛南局部水域,范围约76 700 m^2,是杭州西湖最具标志性的景观。该景观以水中三塔、小瀛洲岛为核心观赏要素,以月夜里在岛上观赏月、塔、湖的相互映照、引发禅境思考和感悟为欣赏主题。

小瀛洲岛在明万历年间(16世纪)浚湖堆土而成,呈"湖中有岛,岛中有湖"的"田"字形格局,是江南水上园林的经典。全岛以亭台楼阁配以传统花木构成色彩绚丽的景致,与岛内外水光云天相映,象征了中国古代神话中的蓬莱仙岛。

西湖十景:双峰插云

由西湖西部群山中的南、北两座高峰,以及西湖西北角洪春桥畔的观景点构成,以观赏西湖周边群山云雾缭绕的景观为主题。

西湖南北高峰在唐宋时各有塔一座,在春、秋晴朗之日远望两峰,可见遥相对峙的双塔巍然耸立,气势非凡。每当云雾弥漫,塔尖于云中时隐时现,恍若云天佛国。

西湖十景:夕照雷峰

位于西湖南岸的夕照山一带,范围约131 900 m^2,以黄昏时的山峰古塔剪影景观为观赏特点。

该景观的最重要建筑要素为雷峰塔,始建于吴越国时期(977),民国(1924)塔毁后以遗址形式保存,曾与保俶塔形成西湖南北两岸的对景,佐证了佛教文化的兴盛对西湖景观的直接影响。雷峰塔还因中国四大民间爱情故事之一的《白蛇传》而成为爱情坚贞的象征,赋予了西湖景观丰富的历史内涵。2002 年,为使遗址不再被风雨剥蚀,按原塔形式建造了覆罩于遗址之上的保护性塔,兼顾恢复了古塔本身及与保俶塔的对景景观。

西湖十景:南屏晚钟

位于西湖南岸的南屏山一带,范围约 39 100 m^2,以南屏山麓净慈寺钟声响彻湖上的审美意境为特点。

该景观属佛教文化古迹,以听觉欣赏为特征。南屏山麓自五代(10 世纪)以来就有"东南佛国"的佛教圣地。始建于公元 954 年的净慈寺成为与灵隐寺并峙于西湖南北的两大佛教道场之一。每当佛寺晚钟敲响,钟声振荡频率传到山上的岩石、洞穴,随之形成悠扬共振齐鸣的钟声。今已成为杭城除夕夜迎新辞旧的撞钟活动场所。

(摘自百度百科)

三、飞瀑景观

瀑布在地理学上称为跌水,即河水在流经断层、凹陷等地区时垂直地跌落。由于瀑布的外观和地形的构造的不同,瀑布可以分为多种类型:依据瀑布岩壁的倾斜角度可分为垂直型瀑布、悬空型瀑布、倾斜型瀑布;依据瀑布水流的高宽比例可分为细长型瀑布、垂帘型瀑布;依据瀑布跌水潭的有无可分为无瀑潭型瀑布、瀑潭型瀑布;依据瀑布的水流与地层倾斜方向可分为水平型瀑布、顺斜型瀑布、逆斜型瀑布、无理型瀑布;依据瀑布所在地形可分为名山瀑布、火山瀑布、岩溶瀑布、高原瀑布。

瀑布粗犷、雄壮,姿态万千,具有声、色、形之美,是一种别具风格的水体景观。中国有三大著名瀑布:贵州黄果树瀑布,为岩溶型瀑布;黑龙江吊水楼瀑布,为火山熔岩瀑布;晋陕交界处的黄河壶口瀑布,为差别侵蚀型瀑布。还有著名的"飞流直下三千尺"的庐山瀑布(构造性瀑布,图 4-6);世界三大瀑布——非洲维多利亚瀑布、北美尼亚加拉瀑布和南美伊瓜苏瀑布。这些瀑布都成为对游客有极具吸引力的水体景观。

图 4-6　庐山瀑布

四、冰川地貌景观

冰川是指分布在两极或高山地区,由大气固态降水积累演变而成、在重力作用下缓慢运动长期存积的天然冰体。冰川是一种由"冰"构成的"河川"。冰川既是一种固体水资源、是一种继海洋之后最大的天然水库,同时也是一种具备特殊地貌景观特征和形态特征的旅游资源,具有重要的观赏价值和科研价值。

据统计,全世界冰川的分布面积大概 1 500 万 km^2,其中南极和格陵兰地区的冰川占全世界冰川面积的 99%。但是受到全球气候变化的影响,几乎所有的冰川都在退却和消融。科研表明,照此速度消融下去,全球几大冰川,如美洲秘鲁安第斯山冰川、非洲坦桑尼亚乞力马扎罗山冰川在几十年后将有可能全部消失。我国是世界上冰川发育最发达的国家之一,面积仅次于加拿大、美国和俄罗斯,居世界第四位。

五、海域景观

海洋景观主要分为海洋人文景观和海洋自然景观。海洋人文景观是通过人类与海洋长期接触而形成的景观,如海滨建筑、海滨城市、海洋遗址、海洋风俗等;海洋自然景观是依靠自然形成的景观,如沙滩、海水、海浪、礁石、海岛、海潮等。

海域风景是海岸和海岛的综合体,包括海湖、海风、海湾、海啸、海市蜃楼等。

海域景观往往有着得天独厚的构景要素,阳光、海水、沙滩,三者缺一不可。蓝色的海水,金色的沙滩,构成一幅幅美丽的图画,令许多人流连忘返,最适宜度假旅游。

六、泉景观

泉是指地下水的天然露头,多分布于山谷和山麓,既是地下水的一种重要排泄方式,又是理想的水源,更形成很多景观和旅游资源。

根据水流状况的不同,可以分为间歇泉和常流泉。如果地下水露出地表后没有形成明显水流,称为"渗水"。

根据水流温度的不同,泉可以分为温泉和冷泉。水温低于20℃的称为"冷泉",高于20℃的则称为"温泉"。冷泉是一般水质清醇、甘甜,可供饮用或作为酿酒的水源;温泉因温度不同可用于休闲沐浴或理疗。

泉水与瀑布相似,也具有声、色、形等各种美的形态,但从审美角度来看,瀑布审美强调"势",泉水审美强调"质"。从泉的用途来看,中国有七大泡茶泉,即镇江中冷泉、扬州瘦西湖泉、无锡惠山泉(天下第二泉)、上饶陆羽泉、庐山招引泉、杭州虎跑泉、怀远白乳泉;具有观赏价值的有济南趵突泉(被乾隆皇帝封为"天下第一泉")、湖南嘉禾珍珠泉、云南大理的蝴蝶泉等;具有酿造功能的有四川"金鱼泉"(五粮液)、青岛崂山神水泉(青岛啤酒)、贵州赤水河呼清泉(茅台酒)。泉水除能给人们提供生活和生产的水源外,还具有美化环境、疗养和健身等多种功能。

阅读材料:泉城济南

济南古称泺,后称历下,至今已有两千多年的历史。济南很早就有"济南山水甲齐鲁,泉甲天下(元·于钦《汇波楼记略》)"的美誉。金代曾有人立"名泉碑",列举济南名泉七十二个。古人曾经留下"四面荷花三面柳,一城山色半城湖""家家泉水、户户垂杨(清·刘鹗)"的美誉。

济南泉水数量之多在中国城市之中可谓罕见,在济南辖区内(含郊区)现存733个天然泉。众多清冽甘美的泉水从城市当中涌出,汇为河流、湖泊。盛水时节,在泉涌密集区,呈现出"家家泉水,户户垂杨"的绮丽风光。早在宋代,文学家曾巩就评价道:"齐多甘泉,冠于天下。"元代地理学家于钦亦称赞说:"济南山水甲齐鲁,泉甲天下。"清沈廷芳在《贤清园记》中说:"旧者九十,新者五十有五",共145处。道光年间编纂的《济南府志》说"总一百五十一泉"。乾隆时期的文人盛百二在其《听泉斋记》中的说法则更加符合实际:"历下之泉甲海内,著名者七十二泉,名而不著者五十九,其他无名者奚啻百数。"据山东省水文地质一队1964年调查,仅市区即有天然泉池108处。济南市城市规划建设领导小组1980年调查材料列举了119处泉池。1983年六七月间和1997年8月至10月，市园林局编志人员又以上述记载为基础进行调查，在老城区范围内查出有名称的泉池139处。截至1997年10月，除湮没、填埋者外，尚有103处泉池基本完好，其中属金《名泉碑》所列七十二名泉者有41处。另外，在居民院落内还有30处无名称的泉池。这些有名、无名的泉池，集中在东起青龙桥，西止筐市街，南至正觉寺街，北到大明湖，面积仅2.6 km²的旧城区范围内。

济南泉水不仅多如繁星，而且各具风采。或如沸腾的急湍，喷突翻滚；或如倾泻的瀑布，狮吼虎啸；或如串串珍珠，灿烂晶莹；或如古韵悠扬的琴瑟，铿锵有声……使得历代文人为之倾倒。历代名人如欧阳修、曾巩、苏辙、赵孟頫、王守仁、李攀龙、王士祯、蒲松龄、老舍、郭沫若等，都留下了赞泉的诗文。这些泉水，或以形、色、声、姓氏、传说、动植物、乐器、珍宝取名，或无名而名，各具情趣。由此可见济南的泉水不仅有自然的美，而且更有人文的美。

济南泉水还以质纯味甘著称。泉水来自岩层深处，受气温影响甚微，水温比较稳定，常年保持在17～18 ℃，无色无味，清冽甘美，为优质水源。

（摘自百度百科）

第二节　水体景观的审美特点

李白的"君不见黄河之水天上来，奔流到海不复回"，杜甫的"无边落木萧萧下，不尽长江滚滚来"等诗篇，生动地刻画出了江河的流动之美。海洋，不同的部位，给人迥异的美感：海湾的波光粼粼、曲折平静，给人一种宁静之美；大洋的波涛澎湃、广阔浩渺，给人一种辽阔之美；岬角处的惊涛拍岸，给人一种壮观之美。湖泊，多静如明镜，碧水倒映着抑或是皎月星空，抑或是白云蓝天，抑或是花草树木，给人一种幽静之美。

一、水壮

面对飞流直下的瀑布、浩瀚无边的大海、奔流不止的江河，人们往往会感到心胸豁然开阔，对于大自然的波澜壮阔无比惊叹，进而产生敬畏或仰慕之情。我国贵州境内的黄果树瀑布、陕西境内的黄河壶口瀑布，都以雄壮著称，当瀑布直下水流撞击崖壁、跌落深潭时,声震四野、水雾弥漫、既似雷鸣、又似万马奔腾,惊心动魄。南美的伊瓜苏瀑布及安赫尔瀑布、北美的维多利亚瀑布,也都以其壮美而闻名世界。

  泉潭景观也因其壮美成为自然界的绝妙风景之一,成为山水风景中的一枝独秀,备受古今文人墨客的礼赞和青睐。文人们或为潭瀑那江海倒悬的磅礴气势所折服,或为潭流那婀娜多姿的飘逸神态所倾倒,于是临瀑而著文赋诗,写就了无数精美的诗词文章。"日照香炉生紫烟,遥看瀑布挂前川。飞流直下三千尺,疑是银河落九天。"庐山瀑布从陡壁悬崖之上飞泻而下,在青玉峡形成龙潭,不经意间,便展现出一潭碧泓,或轻波荡漾,或烟霭流霞,真可谓"庐山之美,美在瀑布,瀑布之美,美在跌潭"。

  我国瀑布景观壮美的著名代表有黄河壶口瀑布,下面从"壮"的美学角度,来认识一下水域景观之壮美的风格特征。

  水壮怒:黄河自古以来就是一条雄浑壮阔的河流,壶口之地,两岸为山峰所夹,河底岩石被冲刷成一条深约 50 m、宽达 30 m 的巨沟,滚滚黄河之水奔流至此,冲出最后一个峡口——壶口进入平原,如倒悬倾注,若千匹奔马直入河沟,"横崖千尺""山飞海立",景象甚为壮观。

  声壮吼:每到春秋两季,主瀑、副瀑连成一片,如巨壶内沸腾之水,威武雄壮。水泡随着大浪,以翻江倒海之势,飞奔而下,奔腾咆哮,惊涛怒吼,震声数里可闻,令人不寒而栗。

  烟壮美:瀑布浪涛激起的一团团雾烟云随着水雾的升高,由黄变灰、由灰变蓝,景色奇丽,有"水底生烟"之说。

  路壮绝:壶口自古便有"旱地行船"之说。船只到此,必须离水登陆,经人抬或车运绕过壶口(即所谓"旱地行船")方可入水续航,千百年来,概莫能变。

  冰壮观:冬季的壶口两侧冰帘垂挂,晶莹剔透。农历大小雪前后,上游的冰块,落入壶口平缓处,再次融冻,在天桥村附近,形成天然的冰桥,冰桥下激流滚滚,涛声大作;人履冰桥之上,如走坦途。

  瀑壮阔:黄河壶口瀑布是世界上最大的黄色瀑布,气势恢宏。

  文壮志:在壶口地区流传最广的传说是大禹凿龙门。尧舜时期,黄河流到壶口地区,受山门堵阻,平阳一带年年泛滥成灾。尧派鲧治水没有取得成效,又派其子禹继续治水。禹对壶口至龙门地形进行客观分析,决定在龙门凿山引流,疏通水道,从此留下"大禹治水"和"鲤鱼跳龙门"的千古佳话。

另外,水域景观之"壮"美,多以川峡流急、风骤浪高为特征。还可以以长江三峡为代表,做一分析。长江三峡"壮"美的风格特征可从以下几个方面来阐述。

水壮:长江上游流量几乎等于整个长江流域流量的一半,流经四川盆地东缘时,劈崇山峻岭,冲巫山开河道,岩间瀑布飞泉,奔腾呼啸,波涛汹涌,惊心动魄,形成名震天下、气势磅礴、举世无双的长江三峡。如今,"斩断巫山云雨,高峡出平湖。神女应无恙,当惊世界殊"。

谷壮:瞿塘峡、巫峡和西陵峡三段峡谷,两岸高峰悬崖夹峙,水面狭窄曲折,时则危崖屹立水中堵,港流阻塞路疑无;时则岸山壁立如着斧,相间似欲两相扶。郦道元的《水经注》中写道:"自三峡七百里中,两岸连山,略无阙处。重岩叠嶂,隐天蔽日,自非亭午夜分,不见曦月……"

险壮:瞿塘峡的夔门两山之间相距不足 100 m,最窄处仅有 50 m。有"众水会涪万,瞿塘争一门"之说。"峰与天关接,舟从地窟行"是山峦之险;"十丈悬流万堆雪,惊天如看广陵涛"是水势之险。

滩壮:西陵峡是长江三峡中最长的峡,以水流湍急汹涌、谷中滩礁棋布而闻名。峡区由险滩礁石和高山峡谷组成,峡中有峡、滩中有滩。崆岭峡内有崆峪滩,是长江三峡中"险滩之冠"。滩中礁石密布,枯水时露出江面如石林,水涨时则侵入水中形成暗礁,再加上航道狭窄弯曲,船只稍有不慎便会触礁沉没,因而才有"青滩泄滩不算滩,崆岭才是鬼门关"的民谚传说。

二、水旷

水,以其生命源头的精髓内涵渗入人类文化思想的意识深层,在历史长河中,伴随着人类对自然认知的逐步深入,由物质层面升华到至善至美的精神境界。从《山海经》记载的"精卫填海""女娲补天""大禹治水"等恶水滔天、远古洪荒的传说故事,到"上善若水。水善利万物而不争,处众人之所恶,故几于道",再到当今"高峡出平湖"的工程壮举,"水"文化走过了从原始人类的"神话感知"到封建社会的以水比德,再到现代"文化智识"的历史进程。

我们学习水域景观之美,将站在水域景观之"旷"美的角度,去认识中国人对水的"美"的诠释。以洞庭湖为例来认识水域景观之旷美。

旷,有辽阔、空旷之意,"旷"美景观,系指辽阔开朗的自然空间。构成旷美的自然景观有平原或高原地区的江河湖泽、田畴原野等可以登高远眺所及的景观。假如泰山可以被看成山雄之高旷的话,"八百里洞庭湖"就为平旷景观的典型,自古便有"洞庭天下旷"的美誉。

湖旷：洞庭湖位于江汉平原之上，水域辽阔，富有典型性。"予观夫巴陵胜状，在洞庭一湖，衔远山，吞长江，浩浩汤汤，横无际涯，朝晖夕阴，气象万千。此则岳阳楼之大观也。"宋代文学家范仲淹《岳阳楼记》中对洞庭湖的之旷美做了生动描绘。岳阳楼依湖而建，水上望楼楼巍峨，登楼观水水连天，彼此之间衬托成景。

景旷：洞庭湖"至若春和景明，波澜不惊，上下天光，一碧万顷，沙鸥翔集，锦鳞游泳，岸芷汀兰，郁郁青青。而或长烟一空，皓月千里，浮光跃金，静影沉璧，渔歌互答，此乐何极！登斯楼也，则有心旷神怡，宠辱偕忘，把酒临风，其喜洋洋者矣。"

动态旷："故人西辞黄鹤楼，烟花三月下扬州。孤帆远影碧空尽，惟见长江天际流。"相对于如"天镜"般平静的湖泊景观来说，洞庭之旷还在于动，在于流。每当月夜"清风徐来，水波不兴"时，则"白露横江，水光接天。纵一苇之所如，凌万顷之茫然。浩浩乎如冯虚御风，而不知其所止；飘飘乎如遗世独立，羽化而登仙"。

心旷："欲穷千里目，更上一层楼。"登楼望远，从高处扩大视域，令人心胸开阔，心旷神怡。

无论从水的整体境界认识水的美，还是以具体的事例来凸显水的美，水之美可以这样概括：避高趋下是一种谦虚，奔流到海是一种追求，刚柔相济是一种能力，海纳百川是一种度量，滴水穿石是一种毅力，洗涤污垢是一种奉献。这就是对水的最好的诠释。水之美，不仅在于外形，更在于精神，这是水域景观之美的内涵。

水之美在于旷美，在于壮美，一定也在于它的神美。水域景观的美是多方面的，我们今天谈到的只是其中的一个方面，在以后游览水域景观之时，一定会有新的对美的认识。希望通过本节的学习使大家对水美的认识起到抛砖引玉的作用，大家可以通过不同的角度去认识水的美，水的形美，水的神美！

三、水形

水虽无形，却有千种形态、万般风情。河川、海洋、湖泊、泉眼、溪涧、冰雪、云雨等，都是水所表现出的各种不同形状的实体，而这些实体所表现的形象美在人们的审美体验中会产生很大的差异。奔流不息的江河、宽广深厚的大海、秀丽安静的湖泊，不同的水体有各自的形态风韵，或刚或柔，或动或静，都能对旅游者产生强烈的吸引力。

风景河流往往像条条银带，或穿越山峦，或流贯平原，或弯或直，忽窄忽宽，构成特殊的形态和地理风韵。其中平原河流多呈静态，河道宽窄相间，曲直有序，岛洲沙滩为轴,岸柳竹影为廊,别有一番韵味和意趣。山地河流因落差大小不一,多以动态水景为主,形成动静互相转换的观赏空间。

水的形态是人从视觉审美的角度对水体形态做出的概括。例如,湖泊以面为特征;河流以线条为特征;瀑布以柱为特征但在视觉上给人以垂线的感觉。面状水体使人易产生旷阔、温馨、宁静、赏心悦目的视觉美感。正如范仲淹所言:"春和景明,波澜不惊,上下天光,一碧万顷,沙鸥翔集,锦鳞游冰;岸芷汀兰,郁郁青青。"线状水体动态感强,方向明确,使人产生曲折流动之美。点状水体往往体量不大,但形态奇异,可以脱颖而出,自成一体。比如溪涧,无拘无束,纯洁明净,给人一种轻快的美感。瀑布等柱状水体大气磅礴,滔滔流近,"飞流直下三千尺,疑是银河落九天",生动地表现了瀑布的壮观景象。

四、水影

水在平静之时犹如一面明镜,万物落入其中都会映出倒影。不仅自身可以形成优美的景观,而且还能忠实地反映周围景观的状态,形成倒影之美。水影基于水面的反射作用形成,呈现两种截然不同的形式:一是水面反射形成的清晰完整的水景;二是当清风吹拂水面形成微波涟漪,呈现波光粼粼之态时,破碎的倒影形象形成虚拟的影像。水影是丰富水体视觉艺术形象的重要视觉元素,它能与景物构成对称的反相,拓展了水面的视觉形象层次。水体周围的红花绿叶、蓝天白云、桥梁楼宇等,都会在水中成像。朱熹在《观书有感》中也形容过水影之美:"半亩方塘一鉴开,天光云影共徘徊。"偶尔有清风拂过水面,岸上的景物倒映在水面荡漾开来,和着阳光,别有一番景致。北京颐和园内十七孔桥每个桥洞与水中倒影构成纺锤形,依次渐大渐小,犹如美丽的串珠装点着宽阔的昆明湖,这水中倒影也成为颐和园内亦虚亦实的美景。正如清代诗人袁枚诗中所言:"江到兴安水最清,青山簇簇水中生。分明看见青山顶,船在青山顶上行。"形象地描绘了水中倒影那梦幻般的美景。

湖泊本是一池清水,其透明度往往与湖水的泥沙含量、水藻的丰富程度及其对光的吸收和散射状况有关。我国许多湖泊由于其很高的透明度博得了古今众多文人骚客的赞赏。新疆准噶尔盆地与伊犁河谷交界处的赛里木湖,其透明度高达 12 m 以上,被人们赞誉为中国最清澈的湖泊,人们赞美它是水秀如蓝,山清如洗,蓝天和草色竞翠,松涛和浪涛共鸣。北京颐和园的昆明湖,清澈的湖水把玉峰、西堤、西山等景色全部映照出来,大大强化了昆明湖的借景作用。

五、水色

水本身是无色的,但射入水中的光线,受水中悬浮物及水分子的吸收和散射等综合作用,就呈现出千娇百媚的色彩。碧绿的湖泊、湛蓝的大海、墨绿的深潭,这些蓝、这些绿,构成了水色美。红海、黑海、黄海、红河、黄河、黑龙江、鸭绿江,世界上很多的江河湖海都是以其颜色命名的。

色彩是衡量湖泊风景的重要尺度。绚烂多彩的水色把湖泊彰显得更加俏丽多姿。如镜泊湖的湛蓝色,太湖的黄绿色,莫愁湖的浅绿色,青海高原鄂陵湖的青蓝色,瘦西湖的淡绿色,四川九寨沟的黄、橙、蓝、绿、紫等多种色彩,这些色彩与泥沙含量、水的深浅、有机质多寡、水生植物的繁衍程度,以及水对光的吸收与反射等息息相关。而水体对水底的折射,或对天空、周围事物的反射,则可使水色的透明度、饱和度都发生很大改变。水色还会随季节的更替而发生变化,春水蓝绿、夏水碧绿、秋水深绿、冬水墨绿。"春来江水绿如蓝"就是古人对江河水色变化的最生动的写照。其次,水边植物景观的季节变化,气候的阴晴雨雪,朝霞晚辉,也都能影响水色,正是因为这些变化,使水体展现出动态的水色魅力。

瀑布的色彩也是丰富多彩的。喷洒的瀑布如银丝四射、白练飘空,人们常用"银河""素练"来做比喻。在阳光的照射下,像天上撒下一条彩带,分外娇艳;当太阳光线和瀑布呈一定角度,由于水光反射,瀑布上空还会映出几道彩虹,流光溢彩,绚丽动人。

海洋以蓝色为主色调,因各个地区环境条件的差异或受特殊的生物以及天气、水中杂质的影响,也可形成五颜六色的美景。一般光线射入海水后,暖色调的长波随深度的增加易被吸收。波长较短的蓝、紫、绿光,遇到海水分子或其他微粒的阻隔,会发生不同程度的散射或反射,使海水呈现蓝色。受到天气的影响,在万里晴空的蓝天映衬下,大海会变得更加湛蓝;在云雾漫漫的阴雨笼罩下,海水则变得灰暗。此外,泥沙的含量也会影响海水的颜色。我国东海因含泥沙较少而多呈蓝色,黄海就因含泥沙过多而呈黄色。海洋中的生物对海水颜色的影响也很明显,如夏季的波罗的海,一种蓝绿色的水草在水面繁殖,远远望去,就像坦荡无际的草原。亚非大陆间的红海,表层大量漂浮着死后变成红褐色的蓝绿海藻,使海水呈现为红色,红海也由此得名。黑海里的鞭毛虫,使海面发黑。白海由于一年有 200 多天被冰层覆盖,使海域呈现为一片银白世界而得名。

水与光相结合,可形成碧波荡漾、水波粼粼、光影斑驳的景象。"水光潋滟晴方好"便是对在晴日阳光照射下,水波荡漾,闪烁着粼粼金光的西湖的生动写照。苏轼在《前赤壁赋》中写道:"少焉月出于东山之上,徘徊于斗牛之间,白露横江,水光接天。"描绘出水光一色的景象。光线的强弱变化,或明或暗,或晴或阴,都会给同样的水体景观以不同的审美效果。

六、水态与水势

水态是水体在不同物理性质下的形态,也就是水体的固态、液态、气态的展现状态。液态是水的常态,固态以冰川、霜、雪等为主,气态表现为雾、蒸汽。不同的水态有着迥异的景观特色。

水势由动态的水体运动显示,是水的气质,或磅礴、或浩渺、或平静、或湍急,因地势、水量等差异都可形成迥然不同的水势。江、瀑、河等多以流势迅猛、力量雄劲、水速湍急为水势特点,展露水势的雄健阳刚之美;而泉、溪、湖等则多以流势平和、力量柔弱、水流缓慢为水势特点。

七、水声与水味

海洋、溪流、江河、清泉、瀑布,每一种水体的运动都会产生特有的声响。"禹门三级浪,平地一声雷",是水体声音的生动写照。声音美无处不在。水在运动过程中与堤岸、岩石或水本身发生摩擦、碰撞,都会发出各种美妙的、有节奏的声音:河水流动发出的濯濯声、波浪拍岸发出的哗哗声、溪水流淌发出的叮咚声、瀑布倾泻发出的轰鸣声,由它们所构成的自然协奏曲,或雄壮、或亢奋、或轻柔、或古朴、或欢快、或悠扬,各自弹奏出不同声域的乐章,在给人强烈动感的同时又动听悦耳,给人以美的音乐享受。浙江雁荡山的大龙湫瀑布,水从将近200 m的高处飞流直下,"五丈以上尚是水,十丈以下全是烟"水流直落的巨大声响,也加强了水流的气势。"听水声幽闲涵淡,欣欣然沁人心脾,觉世间无物可胜之"(袁小修)。"非必丝与竹,山水有清音"(左思)。"高歌谁和余,空谷清音起。非鬼亦非仙,一曲桃花水"(辛弃疾)。惊涛拍岸、山泉叮咚、溪涧淙淙、瀑布哗哗……无不演奏出天籁之音。水体在不同环境中发出的种种特有的声音,使人的听觉产生不同的美感。

涛声富有节奏,给人以特殊美的享受。听涛最好的地点多出现在天然湖泊之滨,特别是石块散列、湖岸陡峭或有天然洞龛的岸边,水在风力推动下,有节奏地拍打岩岸,流入洞龛,发出的声音有高低、浑脆等多种变换,甚是悦耳。例如,黄果树瀑布水流轰鸣如鼓,山崩地裂、声若滚雷、撼人心魄、振聋发聩,几十公里之外都能听见雷鸣轰天之声。

水本无味,但因水中的矿物质或水生物的影响使其散发出一定的味道。例如,海水有咸味,矿泉有硫黄味,冷泉中则多有甘甜味。现在甚是稀缺的未被污染的无味的河、湖、溪、泉之水,日渐成为人们向往的美景。林间溪谷、泉瀑水流"清甘美,爽人可口",往往给人静心、清心、养心的享受,令人心驰神往。

水壮、水旷、水形、水影、水色、水态、水势、水声、水味等审美特质使水体具备了全方位的艺术表现。

第三节　水体景观文化

水作为一种重要的自然资源和人类生活的必需品,不但激发了人们对于水体美景的赞赏,更会引发人们的一种情绪来寄托某种思想。中国古代的先贤很早就意识到水的这种特质,早在诸子百家的时候,就开始借助水来抒发各自的理念。

一、水的神话

水的神话是主要源于民间众多关于水的传说、神话以及部分宗教传说故事所孕育出的水文化。水的神话中,多体现出水的一种超自然的力量,即无法捉摸、不可抗拒的魔力,部分含有迷信色彩。这同早期的原始人类对于自然力量的敬畏和抗拒有关,从上古的女娲补天、精卫填海、夸父追日的传说中就可见一斑。民间传说中的"西湖断桥""水漫金山"的神话故事,增加了水的神秘性,并使之植根于民间。水灾泛滥也是形成人们的水文化神秘论的重要原因,是早期人类对这些自然灾难无力对抗的反映,也是促使水文化的神秘性得以传承的重要历史原因。

例如"大禹治水",大禹是中国古代历史传说中的一位杰出的水利专家,围绕大禹治水也形成了许多精彩、生动的神话传说。中国人崇拜的图腾——"龙"的职务就是管水。可见水对人意识的影响已经上升到神的地步。西方文化也是如此,《圣经》一开始就描绘了伊甸园中的一条河流,然后才出现始祖亚当、夏娃,之后又是挪亚方舟在滔滔的大水中让他们的先祖绝处逢生。

水神话和治水传说是全世界各古老民族文化共有的话题。古代先人对水的认知极为有限,他们对水既爱又怕,于是产生了水崇拜,关于洪水和征服洪水的各种神话也就由此产生。世界各地的水神话目的都是一致的,即通过赋予水以灵性,祈祷它带给人类安宁幸福。从现实角度来看,这些神话虽然只是"人类对大自然虚幻的感知",但却具有深厚的文化意蕴,成为水体景观文化的重要内容。

二、水的德性

德性说源自哲人、儒士们对于生活、社会的感悟。孔子曰:"知者乐水,仁者乐山。知者动,仁者静。知者乐,仁者寿。"朱熹在《论语集注》中论述道:"知者,达于事理而周流无滞,有似于水,故乐水。"老子也专门讲过水的"德"性,如《老子·八章》中所说:"水善利万物而不争,处众人之所恶,故几于道。"水成为圣人们的心中理想,只有像水一样,甘愿滋长万物而又不与万物相争,甘心停留于他人不愿停留的地方才是最善的,即上善若水。

艺术家们常赋予水以智慧,即知者乐水。文人骚客以水比德,将水当成修养身性,陶冶情操之物,进而将其作为自身德性的一面镜子。在园林、建筑中,往往讲求水声、水性。水常被用来显示诗情画意,有的婉约含蓄,以曲水流觞为美;有的气势不凡,显露出"飞流直下三千尺,疑是银河落九天"的宏阔的智性气度;表现了艺术家们聪慧睿智的艺术境界,深深融于水的灵动智性之中。

水的动人之处还在于其被赋予丰富的哲理。孔圣临川而叹:"逝者如斯夫,不舍昼夜。"这个表现古人对时间流逝性和不可逆性的观点,对后人影响非常大。孔子通过对日常生活的感悟而感受生命存在的有限以及对于超越与无限的希冀。而人正是因这种追求而从有限的存在中超越出来,一方面消除生命存在的局限性,另一方面对人自身是一种价值提升,转化成追求无限生命的一种价值行为。

三、水的价值

水最直接的文化价值体现在审美。"山得水而活,水映山而媚。"自然界中的水就像菩萨手中的宝瓶,轻轻一点,便可使一切变得丰富、生动和活跃起来,成为人们观赏的审美对象。此外水的审美价值还在于"戏水",如汉族的"赛龙舟"、傣族的"泼水节"等民族风俗;观潮、戏水、划船、游泳、漂流等娱乐活动;"河灯漂流""水神祭祀"等宗教活动;"温泉沐浴""品茗饮醇"等健康疗养;临池观鱼和水榭诗酒等文人雅士的喜好。这些审美活动既可健身康体,又可愉悦心情,在很多景区已被开发成为参与性很强的旅游产品。

生活离不开水,文化更离不开水,各种艺术的创造均得益于水。因为水,才有了形神兼备的泼墨、写意,才有了名山大川流传千古的诗句楹联,才有了遒劲流畅的书法。因为水,才有了古色古香的秦砖汉瓦,才有了驰名中外的秦陵兵马俑,才有了蜿蜒万里的长城。因为水,才有了仪态万千的景德镇青花,才有了诗情画意的私家园林……水是文化的源泉,水是文化的生命。

　　水是生命之源,也是生物的重要生存要素,是人类生活和生产活动不可代替的物质;水本身就是美丽的风景。人类社会的文明史,在一定意义上讲就是人类对水的驾驭和利用史,是人类对水的享受史。

本章习题:
一、选择题
1.下列湖泊景观中不属于自然形成的是(　　)。
A.风成湖　　B.河成湖　　C.海成湖　　D.人工水库
2.依据瀑布岩壁的倾斜角度划分瀑布可分为(　　)。
A.垂直型瀑布　　B.悬空型瀑布　　C.倾斜型瀑布　　D.细长型瀑布
3.水温高于(　　)的泉称为"温泉"。
A.20 ℃　　B.25 ℃　　C.30 ℃　　D.15 ℃
4."禹门三级浪,平地一声雷"描写的是(　　)。
A.水声　　B.水味　　C.水形　　D.水色
5."飞流直下三千尺,疑是银河落九天"描写的是(　　)。
A.水形　　B.水色　　C.水声　　D.水影
二、实践题
　　从古到今,水滋养历史、孕育文明、浸润生命、点化自然。地球上的万事万物都因水而灵动,都因水而瑰丽神奇。水赐予人类精神和物质的双重恩泽,它所承载的东西绵长而丰富,平静的湖泊、奔腾的江河、浩渺的海洋、晶莹的冰雪、飞泻的瀑布、清澈的泉水、潺潺的溪流成为旅游活动中的重要观赏对象。选取附近的一处水体景观,从壮、旷、形、影、色、态、势、声、味等方面体会水的美感,并形成一篇不少于1 000字的水体鉴赏文章。

第五章　自然景观审美典型三：天象景观

本章提要

观测天象景观是众多旅游爱好者的追求，也成为很多旅游景观的重要构景要素。本章对自然景观中的天象景观进行阐述，第一节对天象景观的基本成因等方面进行简单介绍；第二节讲述天象景观的特点；第三节讲述天象景观类型；第四节讲述天象景观审美；第五节以大气之美为切入点进行典型景观赏析。在其间穿插有多个阅读资料帮助读者拓宽视野、丰富知识。

第一节　天象景观概述

天象景观中，蓝天白云是最基本的景观，但现在在某些地区，这却成为难得一见的"奢侈品"，究其原因，工业污染应该是罪魁祸首。现如今强调蓝天白云的天象景观是有特殊意义的，它在某种程度上已成为环境优美的基本标志之一。

从审美角度看天象景观，日月星辰以及由于它们的缘故而形成的天象奇观历来为人们所注重，最为人所称道，如朝霞、夕阳、月夜、新月等。即便是没有色彩的大气，依然具有重要的审美价值。《昆虫记》的作者、法国著名科学家法布尔就这样描述他对风的美感：倘若你们把手掌很快地从自己的眼前掠过，就会觉得有一阵微风拂到脸上，这阵微风就是动荡的空气。空气静止的时候，我们一点感觉不到，只要用手扇动一下，就知道它是存在的了。一阵微弱的动荡，造就了一种清凉的快感。当然，空气的动荡并不总是轻微的，有时候也异常猛烈。一阵狂风刮来，甚至能把树连根拔起，把房屋吹倒。狂风依然是一种动荡的空气，是一种流水似的从一处流动到另外一处的空气。空气是看不见的，因为它几乎没有颜色，但是聚成很厚的空气层，就看得出颜色了。

天象，泛指天文、气象和气候等自然现象。天文是指日月星辰的运行及其产生的各种现象，如月相、月色、日出、日落、佛光、星光、霞霭、蜃景等。我们将自然界气态物质的集合体称为气体。围绕着地球的厚层气体，便是大气。它所形成的连续的圈层，地理学上称为大气圈。大气圈中存在着各种物理过程，如辐射过程、增温冷却过程、蒸发凝结过程等，这些过程形成各种风、雪、雨、云、露、雾、霜、冰等变化万千的物理现象，称之气象。某地区短时间内大气过程和现象的综合，称为天气。地球大气的这些物理过程和所呈现的物理现象，不仅与人类活动息息相关，而且与自然地理环境的其他圈层，如生物圈、水圈、岩石圈等相互影响，相互制约，形成某地区特有的天气现象和过程的综合，称为气候。

茫茫宇宙浩瀚无垠，不可胜数的大大小小的各种天体在不断诞生和消亡，形成迥异的天体结构，迸发出美丽灿烂的各色光芒。由于地球自转、月球围绕地球旋转、地球围绕太阳公转而形成日出日落、日食、月食等天文现象；漂移游荡的无数流星和彗星也在不断划过夜空；受阳光照射、大气及地貌环境等因素的影响，自然界中还出现佛光、彩虹、海市蜃楼等光现象……美丽的天象景观不仅吸引了大批的天文爱好者，同时也吸引着无数人带着浓厚的兴趣观看奇异天象，而一些良好的观察天象景观的地点便成为天象观察的旅游地。

天象景观可与其他自然现象相互组合，直接育景、造景，形成不同的自然景观和旅游环境，如南方热带景观、北方冰雪景观、山地云雾景观、避暑避寒佳境、海洋和荒漠的蜃景景观等。此外，气候的变化也可直接导致水文、地貌和动植物以及相关人文景观的变化。可见，天文、气象和气候是人类重要的审美对象，是一项普遍又极具特色的自然旅游资源，是开展旅游活动的必要条件。

地球表面受纬度、经度、海陆位置、海拔高度、大气环流、地表形态等因素影响，形成各种各样的地域性差异和气候现象，成为重要的构景因素。各种气候现象不但可以直接形成气候景观，如雨、雪、风、霜、云、雾等，与此同时对塑造水体景观、地貌景观、生物景观等也发挥着重要作用。气候的地域性差异客观上形成了热带与亚热带避寒胜地、山地或海滨避暑胜地等有益于健康的旅游资源。由于垂直地带性的因素造就了"十里不同天""一山有四季"的立体气候旅游景观。

第二节 天象景观的特点

一、时限性

季节的周期性变化,会影响到气温的变化,进而影响气压、风的周期变化,形成干、湿、云、雾、雨、雪等气象要素的季节变化,故而气象会呈现出一定的规律性特征。不同的天象景观在一年内所出现的时间各不相同,有明显的季节变化,呈现出时限性,如月食发生在农历月半(望),日食只发生在农历月初(朔);"日月并升"现象一般发生在每年的农历十月初一。七大流星雨也分别出现于特定时间:双子座流星雨在每年的 12 月 13 日左右出现;狮子座流星雨在每年的 11 月 14—21 日左右出现;猎户座流星雨一般在 10 月 15—30 日或在 11 月 20 日左右出现;英仙座流星雨每年在 7 月 17 日—8 月 24 日出现;天龙座流星雨在每年的 10 月 6—10 日左右出现,10 月 8 日是极大日;金牛座流星雨在每年的 10 月 25 日—11 月 25 日左右出现,11 月 8 日是其极大日;天琴座流星雨一般出现于每年的 4 月 19—23 日,通常 4 月 22 日是极大日。

日出、日落和霞光等景观也有自身的时间限制。南方的烟雨景观通常出现在每年的四五月份的梅雨季节;我国东北地区,银装素裹的冬季是欣赏冰雪景观的大好季节,夏季气候温和,无烈日酷暑,是避暑的绝佳去处;云南大理苍山玉带云主要出现在夏末秋初;著名的黄山云海,主要出现在秋季至春季;太白山平安寺云海主要出现在夏、秋季节。天象旅游景观的季节性变化规律,对旅游者具有一定的导向作用,要想观赏到美妙的天象景观一定要严格遵守其规律和出现时间,否则将一无所获。

二、瞬时性

天象景观中的日、月、星辰等要素变化频繁,各种物理现象和形成过程,瞬息万变,奇幻莫测,这一切造就了天象景观的奇幻无穷、扑朔迷离、瞬息万变、虚无缥缈的特征,呈现出多种多样、样式奇特的颜色、形状和动态变化,在空中营造出紧凑与松弛、繁杂与简洁、疏密与聚散、零乱与规则、虚与实的动态意境之美,具有极强的观赏价值。日出、日落、霞光、夕照以及日月同升等典型景象都是瞬时出现,持续时间极短;蓬莱海市从出现到消失区区十几分钟,佛光的形成与天气情况、空气湿度和太阳折射角有关,同样是瞬息即逝,流星雨更是可遇而不可求,能观赏到的概率很小;巫山的云、平湖的月、潇湘的雨等诸多著名的气象景观持续的时间则都具有短暂和不确定的特点。旅游观赏者只有牢牢把握时机,在景观出现时屏住呼吸、目不转睛,才能观赏到佳景,也正是因为这种短时性和可遇而不可求的特点,人们才越发珍惜观赏天象景观的机会。

三、地域性

天象景观随着地域分布的不同而呈现出明显的地域性特征,即不同地区随着地理纬度、海陆分布、海拔高度、地形起伏的差异有着不同的气候特征,热带、温带、寒带,干旱带、湿润带,平原、山地、高原,山北、山南,山顶、山麓等,同一季节、同一时间都会产生巨大的差异。在冬季,北国呈现出"千里冰封,万里雪飘"的景色,而南国则"瓜果飘香,繁花似锦"。白居易的"人间四月芳菲尽,山寺桃花始盛开"描写的便是不同地域的气象景观差异。

四、背景性

气象常作为一个景区的背景或是作为取景、观景的一部分在景观设计中呈现。结合特殊罕见的气象现象来营造某一景区的人文景观或自然景观,可使旅游者获得一种惊喜愉悦、心旷神怡的审美感受。天象景观有时可以和地貌、水体、植物等景观融合,使游人获得多种美感。这些多姿多彩和变幻莫测的景观或朦胧、或缥缈,有时可作为各类景观的背景,如白云蓝天下的山峦、湖泊、林海,日出、日落时的海面,使得景观展示出与平时迥然不同的审美韵味。"日出江花红胜火,春来江水绿如蓝",就是对不同天象背景下的水体美的生动描绘。旅游规划者经过科学的景观设计,将某一地区景观与特有的大气、气候因素相融合,使得游客在感受人文、自然景观的同时获取更高层面的心理和生理愉悦和视觉感受效果。例如,南京的栖霞红叶,深秋时节北京香山公园的枫叶,冬季杭州西湖的断桥残雪,江南的烟雨垂柳等景观。因此,气象景观既可作为单独景观欣赏,还可以结合景区吸引物作为背景景观来欣赏。犹如中国画中的留白一样,使画面和观赏者产生一种远与近、虚与实的视觉感受。

第三节　天象景观类型

车尔尼雪夫斯基说过："艺术作品在美的方面远低于自然的创造。"在茫茫自然界中,大气是最多产、最活跃的艺术师。当谈到吉林雾凇、蓬莱海市、黄山云海时,许多人为之惊叹;即便是在市郊田野,当看到风和日丽的春色,荷塘月色的夏景,月光似水的秋夜,银装素裹的冬日,都足以使人乐而忘忧、流连忘返。至于鲜艳的彩虹、精美绝伦的雪花晶体,任何人造艺术品都无法与之比肩。

一、云、雾奇景

云是指停留在大气层上的水滴或冰晶胶体的可见集合体,是地球水循环的有形结果,由气块上升过程绝热导致冷却降温形成。太阳照在地球表面,水蒸发形成水蒸气,一旦绝热导致水汽饱和或过饱和,水分子就会凝结在空气中的微尘(凝结核)周围,形成水滴或冰晶进而将阳光散射到各个方向,这就产生了云的外观。按照云的相态可以将云分为水成云、冰成云和混合云。

从本质上来讲,雾和云并无区别,都是小水滴或者小冰滴组成的可见集合体,近地面冷暖空气混合或空气冷却增湿,水汽饱和后凝结成的大量水滴或冰晶悬浮在近地面空气之中,使大气能见度降低至 1 km 以下的现象称为雾。雾分辐射雾、锋面雾、平流雾、蒸发雾、上坡雾等。

辐射雾由地面辐射冷却,使近地层空气变冷形成,水汽凝结多在秋冬季节无云的夜间形成。因为晴空,使得地面有效辐射大、冷却迅速、气层稳定,故有"一雾三晴"的谚语。在低凹的谷地、盆地、山坡,冷空气易于沿坡面下沉进而形成辐射雾,日出后地面增温,雾自下而上逐步减弱进而消散或抬升为低云。平流雾是由于暖湿空气移动到较冷的下垫面上,冷却降温,水汽凝结而成。因此,平流雾常在以下几种情况下形成:冬季热带暖湿气团向高纬寒冷地区移行时;春夏季大陆暖气团移行到较冷的海面上时;秋、冬季海洋暖湿气团移行到较冷的陆地时,海洋上暖湿空气移行到冷海面;冷暖洋流交汇时,因冷暖温差大,风力适中,能形成一定强度的乱流,又能不断输送暖湿空气,便容易生成平流雾。

云雾是温暖湿润地区或季节出现的一种捉摸不定、瞬息万变的气象景观。云在高空,雾接近地面,与地相连。其景观美大致分为两种:一是薄云、淡雾,好像轻纱一样叠加于景观之上，使得大自然展现出一种朦胧之美；二是流云、飞雾的莫测变化，是一种真切的气势磅礴的景观美。无论是薄云淡雾，抑或是流云飞雾，呈现出或是飘逸淡雅的柔情，或是波澜壮阔的气势。云雾既可独自成景，如"衡山云海""峨眉云海""庐山云海""黄山云海""泰山云海"等；也可与山水相融，使其变得虚幻缥缈，若隐若现，展现出独特的朦胧美。有人形容庐山之美时说："庐山之美，美在虚无缥缈中。"云雾给各种景观带来了一种"超凡脱俗的仙气"美感。中国的各大名山均有规模不同的云海景观，以黄山最为著名，成为"四绝"之一。

阅读材料：黄山云海

云海是黄山第一奇观，黄山自古就有云海之称（图5-1）。黄山四绝中，首推的就是云海了，由此可见，云海是装扮这个"人间仙境"的神奇美容师。山以海名，谁曰不奇？奇妙之处，就在似海非海，山峰云雾相幻化，意象万千，想象更是万万千千！！！按地理分布，黄山可分为五个海域：莲花峰、天都峰以南为南海，也称前海；玉屏峰的文殊台就是观前海的最佳处，云围雾绕，高低沉浮，"自然彩笔来天地，画出东南四五峰"。狮子峰、始信峰以北为北海，又称后海。狮子峰顶与清凉台，既是观云海的佳处，也是观日出的极好所在。空气环流，瞬息万变，曙日初照，浮光跃金，更是艳丽不可方物。白鹅岭东为东海，于东海门迎风伫立，可一览云海缥缈。丹霞峰、飞来峰西边为西海，理想观赏点乃排云亭，烟霞夕照，神为之移。光明顶前为天海，位于前、后、东、西四海中间，海拔1800 m，地势平坦，云雾从足底升起，云天一色，故以"天海"名之。

（摘自百度百科）

图5-1 黄山云海

二、冰、雪奇观

冰、雪景观是在寒冷季节或高寒地区才能见到的气象景观。茫茫的雪原、高耸的雪山或是巨大的冰川,以纯洁的白色覆盖大地,构成或是婀娜多姿,或是雄伟壮观的造型,同时也以圣洁的颜色与周围的蓝天、碧水、苍山或植物景观相互映衬,展现给人们以壮美、纯洁的风采。例如,长城内外冬季冰雪覆盖的大地所展示的壮美和各名山大川的奇美雪景都很著名。此外,冰和雪与其他人文景观或自然景观交相辉映也会形成很多奇特景观,如台湾的"玉山积雪"、北京的"西山晴雪"、太白山的"太白积雪"、长沙的"江天暮雪"、杭州的"断桥残雪"以及东北的"林海雪原"等。冰雪还可用以发展溜冰、滑雪等多种体育活动,成为吸引游客的现代旅游资源。

阅读材料:中国·哈尔滨国际冰雪节

哈尔滨国际冰雪节是被中外人士所瞩目的节日。这是哈尔滨人特有的节日,内容丰富,形式多样。如在松花江上修建的哈尔滨冰雪大世界,斯大林公园展出的大型冰雕,在太阳岛举办的雪雕游园会;在兆麟公园举办的规模盛大的冰灯游园会等皆为冰雪节内容。冰雪节期间举办冬泳比赛、冰球赛、雪地足球赛、高山滑雪邀请赛、冰雕比赛、国际冰雕比赛、冰上速滑赛、冰雪节诗会、冰雪摄影展、冰雪图书展、冰雪电影艺术节、冰上婚礼等。冰雪节已成为向国内外展示哈尔滨社会经济发展水平和人民精神面貌的重要窗口。

哈尔滨国际冰雪节是世界上活动时间最长的冰雪节,它只有开幕式——每年的1月5日,没有闭幕式,最初规定为期一个月,事实上前一年年底节庆活动便已开始,一直持续到2月底冰雪活动结束为止,其间包含了新年、春节、元宵、滑雪节四个重要的节庆活动,可谓节中有节,节中套节,喜上加喜,多喜盈门。

每到此时,哈尔滨街道广场张灯结彩,男女老幼喜气洋洋,冰雪艺术、冰雪体育、冰雪饮食、冰雪经贸、冰雪旅游、冰雪会展等各项活动在银白的世界里有声有色地开展起来,中国北方名城霎时变成了硕大无比的冰雪舞台。

(摘自百度百科)

三、雾凇

"雾凇"一词在史学资料中最早出现于南北朝时期吕忱所编的《字林》里,其解释为:"寒气结冰如珠见日光乃消,齐鲁谓之雾凇。"雾凇(图5-2)又称为树挂,是一种在寒冷季节空气中的水汽直接凝华或者雾滴被冻结在地表物体表面形成的白色不透明冰层。现代人对这一自然景观有着很多更为形象、更为高雅的叫法。因为它晶莹闪烁,美丽皎洁,极像盎然怒放的花朵,故被称为"冰花";因为它在刺骨的寒风席卷大地、万物失去生机之时,依然像高山上的雪莲,傲雪凌霜地盛开,韵味浓郁,故被称为"傲霜花";因为它是上天赋予人类的艺术精品,好似"琼楼玉宇",晶莹剔透,给人们带来美意延年的美好情愫,故被称为"琼花";因为它像落雪挂满枝头,把神州点缀得气势磅礴、繁花似锦,景观迷人壮美,激起了文人骚客的雅兴,吟诗作画,抒发情怀,故被称为"雪柳"。

图 5-2 雾凇景观

四、烟雨

烟雨是像烟雾那样的细雨,俗称"毛毛雨",从气象学的角度可以解释为:烟雨是从云层中降落的大量极小雪花或小雨滴组成的降水,降水强度小于 0.25 mm/h,其本质为雾降雨。烟雨本为极其平常的自然现象,但是在一定的心境下,加之特定的地理环境,则可展示出更为丰富更为深层的人情味,降雨的过程则变为赏景和品味的过程。烟雨景观多与古建筑、植被、山水等旅游资源相结合。例如,烟雨中游漓江、游江南等,烟雨独特的朦胧之美使得原有的景观多了一层诗情画意,让游客触景生情,产生无限的遐想。再如烟雨杭州九溪十八涧、浙江嘉兴南湖和巴山夜雨等,细雨霏霏、或浓或淡、景象朦胧,这样一种朦胧的意境美,使人产生无穷的回味。苏轼的"水光潋滟晴方好,山色空蒙雨亦奇",展现出西湖美景在雨中绝妙的身姿。烟雨有时也饱含忧伤的韵味和浓厚的缠绵,"雨打芭蕉"是一首广东地方乐曲,生动地表现了雨点敲打到芭蕉叶上所发出的美妙动听的声音。

巴山夜雨、江南烟雨都是我国著名的雨景。江南烟雨通常出现在每年的三四月份,"清明时节雨纷纷"便是唐代诗人杜牧对江南烟雨美景的生动写照。烟雨朦胧缥缈,如纱如烟,人们撑开的雨伞在纷纷细雨之中犹如大街上盛开的一朵朵绚丽的"花",成了雨季江南的一道道亮丽风景。

阅读材料:江南烟雨

江南烟雨(图5-3),缥缥缈缈,朦朦胧胧。雨中雾,雾里雨。烟雨中是梦幻的风景,朦胧里是天云的传奇。窗棂上刻下昨日雪花的记忆,窗沿上落下今晨绿叶的清香。春牵绿帘涌动泉水遐想,琴弦阵阵;挥毫素云飘逸山茶花香,书声琅琅。江南烟雨情缘,燕挑绿帘翠柳。玉兰花烟雨中幽静,紫丁香朦胧里沉思,烟雨人间似仙境,飘落岁月如故乡。一阵雨,一阵风,织出一帘翠绿,一帘柳青,烟雨江南中。

图5-3 江南烟雨

依心窗,接烟雨,洒落一纸悠香。烟如黑墨,雨似淡云,泼洒中勾勒处处星云。朝现五彩云,晚落百色霞,赏花木情缘,品茗茶素雅。院落中寻得一方清浅,一份闲暇,在朦胧里拨弄琴响。烟雨中看雾,朦胧里听雨。诗韵琴弦落文字,声润薄雾生妙句。江南烟雨蒙,淡染一地绿。拂面是春暖花开,牵手是百鸟朝凤。一壶春天的酒,醉了漫山的翠绿,醉了一湖的清风。挑起绿帘,一丝柔翠,一壶浓绿,一湖细雨。一首清雅的诗风里吟唱,朦胧中,细雨里。

守着烟雨,看燕挑绿帘。石板路上染着层层青绿,雾中湿润,泛着淡绿。脚步声声踏着草香和花瓣,阵阵飘逸穿过小巷,撒落了春的幽灵。河面上雨雾蒙蒙,春色片片,一层雨雾,一阵春风。静谧中播种善良,包容,和着春欢绿意,翠竹盎然,恬淡温馨。心源里莲花打坐,心静如佛。回首再望江南,烟雨里没有了喧嚣,没有了浮躁,没有了人世间的纷争。听竹林沙沙,望荷塘月色,清欢入梦。

记忆的长河,听一首幽静的小曲。舒缓,入心,醉人。如清泉流水潺潺隽细,情怡缠绵悱恻。朦胧里散开了细雨,一束暖阳射进。梦醒了岁月,精致了年轮。春的芳香,夏的俊朗,秋的金黄,冬的愿望,摇曳在人间清风中。红尘外总有净土,飘走的是尘埃,留下的是宁静。晨曦有天,落日贴地,岁月演绎在永远的红尘里。陌上花开花落,世间缘聚缘散。淡然在天地间,微笑在红尘里,江南岁月,烟雨悠长……

(摘自百度百科)

五、极光

极光是一种大气发光现象,是地球南北极地区的特有景观,是一种绚丽多彩的等离子体现象。极光也多次出现在东西方神话传说中,中国早在2 000多年前就开始观测极光,有着丰富的极光观测记录。极光的形成有多种说法,主流说法认为是由于太阳发出的高速带电粒子流从高纬度进入地球大气层时,由于地磁场的影响,高层空气原子或分子被激发或电离而形成的发光现象,多呈弧形、幕状、带状等。北纬67°左右处有一极光带,是吸引游客的主要景观之一。在南极出现的极光称为南极光,北极出现的极光称为北极光。极光的出现有时转瞬即逝,有时可以持续几个小时;有时像一团火焰熊熊燃烧,有时像彩带随风飘动;有的色彩绚丽,有的则一片银白……总之,变幻无穷的极光以其多姿多彩成为自然界中最吸引人的奇观之一。加拿大北部、美国阿拉斯加州费尔班克斯、挪威北部、冰岛南部,每年大部分时间都可以看见极光,我国在新疆阿尔泰和黑龙江漠河,每年也能看到极光。

如果我们乘坐着宇宙飞船遥望地球南北极上空,会发现一个闪闪发亮的光环围绕着地球磁极,朝向太阳的一边被压扁,背向太阳的一边被拉伸,呈现出卵一样的形状,我们把这个环叫作极光卵。极光卵是连续不断变化的,忽明忽暗,有时向赤道方向伸展,进而又向磁极方向收缩。极光卵的内部区域叫作极盖区,在极盖区内,极光出现的机会比极光区少。中低纬地区尤其是近赤道区域,很少出现极光,但不绝对。例如,1958年2月夜间的一次特大极光,甚至在热带都能看到,这次极光显示出鲜艳的红色。研究显示极光与强烈的地磁暴和大的太阳耀斑暴发有关。在极光区,当我们举目仰望夜空,常常见到千姿百态、五光十色的极光,可以这样说,在世界上找不出一模一样的两个极光形体。

极光形体的亮度变化也很明显,可以是银河星云般的亮度,甚至能亮到满月时的月亮亮度。强极光甚至可以照出物体的影子来,地面上物体的轮廓都能被照见。最动人的当属极光所形成的瞬息万变的景象。极光翻手为云,覆手为雨,其形状可以在几秒钟或数分钟之内发生变化。好像自然界这个魔术师,以天空为舞台上演的一出光的话剧,上下纵横成百上千公里,甚至还存在近万公里长的极光带。景象宏伟壮观,颇具神秘色彩。此外,极光的色彩最令人叹为观止,远远不能用五颜六色来描绘。红、绿、紫、蓝、白、黄的本色经过大自然这超级画家出神入化的搭配组合,变成了万紫千红的万花筒。据不完全统计,能清楚分辨的极光色调已超过160种。极光这般多姿多彩,在这漆黑寂静的寒夜里、在这辽阔无垠的苍穹中、在这荒无人烟的极光区,实在令人心醉,叫人神往。众多的极光区探险者和旅行家在旅行笔记中描写极光时往往词穷语竭,普通的壮观、美丽、奇妙等字眼在极光面前显得如此苍白无力,即便妙笔生花也难描绘极光的气势、神采、秉性于万一。

阅读材料:极光成因说法种种

极光(Aurora,图5-4)来源于拉丁文"伊欧斯"一词。传说伊欧斯是希腊神话中"黎明"的化身,是希腊神泰坦的女儿,是太阳神和月亮女神的妹妹。当人类第一次仰望天际惊见北极光的那一刻开始,北极光就一直是个"谜"。长久以来,人们都各自发展出自己的极光传说,如在芬兰语中,北极光则被称为"Revontulet",直译过来就是狐狸之火。古时的芬兰人相信,因为一只狐狸在白雪覆盖的山坡奔跑时,尾巴扫起晶莹闪烁的雪花一路伸展到天空中,从而形成了北极光。

图5-4 极光

此外,部分萨米人和西伯利亚人相信北极光来自逝者的创伤,不过这多彩的天空并不是痛苦的征兆,相反的,而是幽灵们在后世玩球类运动或骑马奔跑时受伤所留下的血迹。

长期以来,极光的成因一直众说纷纭。有人认为,它是地球外缘燃烧的大火;有人则认为,它是夕阳西沉后,天际映射出来的光芒;还有人认为,它是极圈的冰雪在白天吸收储存阳光之后,夜晚释放出来的一种能量。这个天象之谜,直到人类将卫星火箭送上太空之后,才有了物理性、合理的解释。

本质上来说,极光是太阳风暴吹过来的带电粒子与地球高空大气中的原子与分子在地球大气层最上层(距离地面100～200 km处的高空)运作激发的光学现象。极光的形成有三大重要过程:太阳风产生的带电粒子、地球磁场把带电粒子吸引到南北极、与大气成分运作激发。所谓"太阳风",是太阳对宇宙不断放射的一种能量,它是由电子与质子所组成。由于太阳的激烈活动,放射出无数的带电微粒,当带电微粒流射向地球进入地球磁场的作用范围时,受地球磁场的影响,便沿着地球磁力线高速进入到南北磁极附近的高层大气中,与氧原子、氮分子等质点碰撞,因而产生了"电磁风暴"和"可见光"的现象,就成了众所瞩目的"极光"。

(摘自百度百科)

六、极昼和极夜

所谓极昼,就是太阳永不落下,总是白天,这种现象也叫白夜;所谓极夜,就是太阳总不出来,与极昼相反,总是处在黑暗之中。极昼和极夜是由于地球在沿黄道面绕太阳公转的同时还围绕倾斜的地轴自转而形成的一种特殊天文现象。地球在自转时,地轴与赤道面约成23.5°的倾斜夹角,造成了地球在公转时出现南极、北极长达几个月的连续白昼与连续黑夜的现象,即朝向太阳的一极在几个月的时间内,全是白天,而背向太阳的一极则全是黑夜。在南北纬80°附近,极昼或极夜每年各持续3个多月;在南北纬70°附近,极昼或极夜每年各持续2个月。南、北极这种独特的天象景观在其他大洲是没有的,目前已成为高纬度地区争相开发利用的旅游资源。

由于极昼和极夜的存在,在漫长的白昼,动物们必须不停地进食,从而积累足够的能量,还要高效地繁育后代,这样当黑夜来临时,除部分往南方迁徙的动物外,那些留下来的动物才可能渡过这段艰难的时期。

极昼时,要是碰上晴天,即便是午夜也依然是阳光灿烂,就像白天一样明朗。而极夜来临时,太阳一直不会升上地平线,星星在漆黑的天空闪烁。在一个朔望月的时期里,有15天可见月亮,另外15天却见不到月亮。由于北极仅仅存在北极狐、北极熊之类的动物,无人生活,所以极昼、极夜现象不会对人类造成任何影响,反而给人们对这神秘的土地以更为丰富的遐想。

七、佛光与蜃景景观

佛光又称宝光,佛家认为是菩萨的头轮放射出来的七彩光芒。物理学认为佛光是一种特殊"日晕",是在阳光斜射下,由雾珠云滴发生的衍射现象,是光衍射作用形成的特殊自然景观。佛光于中低纬度地区或者高山云海之中出现较多,人站在漫布云海的半山腰或水汽丰富的崇山峻岭之上,如果此时光线从背后射来,会在前面云幕上出现人影或投影,影子之外围绕彩色光环,形成独特的圆圈形彩虹,既像传说中的菩萨"真身",又似佛像头上的光圈,"佛光"由此得名。"佛光"奇观的出现是地形、阳光和云海等众多自然因素结合的结果,比较罕见。峨眉山云雾多、风速小、湿度大,符合佛光形成的基本自然条件,因此佛光出现较多,也最为著名,有"金顶祥光""峨眉宝光"之誉(图5-5)。著名佛光景观地还有泰山、庐山、黄山、五台山等。

图5-5 峨眉佛光

蜃景即"海市蜃楼",原意为海底神仙的住所,蜃为蛟龙的一种,能吐气为楼,故称海市蜃楼。"海市蜃楼"是由于密度不同的空气对远处物体进行折射而形成的幻景景观。幻景呈正像浮现于空中的称"上现蜃景",多出现在春夏之交,以山东蓬莱海滨最为著名。幻景呈倒像浮现于空中的称"下现蜃景",多出现在夏季中的沙漠。除去山东蓬莱,浙江普陀山、庐山五老峰、连云港海州湾、北戴河联峰山、塔克拉玛干沙漠等地也是较为理想的观景地点。

阅读材料:海市蜃楼

平静的海面、大江江面、湖面、雪原、沙漠或戈壁等地方,偶尔会在空中或"地下"出现高大楼台、城郭、树木等幻景,称为海市蜃楼。我国山东蓬莱海面上常出现这种幻景,古人归因于蛟龙之属的蜃,吐气而成楼台城郭,因而得名。

海市蜃楼是一种光学现象。沙质或石质地表热空气上升,使得光线发生折射作用,于是就产生了海市蜃楼。海市蜃楼会发生在离海岸线大约6英里(9.6 km)的沙漠地区,会使1英里(1.6 km)以外或更远的物体看起来似乎要移动。陆地导航变得非常困难,因为在海市蜃楼环境中,天然特征都变得模糊不清了。海市蜃楼会使一个人很难辨别远处的物体,同时也会使远处视野的轮廓变得模糊不清,你感觉好像被一片水包围着,而那片区域高出来的部分看上去就像水中的"岛屿"。海市蜃楼还会使你识别目标、估计射程、发现人员等变得十分困难。不过,如果你到一个高一点的地方高出沙漠地面10英尺(3 m左右),你就可以避开贴近地表的热空气,从而克服海市蜃楼幻境。总之,只要稍稍调整一下观望的高度,海市蜃楼现象就会消失,或者它的外观和高度会发生改变。

海市蜃楼常在海上、沙漠中产生,海市蜃楼是光线在延直线方向密度不同的气层中,经过折射造成的结果。海市蜃楼的种类很多:根据它出现的位置相对于原物的方位,可以分为上蜃、下蜃和侧蜃;根据它与原物的对称关系,可以分为正蜃、侧蜃、顺蜃和反蜃;根据颜色,可以分为彩色蜃景和非彩色蜃景等等。

自古以来,蜃景就为世人所关注。在西方神话中,蜃景被描绘成魔鬼的化身,是死亡和不幸的凶兆。我国古代则把蜃景看成是仙境,秦始皇、汉武帝曾率人前往蓬莱寻访仙境,还多次派人去蓬莱寻求灵丹妙药。现代科学已经对大多数蜃景做出了正确解释,认为蜃景是地球上物体反射的光经大气折射而形成的虚像,所谓蜃景就是光学幻景。海市蜃楼,是一种因光的折射和全反射而形成的自然现象,是地球上物体反射的光经大气折射而形成的虚像。

(摘自百度百科)

八、日出与日落景观

壮丽的日出与日落景观,其硕大、椭圆的光盘影像和跃然而出而没的动态令人惊叹大自然的神奇。日出和日落景观的形成并非全部由于太阳本身和东升西降的运动,还有一个非常重要的原因就是大气折射作用产生的蒙气差的变化。这种景观只有在天地交界的地平线处才能欣赏到,因此海滨和山顶成为绝佳的观景点。国内著名的日出观景点有庐山的汉阳峰、华山的东峰、黄山的翠屏楼、泰山的日观峰、衡山的祝融峰、峨眉的金顶和北戴河的鹰角亭等。日落以庐山的天池亭景致最佳。日出日落原本是很普通的自然规律，然而大自然却把它雕琢得如诗如画。

清晨和傍晚，在日出和日落前后的天边，经常出现色彩斑斓的彩霞。霞的形成与空气对光线的散射作用相关。太阳光射入大气，遇到空气分子和悬浮微粒，就会发生散射。空气分子和微粒由于散射形成了一个个散射光源，太阳光谱中的波长较短的紫、蓝等色的光容易散射出来，故而晴朗的天空总是蔚蓝色的，而在地平线上空波长较长的黄、橙、红光占据主体地位。经空气分子、尘埃、水汽等散射后，天空就呈现出绚丽的色彩。

霞景除却美丽之外还预示着未来天气的变化。日出前后出现朝霞，表明空气中水汽含量增加，西方已经有云层侵入，有天气将要转雨的征兆。若出现金黄色的晚霞，表示西边地区天气已经转晴或云层已开，预示本地雨云即将东移，天气就要转晴。

霞光常与山地及云雾相伴，十分美丽。霞景的主要形式有晚霞、朝霞、彩云、霞雾等。当彩霞与周边景物交相辉映时，常会构成壮美的画卷。霞景五彩迸发，瞬息万变，对游人有极大的吸引力。我国著名的霞景有浙江东钱湖十景的"霞屿锁岚"、泰山岱顶的"晚霞夕照"、贵州毕节八景中的"东壁朝霞"、江西彭泽八景中的"观客流霞"以及天子山四奇中的"霞日"。

九、日食、月食

所谓"食"，就是指一个天体被另一个天体的阴影部分或全部遮掩的天文现象。月亮作为地球的卫星围绕地球不停地旋转，而地球作为太阳系中的一颗行星，连同月亮一起围绕太阳旋转。当三个天体处于一条直线上时会出现两种情况：当地球运行到太阳和月亮之间时，地球遮住了太阳射向月亮上的光，地球的阴影投射到月亮上，我们称其为"月食"，月食分为月全食和月偏食；当月亮运行到太阳和地球之间时，从地球上观测，太阳会被月亮遮住，我们称其为"日食"，日食分为日全食、日偏食和日环食三种。这种天文现象对广大旅游者有着极大的吸引力。

日食有多种观测方法，用肉眼直接观测是很危险的。人眼睛的晶状体像凸透镜一样把光线聚焦在视网膜上。当直接用肉眼观测日食时，阳光会在视网膜聚焦，进而烧伤视网膜，损伤视力，严重者可导致失明。总有些人在日食的时候因直接用肉眼观测而造成视网膜受损。在偏食阶段，可以通过望远镜投影的方法观看。通过小孔成像、在脸盆里放稀释的墨水的方法也可观看。最常见的方法是通过磁盘盘芯、熏黑的玻璃、照相底片或焊工的防护玻璃观看。当日全食发生时,是可以用肉眼直接观看的。这时太阳光已降到满月的亮度,月球完全挡住了太阳的光辉,唯一可见的是太阳的日冕,一层漂亮的太阳大气层。

与必须到全食带中观看日全食不同,只要是处于面对月球的那一半地球的人都可以看到月全食。月食发生时,地球的阴影逐渐将月面蚕食掉,使夜空变暗。由于地球大气层的散射作用,太阳光仍可照射到月球上,所以月全食发生时的月亮不是全黑而是呈现出特殊的古铜色。即便只有一个小望远镜,看到的月面也很漂亮。

十、流星雨

在某些时间,可以看到一定数量的流星的反向延长线都经过一个很小的天区,即在短时间内有大量的来自某一流星群的流星体进入大气后产生较多数量的流星,即流星雨。

太阳系内除太阳、金星、木星、水星、火星、土星、地球等八大行星及其卫星、彗星外,在浩瀚的星际空间还存在着大量微小的固体块和尘埃微粒,它们同样围绕太阳运动,我们统称为"流星体"。流星体的质量一般不到一百吨,大多数流星体只是固体颗粒。有些成群的流星体沿着相似轨道绕太阳公转,组成"流星群"。当流星体在运行中经过地球附近时,受地球引力的影响,就会高速闯入地球大气层,跟大气层摩擦燃烧发光。晴朗的夜晚,突然一道光芒划破夜空,这就是几乎人人都见过的流星现象。通常情况下,一夜内肉眼可见的流星大约在10颗左右,它们随机地出现于各个天区和方位,我们称为偶发流星;而流星群的出现则有十分明显的规律性,在同样的天区范围,有着固定的日期。流星群与地球相遇坠入地球时,与大气摩擦发光发热,则形成颇为壮丽的流星雨。

据科学研究,流星雨的根本形成原因是彗星的破碎。彗星主要由尘埃和冰组成,当彗星靠近太阳时冰被气化,使尘埃颗粒喷出母体进入彗星轨道。大颗粒仍得以保留形成尘埃彗头;小颗粒被太阳辐射吹散,形成彗尾。由于微粒公转周期的不同,在彗星回归时,大颗粒超前于母体,小颗粒滞后于母体。当地球穿过彗尾轨道时,就有机会看到流星雨。一般来说,学术界普遍认为有七大流星雨,它们是英仙座流星雨、狮子座流星雨、双子座流星雨、金牛座流星雨、猎户座流星雨、天龙座流星雨、天琴座流星雨。

十一、陨石、陨冰

陨石是地外的宇宙流星脱离原有运行轨道散落到地球上的未燃尽的石质、铁质或是石铁混合的物质,也称"陨星"。它是人类认识宇宙中各星体稀有珍贵的实物标本,极具科研价值和收藏价值。降至我国吉林的陨石,其重量、数量、标本收集之丰富居世界首位,属当今世界之最。吉林陨石雨降落时铺天盖地,落地的巨响和震波毁坏了无数居民的玻璃窗。场面之宏大,威力之巨猛,如同原子弹一般,然而竟无一人一畜伤亡,可谓神奇。它为当代科学界带来大量宇宙信息的同时,也为北国江城吉林市的旅游业增添了奇幻的奇彩,成为关东大地观光旅游的一道独特景观。

陨冰是彗核表面溅射出的一些碎冰块。彗星的彗核是以水冰为主的物质,同时夹杂着一些尘埃,当彗星运行时,受流星体撞击,会从彗核的表面溅射出一些碎冰块,当其与地球相遇,偶尔穿过大气层到达地球表面,便是陨冰。陨冰与陨石都曾经游荡太空,绕太阳转动,由于各种原因误入地球,被迫改变轨道落向地面。陨冰比陨石更为罕见、珍贵,是千年一遇的天象景观。

第四节 天象景观审美

天象景观是一地常年天气综合特征的组合,它可以衬景,与其他自然现象组合,形成不同的旅游环境和自然景观;也可以直接造景、育景,如海洋和荒漠的蜃楼幻景、山地云雾瞬变景观、北方冰雪景观、南方热带景观、阴雨干湿变化、避暑避寒佳境等。此外,气候的变化对于水文、地貌和动植物以及各种人文、自然景观的变化也有直接的影响。天象景观是一项普通而又极具特色的自然资源,是人类重要的审美对象。

一、变化美

大气中的物理现象和过程是变幻无穷的。天文和气象、气候等自然现象之间有着异常密切的联系,日落、日出、星光、月色等天文现象,本有着稳定的天体运行规律,但由于受到气象、气候的影响,变得变幻莫测、难以捕捉,因而令人神往。

气象中阴晴、风云等变化,同样变幻莫测。之前还是万里晴空,转瞬间就乌云密布、大雨倾盆；天空的彩霞，因云层的不断运动而发生变化，这些变化常常影响着景物的色彩和明快度，给游人以多变的美感；特别是那些瞬间显现或消逝的气象胜景，如蜃景、佛光、日出、日落以及奇特的"日月并升"等，都是转瞬即逝的天象景观，游人只有把握最佳观赏时机，才能有幸观赏盛景。

日、月、星辰距离遥远，"可望不可即"，也使得天象之美神秘莫测。在科学相对落后的古代，由于"天人感应"等观念的影响，人们常常把天象与凶吉、上天示警等联系在一起。随着人们对自然规律认识的逐渐深入，人们逐渐走近它们、观赏它们、研究它们，逐步认识到这些天象景观的审美和科研价值，这些景观不仅可以使人得到审美享受，更能激发人们的好奇心和求知欲。

二、配景美

天象景观与其他景观的一个显著差异，就在于许多天象景观要与其他旅游资源相配合，借助其他景观相互映衬才能得以形成。例如，海上日出、高山云海、名山佛光、沙漠蜃景等。天象景观的形成要借助其他旅游资源作为支撑点和组成要素，必须要和山、水、植物等景观相融合才能显示出其朦胧和缥缈，否则难成美景。例如，蓝天白云要与山峦配合、日出或日落要与海面辉映；配景和借景的差异使得相同的气象景观产生截然不同的审美韵味。

第五节 典型景观赏析——大气之美

我们生活的这个自然界中，既存在着动物、植物、微生物这样的生命体，同时也存在着气象、气候等非生命物质，它们共同构成了人类赖以生存的环境。风儿轻轻，云儿飘飘，我们头顶上的天空上演着它们的一幕幕轻舞飞扬。

一、无时不在的保护衣：大气层

从宇宙里观察我们的地球，除蓝色星球的感受外，最直观的当属地球外厚厚包裹着的大气层了。地球的大气层是地球生态系统的主要支撑，在地球引力作用下，大量气体聚集在地球周围，形成数千千米的大气层。大气层保护地球免受地球以外的光线的伤害，与太阳一起孕育了地球上的各种生命。

大气层为我们提供了赖以生存的氧气，身体通过呼吸就可以获得所需的氧气。

对地上生物来说,大气层的氧气量是最适中的。如果氧气的成分骤降,我们就会昏昏欲睡,最后甚至失去知觉;如果氧气的成分激增,即使森林的嫩枝和青草是湿润的,也会变得高度易燃。氮不单是氧的理想稀释剂,对于维持生命,氮也担任相当重要的角色。二氧化碳也是我们不可或缺的养分,如果缺少了它,植物的光合作用就会停止。除此以外,还有对我们非常重要的大气压,大气压力防止我们的体液蒸发,假如没有大气压力,我们就不能生存。简单地说,一旦失去大气压对我们的保护,我们的血液就会沸腾,血管和器官都会破裂,最后的下场可想而知。这就是宇航员为什么会在距离大气层越来越远的地方更倚重宇航服,太空中没有了大气层,不仅仅是没有了空气,更可怕的是没有了大气压的保护。

大气层就像一个完美的保护罩,保护着我们的呼吸、气压、热量、辐射等等,为我们提供了生存的养分和必要的保护。大气各层的颜色也令人惊叹,最低的一层是"鲜蓝带白"的对流层,接着是深蓝色的平流层,颜色逐渐加深,最后是漆黑的外太空。大气层的存在使我们能够欣赏万里碧空、茫茫白云、清新雨露以及绚烂的朝日晚霞。

二、大自然的馈赠:云之美

如果大气层是母亲,那么各种气象真可谓是大气层淘气的孩子们了,云这些自然现象,就是大气层在各种条件下孕育出来的。

"千形万象竟还空,映水藏山片复重。无限旱苗枯欲尽,悠悠闲处作奇峰。"古人对于云的描写常常令我们有身临其境之感。因为云反射和散射所有波段的电磁波,所以云的颜色不同,云层比较薄时成白色,但是当它们变得太厚或浓密而使得阳光不能通过的话,它们看起来是灰色或黑色的。

我们仰望天空,看到蔚蓝色天空满是朵朵白云,每一朵云都像是在跳舞,样子十分飘逸,也很潇洒。云彩舒展开来,仿佛在演绎着不同的故事。

三、爱与被爱:人与大气的和谐生活

自然生态系统和人类都离不开干净的空气,离不开适宜生存和发展的气候与气象条件。人类从远古走到现代,与大自然虽然存在斗争、征服的一面,但更多的是寻找与自然的和谐共存之道。人类社会不管发展到了什么程度,都脱离不了对自然的依赖,更离不开我们赖以生存的大气环境。

如果我们一味追求舒适的生活,而没有想着爱护自然、保护大气的话,我们的地球、我们的自然、我们的大气环境就没有明天。如果我们现在不在心里种下与大气和谐相处的种子,也许明天当我们的子孙们仰望天空的时候,将只留下愤恨和遗憾。所以,请和我们挽起手来,怀着对大气的感恩之心,去爱护自然,保护环境,亲近生命,为人与自然的和谐相处营造美好的氛围。

本章习题:

一、选择题

1. 下面属于气象景观特点的是(   )。

   A. 时限性　　　B. 瞬时性　　　C. 地域性　　　D. 背景性

2. "水光潋滟晴方好,山色空蒙雨亦奇"描述的是(   )。

   A. 云雾景观　　B. 冰雪景观　　C. 烟雨景观　　D. 蜃景景观

3. 在冬季,北国呈现出"千里冰封,万里雪飘"的景色,而南国则"瓜果飘香,繁花似锦",描述的是气象景观的(   )特点。

   A. 时限性　　　B. 瞬时性　　　C. 地域性　　　D. 背景性

4. "日出江花红胜火,春来江水绿如蓝",描述的是气象景观的(   )特点。

   A. 时限性　　　B. 瞬时性　　　C. 地域性　　　D. 背景性

二、实践题

据有关媒体报道,位于印度洋中的南亚岛国马尔代夫,其1 200个岛屿的平均海拔只有1.5 m。一批科学家发布的最新报告表明,如果目前全球变暖的趋势得不到遏制,那么马尔代夫和其他一些地势低洼的国家可能会在21世纪消失。近年来,海拔5 896 m的非洲第一高峰——乞力马扎罗山山顶积雪融化、冰川消失现象非常严重,在过去的80年内冰川已经萎缩了80%以上。有环境专家指出,乞力马扎罗雪顶可能将在10年内彻底融化消失,届时乞力马扎罗山独有的"赤道雪山"奇观将与人类告别。

(1)请结合本章所学知识思考气候与旅游的关系和发展趋势。

(2)探讨如何从自我做起,保护我们赖以生存的环境。

第六章 人文景观的审美要领

本章提要

人文景观是指人类依据自身的因素,开发、创造、建设能给人以教育、愉悦、兴趣和享受,具有浓厚文化特征并以此为吸引力的环境和景物,是一种比较集中地体现艺术美、社会美和生活美的观赏对象。本章分为五节,第一节概述人文景观的审美价值,第二节、第三节、第四节、第五节分别介绍人文景观较为突出的四个审美要素:人文景观的工艺美、人文景观的文化意蕴美、人文景观的民族风情美、人文景观的意境美。

人文景观是人类创造美的活动的产物。它以千姿百态的造型,五彩缤纷的色调,神奇奥妙的物象,显示着人类的智慧、才华和人类活动的大千世界,能给旅游审美主体以无限丰富的美感。从宏观上看,人文景观的审美价值比较突出地凝结和表现在激发了旅游者的历史之感、艺术之美、生活之乐、哲学之思四个方面。从微观层面看,人文景观的审美要素包括了工艺美、文化意蕴美、民族风情美和意境美四个方面。

第一节 人文景观的审美价值

一、人文景观中的历史之感

人文景观是指人类依据自身的因素,开发、创造、建设能给人以教育、愉悦、兴趣和享受,具有浓厚文化特征并以此为吸引力的环境和景物,是一种比较集中地体现艺术美、社会美和生活美的观赏对象。人文景观中体现了厚重的历史之感,具有独特的历史价值美。人文景观是一本活化的历史教科书,是不同历史时期劳动人民智慧和创造力的体现,体现了历史时期劳动人民的智慧、力量和情感。它显现着中华民族历史的厚重之感,激发着旅游者的民族自豪感和文化自信心,强化旅游者的爱国主义精神,体现了中华民族对真善美的追求。

旅游人文景观展示出了人文景观历史的遗迹,其文化特征的积累体现在文化历史的进程中,有其独特的形式和内容,无论从哪个方面看,都有其历史价值。通过物质文明和精神文明的隧道,启示着现在和未来。人们去参观人文景观,是为了体会一段历史,会产生评价和审美行为。

历史是一种永恒。它是时间的音符和空间的塑形凝结而成的,或虚灵飞动或厚重质实的篇章。没有历史,就没有文化,更没有人文。在所有的音符中,人文景观属于乐音,是和谐的体现。在所有的塑形中,人文景观最富有吸引力,是特色文化的立体展现。相当多的旅游人文景观是历史遗存下来的,每一个人文景观都有它在历史过程中通过文化积累形成的环境特色,都有自己独特的形式和内容,无论从哪方面来说,都具有相应历史价值。历史价值,说到底是一种时空观念的反映,它标志着穿越时间隧道所遗存下来的物质文明和精神文明的轨迹,它展现的是过去,启悟的是现在和将来。当我们在旅游中观瞻某种人文景观时,无不应和着历史的步履和节拍,体量出历史的体温和脉搏,会因其历史价值的存在而产生诸多的联想、评价和审美行为。比如泰山,人们并不在意它是一座自然形态的大山而产生向往之情,而是因其具有独特的历史文化环境和丰富的人文精神才产生仰慕之心。登临长城,骋目远望,群山绵延,长城则如巨龙起舞,气势磅礴,我们所感受到的已不是一条用土筑成的高高的城墙空间存在,而是一统天下的秦始皇的英姿豪气,御敌于国门之外的智慧才华,乃至于与此相关的一页页史册,一幅幅画面,一幕幕活剧。长城即成为历史的凝聚、历史的见证、历史的教材。走进紫禁城,穿越太和门,观赏过去皇帝坐朝的宫殿、出入的院落、游玩的花苑以及各种各样的珍奇古玩,它的意义已绝非仅仅是赏心悦目,而在于它所告诉我们的悠远而沉重的历史蕴含,启悟我们的认知和对未来的决定。站在卦台山、大地湾,我们面对的已不是漠漠黄土,而是经考古工作者辛苦工作后展示给人们的雄壮历史画册,我们仿佛又看到了伏羲画卦的神态和上古先民的聚会。历史文化的凝重感,人类发展的悲壮性,是这一人文景观给予我们的精神大餐。这种历史价值已远远超过了人文景观自身的外在结构与布局,给人们的美感应该是"深蕴其中"了。所以,把握历史价值,就是对美的体悟。

每一个人文景观都有它在历史过程中通过文化积累形成的环境特色、独特形式、深刻内涵。历史是永恒的,它塑造着时间和空间的厚重。长城是中国也是世界上修建时间最长、工程量最大的一项古代防御工程。长城修筑的历史可上溯到西周时期,发生在首都镐京(今陕西西安)的著名的典故"烽火戏诸侯"就源于此。春秋战国时期列国争霸,互相防守,长城修筑进入第一个高潮,但此时修筑的长度都比较短。秦灭六国统一天下后,秦始皇连接和修缮战国长城,始有万里长城之称。明朝是最后一个大修长城的朝代,今天人们所看到的长城多是此时修筑。

秦始皇兵马俑被誉为世界第八大奇迹,其美学价值在于兵马俑的塑造。兵马俑出土的8 000多个陶俑,每一个基本上以秦朝现实的军队为基础,所有的秦俑面容中都流露出秦人独有的威严与从容,具有鲜明的个性和强烈的时代特征。兵马俑使人们形象地看到"秦王扫六合,虎视何雄哉"的气势磅礴、威武雄壮的时代精神。

北京故宫是中国明清两代的皇家宫殿,旧称为紫禁城,是中国古代宫廷建筑之精华,是世界上现存规模最大、保存最为完整的木质结构古建筑之一。走进故宫,看到的是似乎皇帝就坐在宫殿庭院君临天下、指点江山的气势。宫殿建筑造型宏伟壮丽,庭院明朗开阔,象征封建政权至高无上,太和殿坐落在紫禁城对角线的中心,最为高大、辉煌,是皇帝登基、大婚、册封、命将、出征等举行盛大仪式的地方,当时数千人"三呼万岁",数百种礼器钟鼓齐鸣,极尽皇家气派,以显示皇帝的威严,震慑天下。

泰山为"五岳之首"的东岳,山势雄伟,气势磅礴,有"五岳独尊"之称。泰山被古人视为"直通帝座"的天堂,成为百姓崇拜、帝王告祭的神山,有"泰山安,四海皆安"的说法。自秦始皇开始到清代,先后有13代帝王数次亲登泰山封禅或祭祀,另外有24代帝王遣官祭祀72次。泰山宏大的山体上留下了20余处古建筑群,2200余处碑碣石刻。道教、佛教视泰山为"仙山佛国",神化泰山,在泰山建造了大量宫观寺庙。泰山是中华民族的象征,是东方文化的缩影,是"天人合一"思想的寄托之地,是中华民族精神的家园。旅游者去浏览泰山,不仅是怀着对其自然形态的热爱,还带着对历史和文化环境等人文精神的钦佩。

这些人文景观的意义不仅是给人以赏心悦目的感觉,更是告诉我们历史的厚重之美。

同时,旅游者在观赏长城、故宫这些人文景观时,会让人们更加尊重劳动,尊重创造,尊重先祖的智慧与劳动;当人们游览岳阳楼时,会不由自主地想到北宋范仲淹"先天下之忧而忧,后天下之乐而乐"这一千古名句;当旅游者在西湖边游览岳飞墓时,便会发出"青山有幸埋忠骨,白铁无辜铸佞臣"的历史感慨,为岳飞的爱国精神而感动,从而激发出内心的爱国热情和民族情感。我国旅游人文景观资源非常丰富，旅游者在欣赏名胜古迹、美丽风光的同时，可以追古溯今，缅怀古人，认识祖国古老的文明和灿烂的文化，欣赏与领略中国人的文化精神和智慧力量，不由自主地产生美感、愉快感，从而激发旅游者的民族自豪感和自信心。

旅游人文景观营造了浓厚的历史和文化氛围，为我们带来一场盛大的精神盛宴。这种历史价值已经远远超过了人文景观本身的外部结构和布局，因此在审美中要肯定其历史价值，审视其美学内涵。

二、人文景观中的艺术之美

罗丹有一段名言："美是到处有的，对于我们的眼睛，不是缺少美，而是缺少发现。"人们观赏人文景观时，自然而然会形成一种令人赏心悦目或给人以快感的审美意味。中华大地，五千年悠久历史和灿烂的文化艺术，蕴藏着无限深厚的艺术美。书法、雕刻、绘画、建筑、民俗等艺术景观是人文景观的重要构成部分，与旅游目的地的风景融为一体，更加丰富了景观的审美内涵，深化了景观的诗情画意，体现了人文景观中的艺术之美。

（一）人文景观中的艺术境界

按照宗白华的定义，意境是"以宇宙人生的具体对象，赏玩它的色相、秩序、节奏、和谐，藉以窥见自我的最深心灵的反映"。意境或以有形表现无形，以物质表现精神；或以有限表现无限，以实境表现虚境；或小中见大，大中见小等。它们能最大限度地引发人们的共鸣和联想，使有限的具体形象和想象中的无限丰富形象结合起来，使再现真实景致与它所暗示、象征的虚境融为一体。

人文景观往往因地而异，因时而变。不同的人文景观，具有不同的独特意境。置身于紫禁皇宫，感受到的是厚重的历史册页所承载的至高权威兴衰历变的曲折过程，但这一建筑群落严格的礼制秩序又以中轴对称的排列方式、前朝后室的布局形制和墙面柱门的深红颜色显示出庄严、肃穆的气氛，足以引发人们沉重而理智的思考；目睹历代碑林，仿佛沐浴在翰墨溢香的殿堂，沉浮于中国书法艺术的时空走廊，而挥洒的疾徐、腾挪的韵致、错置的章法，分明见出各具形态的人格魅力……总之，独特意境美要重视"独特"，细心体悟"独特"的地方。

（二）中国人文景观艺术之美举要

建筑艺术之美。人文景观中的建筑景观，以其宏伟、典雅和精巧的形式形态吸引着越来越多的国内外游客。例如,苏州园林,以精妙的构思布局,运用中国古典园林的框景、障景、抑景、借景、对景、漏景、夹景、添景等造园手法,将山石、林木、水池、游廊、亭台、曲桥等组成无限丰富的景观,把园林的平面与空间造成咫尺多景、变幻无穷,令人倾倒。中国古典园林融合了园艺、建筑、文学、诗歌、书法等多种艺术类型,是一部耐人寻味的文化典籍,全方位地体现了人文景观中的建筑艺术之美。

人文景观的书法艺术之美。人文景观中书法艺术的主要体现形式有碑林、摩崖石刻、楹联、匾额、题咏等。碑林和摩崖石刻是数量浩繁的书法大观。西安碑林是我国历代名碑荟萃之地,秦代李斯的篆书《峄山碑》、汉代隶书《曹全碑》,还有东晋王羲之手书《大唐三藏圣教碑》,该碑文字是后人从其遗墨中拼集而成,人称"千金碑"。在碑林中漫步,不仅可以欣赏优美的书法艺术,还可以看到碑石上精美的图案花纹,如清代的《关帝诗竹图碑》、明代《魁星复斗图碑》、宋代的《唐兴庆宫图》。摩崖石刻为古时一些文人墨客、名僧高道"摩崖记游"时留下的石刻书法。我国不少名山如五岳、黄山、武夷山等,都有大量的摩崖石刻,可以让游人一览中国的书法大观。楹联、匾额、题咏等在旅游胜地更是浩如烟海,不胜枚举。

人文景观的雕塑艺术之美。人文景观的雕塑艺术之美体现在神佛造像。神佛造像在佛教石窟及各寺庙中大量存在,有名的如山西云冈石窟、河南龙门石窟中的神佛造像,甘肃敦煌彩塑、重庆大足石刻、甘肃麦积山泥塑观音像、山西华严寺彩塑菩萨像。四川的乐山大佛则是世界上最大的石刻佛像,身高 71 m,占了整整一幅山壁,头与山齐,脚踩大江,雍容大度,气势雄伟。中外游客来到乐山,无不前往瞻仰大佛的神韵风采。拥有上千之众的秦始皇陵兵马俑,则是威武雄壮的雕塑奇观。

人文景观中的绘画艺术之美。旅游名胜地的绘画景观,主要指各种建筑上的彩绘,以及一些艺术家旅游览胜留下的画幅等。例如,古时许多宫殿建筑、园林建筑和寺庙建筑都多用彩绘来装饰,仅颐和园长廊上的彩绘就有一万多幅,画有西湖山水、人物、花鸟等。江南一带的私家园林多借历代名家的诗词、绘画来点化园林的审美意境,吸引游人游园观景。

人文景观的民俗文化艺术之美。人文景观中的民俗文化主要指各民族各地区独具特色的民间风俗、节日庆典、饮食、服饰、民间工艺等。我国是一个多民族国家,幅员辽阔,各民族各地区在其历史形成和发展的过程中,都创造了自己的民俗文化。丰富多彩的节庆集会,如汉族的春节、藏族的沐浴节、回族的开斋节(肉孜节)、苗族的龙船节、傣族的泼水节、彝族的火把节、水族的端午节、壮族的"三月三"(歌圩)、哈尼族的"十月节"、蒙古族的那达慕大会等。绚丽多姿的民族服饰,如汉族的旗袍,藏族的藏袍,蒙古族的蒙古袍,水族的四襟衣,回族的青坎肩,鄂伦春、鄂温克族的狍皮大哈等。至于各种独具民族风情的头饰、首饰、胸饰等,更是不胜枚举。各民族各地的风味食品,如藏族的糌粑、青稞酒、酥油茶,蒙古族的手抓羊肉、奶酒、奶茶,乌孜别克族的抓饭,黎族的竹筒香饭,水族的五色糯米饭糍粑,撒拉族的焜锅馍馍,维吾尔族的烤羊肉,汉族地区各大菜系中所囊括的各种美味佳肴等,都独具民族风味和地方特色。至于各民族的风俗礼仪,如婚俗、丧俗、待客礼俗、图腾祭祀、民间歌舞、传统工艺等,就更是千姿百态、异彩纷呈,都体现了民俗人文景观的艺术美。

三、人文景观的生活之乐

人文历史景观在先民生活留下的遗迹,我们今天仍然可以从中感受到生活的气息,感受到古代人的喜怒哀乐、生活情趣、生活追求。人文景观中,最能体现生活之乐的是传统建筑民居和私家园林。亲切宜人的民居能够让旅游者感受到不同时期民众全家团圆、其乐融融的生活之乐;温婉秀丽的私家园林能够让旅游者感受到"仁者乐山,知者乐水"的士大夫生活情趣;庄重严肃的庙宇、道观,这些世外之人们生活的场所,可以激发旅游者的精神信仰。

(一)民居中的"天伦之乐"

我国最典型的民居建筑是四合院。四合院的"四"字,表示东南西北四面;"合"是围在一起的意思。也就是说,四合院是由四面的房屋或围墙圈成的。建筑布局,按着南北中轴线对称地布置房屋和院落,适合于以家族为中心的团聚生活。白天,院中花草树木,美丽怡人;夜里花香扑鼻,空气清新,家人坐在院中乘凉、休息、聊天、饮茶,全家和乐。

徽州民居青瓦白墙,建筑风格有"三雕"(木雕、石雕、砖雕),能工巧匠施尽其技,每一处花纹,每一笔雕刻,结构严谨,雕镂精湛,符合我们旅游者"诗意地栖居"的心灵追求。徽派民居以高深的天井为中心形成的内向合院,四周高墙围护,雨天落下的雨水从四面屋顶流入天井,俗称"四水归堂",反映了徽州居民"肥水不流外人田"的心态。错落有致的马头墙,不仅造型精美,在遭遇火灾时,这样的设计可以阻断火势的蔓延,安全可靠,让人获得心灵上的美感和安全感。

傣族竹楼是一种干栏式建筑,主要用竹子建造,下层高七八尺,四无遮拦,牛马栓束于柱上。上层近梯处有一露台,用竹篱隔出主人卧室并兼重要钱物存储处;其余为一大敞间。楼中央是一个火塘,日夜燃烧不熄。这种特有的民居方式体现了傣族借助周围自然地理环境条件,因地制宜,从事生产生活的独特方式,体现了民族文化的美。

陕北及周边地区的窑洞建筑,也是西北地区分布最广的一种建筑风格。居住在窑洞里,旅游者可以体验到窑洞的冬暖夏凉。在这片古老而神奇、深沉而雄健的黄土地上,窑洞用她那宽广的胸怀、真挚的情感,哺育了一代又一代豪爽、质朴的陕北人。

气势恢宏的乔家大院,百多间房屋错落有致,斗拱飞檐,彩饰金装,砖瓦磨合,城楼细做,六个大院三晋派建筑在很大程度上反映了晋商的品格:稳重、大气、严谨、深沉;它所蕴含的文化与精神是一笔无与伦比的财富。

历经五百多年传承而来的福建土楼,将生土夯筑技术发挥到极致,单体建筑规模宏大精细,地堡式建筑风格沿用至今坚固无比,既可防火防震,亦可御敌入侵。它源于古代中原生土版筑建筑工艺技术,宋元时期即已出现,明清时期趋于鼎盛,延续至今。楼内生产、生活、防卫设施齐全,是中国传统民居建筑的独特类型,体现着福建客家民众的生活方式和精神世界。

(二)园林中构筑的生活情趣

河北承德避暑山庄以朴素淡雅的山村野趣为格调,取自然山水之本色,吸收江南塞北之风光,成为中国现存占地最大的古代帝王宫苑。避暑山庄分宫殿区、湖泊区、平原区、山峦区四大部分,整个山庄东南多水,西北多山,是中国自然地貌的缩影,是中国园林史上一座辉煌的里程碑,是中国古典园林艺术的杰作,是中国古典园林之最高范例,在体现帝王"君临天下"威势的同时,展现了帝王在山水园林之间的雅致情趣和生活之乐。

苏州的拙政园是苏州现存最大的古典园林,全园以水为中心,山水萦绕,厅榭精美,花园分为东、中、西三部分,东花园开阔疏朗,中花园是全园精华所在,西花园建筑精美,各具特色。园南为住宅区,体现了典型的江南地区传统民居多进的格局。园南还建有苏州园林博物馆,是国内唯一的园林专题博物馆。花木繁茂,具有浓郁的江南地方水乡特色。苏州留园为中国大型古典私家园林,以园内建筑布置精巧、奇石众多而知名;其建筑空间处理精湛,造园家运用各种艺术手法,构成了有节奏、有韵律的园林空间体系,成为世界闻名的建筑空间艺术处理的范例。现园分四部分,东部以建筑为主,中部为山水花园,西部是土石相间的大假山,北部则是田园风光。园内厅堂宽敞华丽,庭院富有变化,太湖石以冠云峰为最,能带来"不出城郭而获山林之趣"的体验。苏州狮子林因园内"林有竹万,竹下多怪石,状如狻猊(狮子)者",又因天如禅师惟则得法于浙江天目山狮子岩,普应国师中峰为纪念佛徒衣钵、师承关系,取佛经中狮子座之意,故名"狮子林"。由于林园几经兴衰变化,寺、园、宅分而又合,传统造园手法与佛教思想相互融合,使其成为融禅宗之理、园林之乐于一体的寺庙园林。扬州的个园为清代扬州盐商宅邸私家园林,以遍植青竹而名,以春夏秋冬四季假山而胜。个园以叠石艺术著名,笋石、湖石、黄石、宜石叠成的春夏秋冬四季假山,融造园法则与山水画理于一体。在私家园林中,一山一石,一水一木,一花一草,都体现了儒家"仁者乐山,知者乐水"的文人士大夫的生活情趣和人生理想。

人文景观中,不管是民居、园林还是皇家建筑或者宗教建筑,都凝结着古建筑文化的精粹,展现着中国人特有的天伦之乐和生活情趣,同时蕴含着人们的信仰和理想追求,希望旅游者能够在游览的过程中享受美、感悟美,"自得其乐"。

四、人文景观的哲学之思

中国哲学思想高远恢宏,其精义是对在天地之间活动的人类言行提供一个根本方向性的指导,并最终达到天人合一的境界,不同历史时期的各式各样、形态各异的历史遗迹,具体而微地展现了中国古代深邃的哲学思想。我们以古建筑为例来加以说明。

(一)古建筑中的儒释道思想

儒家思想对中国建筑价值观产生巨大影响,它左右着中国古代建筑的营造技术(形)和建筑营造制度(制)。儒家思想讲究天人合一,追求仁、义、礼、智、信、中庸与和谐,讲究等级秩序。儒家思想对古建筑的影响,突出体现在建筑类型、选址、规划、设计和布局上。

天人合一是儒学的最基本思想,中国古建筑充分体现了"天人合一"的宇宙观。中国古建筑和自然环境是相融合的,借助自然环境,以构成视野广阔、富有生气的画面。中国古建筑这种崇尚自然的趋向,在古典园林建筑中表现得淋漓尽致。中国园林的气质与中国绘画极为相似,虽寄情思于山水,而超乎山水本身之外。无论是曲折的池岸、弯曲的小径、自由多变的假山,还是点缀其间的亭、台、楼、榭都并非大自然的单纯模仿，其中妙想连篇、天机灵运、随时而迁，融进了人的再创造，所构成的是一幅幅流动的充满诗情画意的天然图画。儒学的天人合一思想，反映到建筑领域，即表现为把都城（长安、洛阳等）选址在山环水抱的平原上，在平坦的院子四周建造房屋。

孔子把中庸思想看作天下之正道、宇宙的本来面目。受儒家的哲学思想的影响，中国传统建筑群体布局方式多采用中轴对称的形式，如明清故宫、北京四合院等，中国传统建筑群体是通过院落来联系各功能不同的单体建筑来完成的，各活动单元既相对独立，又依其性而得其所。这与维持中国古代社会稳定的礼教制度相吻合，更为强调"尊者居中"等儒家之"礼"制，建筑群体采用了中轴对称的均齐布置。无论古代的城市规划还是四合院，都是严格的中轴对称。中轴对称的建筑布局最能反映的是儒学中的"礼"的思想。中国建筑文化尤其强调王权重威，讲究礼治秩序，中国建筑个体或群体的设计大都依《周礼》而来。儒学主张中正有序，故有建筑平面布置的方整对称，昭穆有序，从而形成都城、宫城及建筑群体严格的中轴对称布局形制。

和谐是古代思想的重要内容，反映到建筑中，就是建筑之间的和谐统一。中国古代建筑绝大多数是四合院，四合院内部的建筑，都平实有序，虽然少了错落有致，但和谐统一。

讲究等级秩序是古代建筑的重要标准。儒学提倡礼制，由此产生了建筑上的多种类型及其形制，如殿堂、宗庙、坛、陵墓等。儒学主张君权至上，故建有以宫室为中心的都城宫殿，用来体现君权至高无上。儒学主张尊卑有序、上下有别，注重用建筑来体现尊卑礼序，举凡建筑的开间、形制、色彩、脊饰，都有严格的规定，主次分明，不得违制僭越。等级秩序首先体现在规划上的中轴对称上，每个城市的中轴就是最高权力当局的建筑物，体现了最高当局的核心作用和地位。另外，不同建筑物颜色不同、大门的数量不同，三朝五门、前宫后寝等，很多方面都是等级秩序的体现。中国最典型的住宅型制是四合院，院中中轴线上设堂屋，是院中规格最尊贵的建筑，是供奉"天地君亲师"牌位和举行家中重要礼仪的地方。然后依次是长辈、晚辈住房。可见，住宅与宫殿的布局原则是一致的。这种伦理观念绵延几千年，贯穿于一切建筑的形制中。

此外，释道两家对中国建筑也有深刻影响。比如，深受道家思想影响的中国园林是构成中国传统建筑形态的重要方面。园林文化崇尚的自然美与道家的顺其自然、崇尚自由的文化性格相属。道家"无为"哲学的丰富内涵是中国园林文化的生命之魂。道家尚自然，自然以曲致为上，所以中国园林的平面布局为自然山水式，体现的是一种反璞之美。儒家思想落实在严禁规整的合院式建筑的布局里，老庄强调的生命则弥漫在园林中。

（二）古建筑中的"便生"精神和理性思维

中国的哲学思想注重人生（现实），强调"实用理性精神"。中国古建筑修建过程中善择基址、因地制宜、整治环境甚至讲求风水等，都是为了妥善处理建筑与环境、人之间的关系与矛盾，使建筑更适合人们居住和活动。中华民族自古以来就是一个尚俭的民族，这种价值观体现在建筑艺术上，便是一种很现实的实用观点，即"适形"与"便生"。中国古建筑的适形而止，是以"度"为基础的，"度"即是建筑物的尺度、造型、体景以及施工过程中的重要参数。《考工记》中就对"度"有所规范："室中度以几，堂上度以轨，宫中度以寻……"这种"实用理性精神"决定了中国古建筑的审美尺度是人性的尺度，是以人为本。中国古建筑把与生活联系最紧密的住宅审美功能作为最基本的尺度，在此基础上确立了不同建筑的"度"，从建筑到城市，都在统一中求变化，而这种统一与变化，都是以人性的尺度去创造、认识、欣赏的。

"便生"，就其意义来讲，一是指便于现世的人，二是指便于生活。这种思想，也是中国哲学思想中重要的现实人生的写照。从皇帝的寝宫到署衙的后宅，从寺庙的方丈院到村野的农舍……虽等级千差万别，但其"便生"的思想，有许多相同之处，都是从生活的方便、生活环境的良好出发，创造出便于人们生存、生活的空间。

中国古建筑的木结构语言，就是实用与"便生"理性精神的很好的例证。木结构给人带来一种生气，一种生命的力量。木结构又有就地取材、适应性强、抗震功能较强、施工速度快、便于修缮搬迁的优势，可以持续利用。

此外，无论是策划建筑布局，整治居住环境，还是善择基址等，都把与现实中人的生命意识联系最紧密的因素作为最基本的尺度，贯穿着实用和"便生"的人性化精神，注重人的生存、生活感受，注重实用，把对生命的期许寄托在建筑上，这就是中国古建筑的生命观，深邃的哲学思想融化在其中。

（三）中国古建筑的无神论倾向

中国古建筑却是始终以君权为核心，神权相对君权来说，始终处于次等的地位。中国的宗教建筑虽也宏伟壮丽,但与代表君权的宫殿建筑相比,它始终处于从属的地位。无论在型制的规定上,还是在布局上,都只是皇权建筑的陪衬。佛教说"色即是空""诸行无常",寺庙建筑的形象主张在个人的内心中去寻找平和、宁静与解脱。儒学思想使中国人形成和平、宁静、含蓄和内向的民族性格,这种性格贯穿于整个中华文化之中,建筑艺术也反映了这种冷静、和平的气质。德国诗人歌德曾说:"在那里的建筑,一切比我们这里更明朗,更纯洁,也更合乎道德,没有强烈的情欲和飞腾动荡的诗兴。中国古建筑没有高不可攀的尺度,没有逻辑不清的结构,没有节奏模糊的序列,没有不可理解的造型,也没有莫名其妙的装饰。"其建筑艺术风格也没有像西方那样注重表现人们心中的宗教狂热,没有神秘感。

第二节　人文景观的工艺美

从技术美学的角度分析,人文景观的工艺美显然是应用了一系列形式美法则或形式美规律的产物。其中应用最为普遍的基本原理包括以下八个方面。

一、反复与整齐

反复与整齐要求事物形式中相同或相似部分有规律地重复出现,组成整体结构上的整齐划一形态,给人以秩序感、条理感与节奏感,同时还会营造一种特定的气氛,给人以稳定感和庄重感等。比如,中式大屋顶建筑中形式一律的窗户与斗拱、佛塔上层递的拱门与叠檐、桥体中连串的小拱或桥孔等。

反复与整齐终究是最简单的形式美法则,如果缺失有规律的变化,就容易给人一种刻板、单调和呆滞的视觉感受。因此,需要与既有变化又有秩序的参差法结合运用,或在整齐划一中表现部分的参差变化或在参差错落中表现部分的整齐划一。

北京天坛的祈年殿(图6-1),覆盖着3层重檐,以第一层檐次第向上,层层缩小,殿的整体呈放射形。殿顶采用传统的攒尖式。这座圆形大殿由28根巨大的木柱支撑,内层4根巨柱代表春夏秋冬,中层12根柱子象征着12个月,外层12根柱子表示12个时辰。祈年殿是我国独特的木结构框架式的典型建筑。

图 6-1　北京天坛祈年殿

二、对称与均衡

对称要求物体或图形相对两边的各个部分在大小形状及其排列上对应相当，也是指以一条线为中轴，事物的上下、左右两部分为均等的排列方式。世界上各种文化艺术千姿万态，但凡是采用对称形式的建筑都是要给人一种稳定感、秩序感、庄严感、神圣感。西方古代绘画，凡要表现庄严、神圣、秩序、和谐的也都采取对称构图，如达·芬奇的《最后的晚餐》、拉斐尔的《圣母像》等。对称法在中国古建筑的布局和结构上应用得十分广泛。沿北京故宫中轴线南北穿行游览，门洞、路基、台阶、大殿的立柱、左右的开间、脊顶的装饰、两边的房屋等在一系列组合上均遵守对称的规律，给人以法度严密、体态沉稳之感。甚至连大门前的两尊石狮也因追求对称效果而将母狮变形，与雄狮同一造型，只能靠各自爪下的小狮和石球加以辨别。北京的四合院(图 6-2)更体现出一种稳重、齐整的特征，给人一种中庸、对称的审美感受。

均衡是指事物左右、上下、前后的排列上等量而不等式的排列方式。均衡是对称的某种变形。其主要差异在于均衡要求物体或图形左右上下在形、量、力甚至色彩等方面大体接近，但不要求形体的一致或相等。中国园林是均衡的典型，园中的亭、台、楼、阁、廊、榭，建筑形式显隐有致；园中之水，曲折往还，有不尽之感；园林小径也错落有致，曲径通幽。

图6-2 北京四合院

三、调和与对比

调和指将两个相接近的东西并列在一起。相反,对比是为了追求一种比较或对照的明显反差效果,而将两个极不相同的东西并列在一起。在绘画艺术中,色彩的调和与对比是通过色彩的中和、冷暖、纯度、浓淡等因素与技法来实现的。

一般来说,调和给人一种融洽、平和、安定与自然之感,而对比则给人一种鲜明、醒目、活泼或华艳之感。例如,天坛的祈年殿,在圆形的回音壁中看到圆形的大小基座、叠檐与上接蓝天的皇穹宇,这种在形体上由曲线所构成的调和现象具有浑然一体和融洽适宜的特点;而汉白护栏、镏金宝顶、蓝色琉璃瓦与火红的立柱等因彼此色彩对比强烈,在外观上具有显赫、宏丽、跃动和超拔的意趣。

四、比例与尺度

比例是指同一事物的局部与整体,以及局部与局部之间的数量关系。任何具有形式美的事物或设计,如建筑、雕刻、绘画、书法乃至手表、纽扣等日用品,都有潜在于它本身之中的比例。

古希腊人最早发现所谓"黄金分割率"就是边线被分割的比例,是最具有代表性的比例美范式。

如果某物的长与宽是按照这个比例关系构成的,那么它就比其他比例关系构成的长方形要美。例如,齐白石的《樱桃》构图中的主体形象恰好在黄金分割线的交叉点上;任伯年的《杨柳八哥》,八哥与下垂的柳枝位于黄金分割线上,其笔墨意趣的表现中心也恰好在黄金分割线的交叉点上。最匀称的身材其上下之比以人体的肚脐为界,应为 0.618∶1,合乎这一标准的为匀称体形。

五、节奏与韵律

节奏指有秩序、有规律的连续变化和运动。乐曲中音调的强弱长短交替出现,绘画中线条的动静回还、疏密相间,建筑结构的有序组合、层叠排列,都构成不同的节奏。

韵律一般指在节奏基础上内容和形式在更深层次上有规律的变化统一。在这方面,故宫的太和门可谓典型。其内容丰富而生动的韵律沿垂直和水平方向巧妙展开,逐渐变化,令观赏者的心律和视线平和地跃动起伏,回环往复,使原本静止的空间形象活转过来,像一首"凝固了的音乐"。

六、多样与统一

多样意指不同事物个性间的千差万别,统一代表多种事物共性的有机结合。通常外在的人文景观内容如果仅有多样性而缺乏统一性,容易造成杂乱无序的印象;如果仅有统一性而缺乏多样性,则又会导致单调死板之感。唯有两者有机结合,才能和谐有致,给人以美感。从古希腊毕达哥拉斯学派至今,和谐一直被视为美的极致,而和谐在一般意义上就是多样的统一或不协调因素的协调结果。

素有"水中碧玉环中过,人从苍龙背上行"之称的赵州桥,横跨河北赵县洨河之上,桥体大拱似弓,桥面坦直,大拱两肩又各驮两小拱。整个桥身结构精巧,体态匀称。在系列组合、空间安排、比例尺度和风格式样诸多方面均体现了反复与整齐、对称与均衡、节奏与韵律、多样与统一的形式美,构成了巨大空灵、稳固坚实、寓秀逸于雄伟之中的形态美。

七、实景与虚景

实景通常是指相对独立与实存的景物与形象,如园林中的水石、亭台、楼阁、植被,绘画中的着墨之处等;虚景通常是指相对依附和假借的景物与形象,如园林中的借来之景,这就仿佛是绘画中的空白之处等。

就园林而论,西方园林讲究理性法度,喜好几何图形之美与布局开阔的空间。

而中国园林注重诗情画意，追求曲径通幽的意境与宛自天开的格调。因此，虚实相生的造园技术得到广泛的运用。

八、天人协调

许多人文景观与自然景观是彼此协调、相互融合的。在通常情况下，人们以特定的自然环境为背景，遵循多样统一等美学原理，选择布局和谐的景点位置，并借助亭台楼阁等建筑形式，因地制宜地创造出景中之景，以协调和强化整体景观的审美效应。我国传统风景区在建筑与环境关系的艺术处理上具有浓郁的民族特色。对于以"雄、险、旷"为特征的自然景观，建筑物常以"露"居多；对于以"秀、幽、奥"为特征的自然景观，则以"涵"为主，取"露"的手法，也往往以"露"引"涵"为常见。例如，露山门以引内涵之大殿，亮牌楼、石兽、石人引山麓密林深处的皇陵。

第三节　人文景观的文化意蕴美

人文景观作为历史文化和现实文化的载体，必然具有独特的意蕴。

一、人文景观是社会历史生活的反映

一定的人文景观总是在一定的社会历史环境下产生的，它和当时的社会有密切的联系。

例如，已经成为旅游名胜的北京房山区周口店北京猿人遗址，虽然呈现粗陋的原始形态，但它是世界上罕见的文化遗址，保存着极其丰富的原始人类居住的洞穴。那里有10万件石器材料和深厚的灰烬遗迹，内有烧石、烧骨等，是北京猿人群居和保存火种的地方，充分反映了旧石器时代早期人类生活状况。他们用木棒、石器捕食鸟兽，采集植物的根茎果实为食物，能够制造石器和使用火，成为人类跨入文明世界的一个重要起点。

二、人文景观是历史的承载

人文景观有很多是历史的产物，像古建筑、古城墙、古桥梁等都有自身的历史，有的甚至有相当悠久的历史。人们从这些人文景观中回溯历史，凭吊怀古，得到充满历史气息的审美感受。

当人们在游览某种人文景观时,就会因其历史价值的存在而产生诸多的联想、评价、审美行为。

北京圆明园(图6-3)中一组西洋楼的废墟,就是1860年英法联军火烧圆明园的历史见证。号称"万园之园"的圆明园曾是世界园林建筑的奇珍,建筑风格中西融为一体。1860年被英法联军洗劫和焚烧,只剩下西洋楼皇帝宝座的台基和石雕屏风,以及两侧巴洛克石门。这一道破墙残壁,与帝国主义侵略我国的历史事实紧密联系在一起,不仅供人凭吊,而且警示着后人。

图6-3 北京圆明园

骊山的华清池,与唐玄宗和杨贵妃的酣歌醉酒、纵情享乐联系在一起,又与西安事变联系在一起;遵义会议的会址与中国共产党在逆境中的转折联系在一起,都已经成为凝固的历史。

人文景观不仅反映着历史,更反映了历史活动中的人。山东曲阜的孔庙、孔府和孔林就建在相传孔子的故宅,现存遗迹有故宅井。孔庙虽然是祭祀孔子的庙宇,但它与孔子的故居与活动紧密关联,使人能亲切地怀念这位历史人物。成都武侯祠是为纪念诸葛亮而兴建的。祠中塑像再现了诸葛亮的风采、运筹帷幄的才略、鞠躬尽瘁的精神;祠堂外古柏森森,庄严肃穆。虽然斯人不见,但这些景物已使人们对诸葛亮的深深怀念之情联系在一起,成为人们寄情怀古的载体。

三、人文景观是人类文化的标志

作为文化形态的人文景观,体现着人类各种文化内容,成为文化凝聚、积累的表征。从物质文化来说,从古埃及的金字塔到欧洲中世纪的教堂,从美洲玛雅人的神庙到印度泰姬陵,从柬埔寨的吴哥窟到中国的万里长城,无一不凝聚着各自的文化与传统。正如法国著名文学家雨果在赞颂巴黎圣母院时所说:"这是人民的贮存,这是世界的积累;这是人类社会不断蒸发而剩下的沉淀——这个可敬建筑的每一面,每一块石头,都不仅是我国历史的一页,也是科学史和艺术史的一瓦。"人们正是从各种杰出的人文景观中看到了各个历史时期人们的智慧和创造力,感受到光辉灿烂的人类文化。

我国陕西临潼附近发掘的秦陵兵马俑,表明我国秦代科学技术文化和艺术达到很高的水平。在总面积 14 260 m² 的秦陵兵马俑坑中,有 8 000 多件陶俑、100 余乘战车、400 余匹挽马以及数十万件兵器,形象地再现了"秦王扫六合,虎视何雄哉"(李白)的强大军容和威武场面,被称为"世界第八大奇迹"。

人文景观成为文化活动的场所和背景,留下许多传说和诗文楹联等。湖南的岳阳楼就因与历史文化的联系而闻名于世,赢得了"洞庭天下水,岳阳天下楼"的美誉。岳阳楼自唐代建成后,许多文人相聚于此,登楼赋诗,北宋政治家、文学家范仲淹写下《岳阳楼记》,其中"先天下之忧而忧,后天下之乐而乐"的名句与岳阳楼一起名传千古。所以岳阳楼的美不仅在于它的嵯峨伟丽,也在于它的文化韵味。

四、人文景观是社会观念及信仰的体现

作为一定社会历史条件下产生的人文景观,总是或隐或现地体现一定社会的价值观念和信仰观念。

在我国封建社会里,建筑有着严格的规范和等级,表现出社会伦理观念的渗入。例如,北京故宫的午门,高低错落、主次分明;正中门楼采用两层檐和庑殿式屋顶,是中国古代建筑型制的最高等级,表现出皇权的威严与荣耀。四合院是老北京民居的典型形式。它的形式十分规则:在封建宗法礼教的支配下,按照南北纵轴线对称布局,正房由长辈居住,东西厢房为晚辈居住,南端的侧房作杂务、客房之用,耳房用作厨房、卫生间及佣人的住处,充分体现封建社会家族中的伦理关系。

人文景观中的很大部分体现了宗教信仰观念。它们有的受到宗教观念的影响,有的直接是宗教的产物。中国的寺庙、佛龛和石窟,西方的教堂等,无不表现出各自的宗教信仰。虽然中国的佛教寺庙的建筑采取中国传统的院落形式,但其中的佛像、罗汉像以及香烟弥漫、古刹钟声,无一不营造了一种宗教的神秘气氛。西方教堂中空旷的空间,光线从色彩玻璃中穿过,放出光怪陆离的色光,使人感到孤

寂和神圣,从而营造了人们祈求上苍保护的气氛。

五、人文景观是现代人类创造的结晶

人文景观资源中也包含现代人类的创造,可以反映出现代社会的文明与进步,体现了人类的智慧和创造力,显示了现代科学技术的进步。例如,澳大利亚悉尼歌剧院、美国旧金山的金门大桥、日本的铁路新干线、法国巴黎蓬皮杜文化中心(图6-4)、中国上海的东方明珠广播电视塔等,都成为著名的旅游地。随着社会的发展、科学的进步,全球将出现越来越多和越来越美的新的人文景观。

图6-4　法国巴黎蓬皮杜文化中心

第四节　人文景观的民族风情美

一、人文景观是民族特征的显示

人文景观是民族性的直接体现,表现了民族的思想观念和生活方式。例如,北京故宫建筑是中国特色,上海外滩建筑是西洋气派。同是纪念碑,西方是凯旋门,中国则是石碑和牌坊。日本建筑以建筑材料自身的机理和色泽,以淳朴自然的形象展现其特有的魅力。

佛教广泛地流传于东亚和南亚地区,但这些地区的佛教建筑却大不相同,如佛塔,中国是阁楼式塔,印度是金刚宝座塔,尼泊尔是宝瓶式塔(图6-5),缅甸、泰国

是笋形塔等。可见,在相同的宗教中,人文景观也表现出不同的民族风格。

人文景观之所以具有鲜明的民族特性,是因为人文景观作为民族生活和创造的产物,与民族思想、观念、生活方式等密切相连。它们有的体现了民族生活方式,如各民族的民居;有的显示了民族走过的不同道路,如游牧生活与农耕生活留下的遗迹;有的人文景观本身就是民族生活的组成部分,如泼水节、火把节、"三月三"等民族风情渗透在我国西南少数民族的日常生活之中。

图6-5　尼泊尔宝瓶式塔

二、人文景观是民族风情的展示

观赏张择端的《清明上河图》,那城郊农村清明时节的田园风光、汴河两岸繁华兴盛而又闲适悠然的世俗景象,以及汴梁街市人欢马叫、歌舞喧天和车轿穿梭等热闹场面,组成一幅民俗风情图,其中流溢着生动的生活气息和丰富的审美因素。

人文景观中的民俗民风、生活方式、传统礼仪与社会人文环境等因素彼此协调起来会构成一种综合性的风情美。比如走访青海湖,在大草原上,灰色的帐篷、白色的羊群、黑色的牦牛、矫健的骏马、服饰艳丽的藏民、高亢嘹亮的欢歌、悠扬远播的笛声,还有头顶上的长云碧空与四周的山峦峰影等景象,组成了特有的风土人情景观。置身于如此广袤空旷的环境里,不但不感到孤单惶恐,反而倍感神驰怡然。如果适逢佳节,同当地藏民一起欢度,大家席地围圈而坐,赏歌舞、看赛马、喝奶茶、饮青稞酒,通宵达旦,其乐融融,情深意长,令人终生难忘。

因地制宜地利用传统礼仪和民俗风情可以有效地丰富人文景观的内容。创造动态型仿古景观,如在西安大雁塔开辟唐人街(图6-6),在北京雍和宫举办"捉鬼舞",在沈阳故宫增设八旗礼仪演练等,或者组织文化娱乐活动,如开展美食节、赛龙舟等，就会不同程度地丰富景观价值，吸引各方游客，推动旅游审美活动的良性循环。

我国地域辽阔，民族众多，文化习俗内容丰富，风土人情各具特色。其中一些主要的节日庆典活动，如傣族的泼水节、蒙古族的那达慕节、回族的古尔邦节、汉族的春节、元宵节、端午节、团圆节，形式各异的庙会、灯节与花市，以及风格不同的民俗歌舞等，在特定的生活环境和文化氛围中最能反映出当地的风土人情之美，具有求知、交际和审美等多重价值。

图6-6　西安唐人街

第五节　人文景观的意境美

"意境"是中国美学思想中的重要范畴，是评品审美对象（尤其是艺术作品）的价值标准，是中国古代从长期的艺术实践中总结出来的一条审美规律和创作原则。意境基于真实的景物（或现实生活）与真实的情感（或主观意兴）之上，基本特征一般表现为主观与客观、意与境、情与景、有限与无限、鲜明性与含蓄性的统一。即在有限、生动、鲜明的外在形象或景物中暗示出无限丰富、含蓄的深远内容或意味。从意境角度来审视人文景观，就有可能通过其外在的形式组合与具体景象，来感知和领悟其中的深广意味、弦外之音、象外之象、景外之景。

在我国诸多的人文景观中，追求诗画意境的园林景观是耐人寻味的。中国园林的最大特征是综合艺术性和空灵无限性。其中，综合艺术性是由建筑、山水、花木等组合而成的综合艺术品，富有诗情画意；空灵无限性妙在含蓄，小中见大，通过分隔、变化、曲幽和因借,在有限的面积与有形的景物中创造出空灵玄远的意境和无限的空间。究其本质,园林的意境是主观情趣与客观景象、观赏功能与实用功能的有机统一结果。它在直观、具体和有限的园林景象的基础上,融会了诗情画意的艺术内容、思想哲理的精神内容和游览居住的生活内容,从而构成了丰富、深刻与无限的审美意味或"景外之景",能形成"画里移舟、诗边就梦"甚至超越时空的审美体验。

中国园林追求诗画意境,在技巧上也必然有因借和移用其他艺术表现手法之处。比较明显的是从中国传统绘画(特别是山水画)中汲取了许多成分。中国绘画是诗书画印四位一体的艺术,因此,在意境上讲究"诗中有画,画中有诗"和"以形写神,得意忘形";在用笔上研究"书画同源,以线造型";在章法上讲究"虚实相生,置陈布势"等。所有这些艺术因素都不同程度地浸入造园艺术之中。但直观地看,绘画中用来点破旨趣、感想或缘由的标题、诗文、题记、边款等,经过变通之后都以物态的形式应用于园林艺术。结果,造园成了一门"以无形之诗情画意,构有形之水石亭台"的艺术。现如今,园林中四处可见的匾额、楹联、题记、碑刻等,在帮助理解园林景致和深化园林意境方面起着不可或缺的作用。

阅读材料:城市中央游憩区:上海新天地

上海新天地是一个具有上海历史文化即浓厚"海派"风貌的都市游憩景点。它坐落在市中心淮海路南侧、黄陂南路和马当路之间 30 000 m^2 的地域上。它以上海近代标志性建筑石库门旧区为基础,改变了石库门原有的居住功能,创新性地赋予其诸多时尚的商业元素,它使这片反映了上海历史和文化的老房子变成了集国际水平的餐饮、购物、画廊、演艺等功能的时尚、休闲文化娱乐中心。

新天地的石库门建筑群外表保留了当年的砖墙、屋瓦,而每座建筑的内部,则按照 21 世纪现代都市人的生活方式、生活节奏、情感世界量身定做,无一不展现出现代休闲生活的气氛。漫步新天地。仿佛时光倒流,置身于 20 世纪二三十年代的上海。但一步跨进每个建筑内部,则非常现代和时尚。每个人都能体会新天地独特的魅力,它继承与开发同步,传统与现代同步。

问上海新天地究竟是购物中心、娱乐中心、时尚中心,还是旅游景观,还是旅游项目,投资方则明确认为新天地就是一个 Mall(Shopping Mall)。新天地在开发过程中,定位曾发生了三个层次的深化。第一阶段强调综合性。因为当时上海没有一个地方能够将餐饮、娱乐、购物和旅游、文化等全部集合在一起的时尚场所,比较有特色的是衡山路休闲街,但它是由很多不同的个体组成,没有一个整体的投资者和管理者。投资方认为新天地应该有一个明确的吸引力。进展到一定时候，又形成了第二阶段定位。投资方希望上海新天地成为上海市中心具有历史文化特色的都市旅游景点，希望来到上海的人，一定要来看看上海新天地，将上海新天地建成来上海旅游的必到之地。最后阶段的定位是新天地要成为一个国际交流和聚会的地点，是一个有国际知名度的、以时尚文化为主题的社区性游憩中心。目标群体是上海的小资一族、居住在上海的外籍人士及到达上海的中外游客，与上海淮海路的消费群体相吻合。就是这样层层深化的定位使得上海新天地成功地穿上了时尚文化的外衣，抓住了人们的眼球，在 Mall 中脱颖而出。曾在国外的 Mall 购过物的人士说，发达国家那些"巨无霸"之所以吸引人也得益于它的商品细分。上海新天地就是通过层层定位更加明确了也抓住了目标消费群体。

现在，当人们走进新天地石库门弄堂，依旧是青砖步行道，红青相间的清水砖墙，厚重的乌漆大门，雕着巴洛克风格卷涡状山花的门楣，仿佛时光倒流，重回当年。但一步跨进石库门里面，却又是一番天地，原先的一户户隔墙被全部打通，呈现宽敞的空间，四季如春的中央空调，欧式的壁炉、沙发与东方的八仙桌、太师椅相邻而处，酒吧、咖啡馆与茶座、中餐厅和谐搭配，墙上的现代油画和立式老唱机悄声倾诉着主人的文化品位。

新天地的石库门里弄处处体现了 21 世纪的舒适和方便，自动电梯、中央空调、宽带互联网一应俱全。消费者上网可以迅速查询商店的商品价格和餐厅、酒吧的菜单，以及电影院上演的电影，并可以预订座位，还可直接上网浏览，观赏新天地露天广场及餐馆内的文化表演。走进新天地，更多的时尚和新潮，让人看不完也看不够；更多地参与和投入，让人开心一天玩不够。上海新天地成了中外游客领略上海历史文化和现代生活形态最佳去处，也是具有文化品位的本地市民和外籍人士的聚会场所。

那里的时尚精品店紧追国际流行，中华文化商场出售的是艺人工匠们独创的居家用品、工艺品和旅游纪念品，完全是地道的中国味。露天广场上只有丰富多彩的文化表演。石库门博物馆通过对一幢楼的重新布置、家具摆设，原汁原味地再现了 20 世纪初上海一家人的生活形态。让游客在怀旧寻根的情绪中了解上海逝去的时光。博物馆也通过图片、录像了解上海新天地从石库门建筑旧区到时尚休闲步行街的演变。

漫步在上海新天地，旧上海的风情仿佛呼之欲出，而各个餐厅、酒吧、画廊内的现代装饰却丝毫没有削弱这种风情。设计师们的煞费苦心由此可见一斑，他们甚至保存了石库门上的绿色青苔、枯萎之后重又新生的小草。所以新天地里有一种深厚的历史感,因为我们所穿行的、所倚靠的石库门历经了无数春秋,而今容颜依然。

这所有的一切连同美食广场、国际画廊、时尚精品店、新概念电影中心及大型水疗中心和广场上的花车,无不带着独特的文化个性走过新天地。有机的组合,错落有致地巧妙安排,形成了一首上海昨天、今天和明天的交响乐,让海内外游客在这里感觉和品味独特的海派文化。

(节选自章海荣《旅游美学导论》,清华大学出版社,2006)

本章习题:

一、选择题

1. 下面不属于人文景观的审美要素的是( )。
   A. 工艺美　　　B. 风景美　　　C. 文化意蕴美　　　D. 民族风情美

2. ( )要求事物形式中相同或相似部分有规律地重复出现,组成整体结构上的整齐形态,给人以秩序感、条理感与节奏感。
   A. 对称与对比　　　B. 反复与整齐　　　C. 比例与尺度　　　D. 多样与统一

3. ( )要求物体或图形相对两边的各个部分在大小形状及其排列上对应相当,也是指以一条线为中轴,事物的上下、左右两部分为均等的排列方式。
   A. 对称　　　B. 对比　　　C. 整齐　　　D. 比例

4. 古希腊人最早发现所谓"黄金分割率"是( )。
   A. 短:长 = 0.618:1　　　B. 长:短 = 0.618:1
   C. 短:长 = 0.816:1　　　D. 长:短 = 0.816:1

5. ( )与西安骊山华清池没有联系。
   A. 唐玄宗和杨贵妃的凄美爱情故事　　　B. 西安事变
   C. 安史之乱　　　D. 秦始皇一统天下

6. 走访青海湖,大草原上灰色的帐篷、白色的羊群、黑色的牦牛、矫健的骏马、服饰艳丽的藏民、高亢嘹亮的欢歌,所有这些可以体现人文景观的( )。
   A. 意境美　　　B. 民族风情美　　　C. 文化意蕴美　　　D. 工艺美

二、实践题

在2018年春节期间的西安,你不仅可以看到丰富多彩的新春盛典和民俗文化活动,还能看到一条空前繁华的唐人街。

现代唐人街位于曲江最具盛唐文化色彩的大唐不夜城,以一红、双喜、五福、六旺呈现最中国、最正宗、最有味、最梦幻、最幸福的火红中国西安年。在春节期间,整条街道披上了红色的盛装,在灯光和音乐的映衬之下将传统民俗活动和潮流元素完美融合,让全国乃至世界人民看到了一个全新的西安。

作为国内新区商业的典范案例与具有领先规划意识的文旅项目,大唐不夜城初期的项目定位和规划是今日成功的基石。在项目策划阶段,RET睿意德就以西安悠久的历史文化与现代商业融合的角度进行思考,从不同方面研究和论证了新区发展时期,大唐不夜城泛商业的协同发展方向:

在发展势能方面,睿意德团队预判:大唐不夜城作为曲江新区的核心发展区域,面临西安城市外扩、商业升级的发展机遇,可承担新城发展驱动的重要角色。于是,在商业定位方面,一方面需要解决区域商业服务功能,另一方面通过激活核心区商业价值,全面提升曲江新区的土地价值,实现土地出让的溢价能力。

在功能分区方面,RET睿意德以产城融合的视角,通过梳理地块和功能关系,规划了协同可持续的泛商业发展方案。不但化解了市场对大规模文化 Mall 需求匮乏的矛盾,也成功解决了 65 万 m^2 的文化 Mall 如何从抽象概念到具体实施的难题。

在主题策划方面,充分挖掘西安自身古代传承的盛唐文化、中国传统建筑文化,结合戏剧艺术文化,通过具象具有历史特色的建筑加以展现,打造独特的历史文化主题商业。项目引入"光"主题的概念,演绎不同功能物业的光世界内涵,使得建筑与环境有机融合,既延长了营业时间,也有效吸引更多的人流。此外,"光世界"确保了与周边竞争项目形成更加明显的差异化,将其演绎为西安最具国际气质的标志性唐文化商业奇观。

(摘自中国网)

结合本章学习的人文景观的审美要素,分析以下问题:

1. 查找西安大唐不夜城资料,分析其作为西安著名的人文景观,都体现了哪些具体的审美要素?

2. 现代唐人街举办的"西安年,最中国"系列文化活动吸引了大量的旅游者,分析该系列活动满足了游客怎样的审美心态?

第七章　人文景观审美典型一：中国古典园林

> **本章提要**
>
> 园林是一种重要的旅游审美形态，被喻为人类文化瑰宝之一。与欧洲园林体系和伊斯兰园林体系相比较，中国园林的特色非常鲜明。比如，特别强调天人合一的人文精神，追求独具匠心的环境艺术，使园林和周围环境连成一片，让有限的造园空间容纳无限的风光。本章分为三节，第一节探讨园林的审美本质；第二节探讨中国园林的主要造园理念和造园手法；第三节探讨中国园林的审美精神倾向和特点。

第一节　作为理想居所的园林

一、园林：理想的人居环境

园林是一种重要的旅游审美形态，被喻为人类文化瑰宝之一。园林寄托了人类关于居住的最高理想，可以说园林是人所建造的理想的人居环境。据《圣经》记载，耶和华在造出了第一个人亚当之后，在东方的伊甸造了一个园子，把亚当安置在那里。耶和华后来觉得亚当独居不好，又造了第二个人夏娃，于是，亚当和夏娃就共同居住在伊甸园中，结为夫妻，过着无忧无虑的生活。在西方文化中，伊甸园既是花园的代名词，也是美好家园的代名词。

二、世界三大园林体系

世界园林，可以划分为三大体系，即欧洲园林体系、伊斯兰园林体系和中国古典园林体系。

（1）欧洲园林体系，又称为西方园林。西方园林的整体特点是非常注重整体布局上的规整，追求一种抽象的几何形式美。不仅如此，它们还将园子中的植物修剪得整整齐齐，或为圆锥体，或为矩形体。西方园林最有代表性的是法国的凡尔赛宫。它面积达300公顷,花园中有宽广的林荫大道,有极为精致的草地、喷泉、雕塑。著名的作家拉·封丹、莫里哀、拉辛、波瓦洛都曾游览过这座园林,可以说,至今它仍然称得上是世界上最美丽的花园。

阅读材料:法国凡尔赛宫

凡尔赛宫(图7-1)坐落于法国巴黎西南郊外的凡尔赛镇,是巴黎乃至法国极其著名的宫殿之一,也是世界五大宫殿之一。1979年被联合国教科文组织列为《世界文化遗产名录》。

凡尔赛宫为古典主义风格建筑,古典主义建筑风格的特点就是建筑左右严格对称。所以,凡尔赛宫在外观上造型轮廓整齐、庄重雄伟,被称为是理性美的代表。其内部装潢则以巴洛克风格为主,少数厅堂为洛可可风格。王宫长达580 m,正宫前面是一座风格独特的"法兰西式"的大花园,园内树木花草别具匠心,极其讲究对称和几何图形化。这种类型的花园还被叫作"骑士花园",因为观赏者得像一个骑士一样坐在高大的马匹上,以俯视的角度去看整个花园的造型。

室内装饰极其豪华富丽是凡尔赛宫的另一大特色,500余间大殿小厅处处金碧辉煌,豪华非凡。内壁装饰以雕刻、巨幅油画及挂毯为主,配有17、18世纪造型超绝、工艺精湛的家具。大理石院和镜厅是其中极为突出的两处,除了上面讲到的室内装饰外,太阳也是常用的题目,因为太阳是路易十四的象征。

(摘自马蜂窝网)

图7-1 凡尔赛宫

(2) 伊斯兰园林体系,是以古巴比伦和古波斯园林为渊源的园林体系。伊斯兰园林通常面积较小,建筑封闭,一般用十字形的林荫路构成中轴线,把全园分割成四区,在园林的中心,也就是十字形道路交汇点,布设一个水池,象征着天堂。园中沟渠明暗交替,盘式涌泉滴水,又分出几何型小庭园,每个庭园的树木相同,彩色陶瓷马赛克图案在庭园装饰中广泛应用。

(3) 中国园林属于典型的山水风景式园林,尊崇与自然的和谐,讲究园林建筑与山水环境有机融合,自然和谐,浑然一体,并赋予深刻的人文理想。中国古典园林以江南私家园林和北方皇家园林为代表,最能代表中国园林的艺术成就和精神追求,尤其是江南的苏州园林,如沧浪亭、狮子林、拙政园等,完整保留下来的达到60多处。

三、中国古典园林的特点

相比欧洲园林体系和伊斯兰园林体系而言,中国古典园林在强调园林的居住性上更为自觉。比如说,从造园的选址开始,造园家们就考虑到居住的需求,明代的造园家计成的造园思想,对后世影响很大,他把居住性放在园林设计思想的核心地位。计成认为,只要扬长避短,用心经营,很多地方都可以结园,包括六类地方:山林地、城市地、村庄地、郊野地、旁宅地和江湖地。尤其是旁宅地作为结园之地,更使园林和住宅连成一片,园林成了居住环境的一部分,提升了建筑的功能性和易居性。再比如,中国古典园林,一般都具有比较完备的居住建筑和设施,包括厅堂、楼阁、门楼、书房与亭榭等,其中还细分出斋、馆、房、室等,这些建筑综合构成一处结构完整的住宅,完全可以满足大家庭长期居住的需要。另外,中国古典园林的设计更重视居住的舒适、惬意,如园林中的住宅,很多都是南向而建,不仅利于室内采光,而且便于夏季迎风纳凉,冬季避风御寒。同时,中国古典园林更重视居住者与自然环境的和谐相处,如轩、亭、窗户的设计,要能够"纳千顷之汪洋,收四时之烂漫"让居住者充分领略大自然的美景,满足其精神需求。

除特别强调居住性外,中国古典园林还呈现出以下四个特点:一是追求本于自然、高于自然的自然意趣;二是追求建筑美与自然美的融合;三是强调诗画的情趣;四是注重意境的营造。

第二节　中国古典园林的造园手法

一、"虽由人作,宛自天开"

"虽由人作,宛自天开",是中国古典园林的造园理念,也是中国古典园林营造的核心要求。

"虽由人作,宛自天开"这句话,是计成在他的《园冶》第一篇中提出的,反映了中国古典园林的创作理念。计成是明朝苏州吴江人,《园冶》是世界上最早的园林著作。计成是位山水爱好者,他从小就喜欢在山川丘壑中游玩,他的造园思想,追求的也是自成天然之趣。"虽由人作,宛自天开"是指虽然园林是人工营造雕琢而成,但就像是大自然的作品一样,呈现的景色应与自然景观融为一体,真实且有意境。这一点与西方园林主要体现人对大自然的征服和改造,从而讲究对称,多用规则的几何图形,完全不一样。

他的这一思想对中国古典园林的建造产生了巨大的影响。这一点,不论是在北方皇家园林,还是南方私家园林中,都能得到印证。例如,曹雪芹在《红楼梦》中,倾心构筑了众多园林,其中大观园无疑是所有园林中被曹雪芹最为钟情的园子,是曹雪芹笔下、眼中和心里最清静的女儿园,是现实世界的世外桃源,而大观园正是按照计成"虽由人作,宛自天开"的要求营造的,是师法自然的杰作。这一点,曹雪芹在《红楼梦》第十六回中有所暗示。书中说,大观园的总体设计,"全亏一个老明公,号山子野者,一一筹画起造。"我们知道红楼梦中的人物姓名都是曹雪芹精心创造的,每一个姓名都反映人物的精神意旨,"山子野"是在暗示什么呢?从山和野这两个字我们就勾勒出一个粗略的印象,显然是非经人工雕琢的自然山林,也就是说大观园的营造,要追求一种自然天成的效果。

接下来,我们来看一下这一命题在园林营造过程中如何实现。

计成的这一命题,对中国古典园林的创作设计提出了很高的要求,一方面园林要与大自然鬼斧神工的力量保持一致,同时又不是简单地抄袭自然,而是经过艺术概括和提炼,同时融入造园艺术家对自然的精神体验,把园林营造成一个有机整体。

中国古典园林有四大构景要素,即山水、植被、建筑和书画艺术。对中国古典园林的这四大要素,有一个形象的比喻,即山是骨骼,水是血脉,路是经络,植物是毛发,建筑是眼睛。这一比喻正是"虽由人作,宛自天开"的具体体现。按照计成的思想,古典园林的营造应该充分挖掘这四大要素的有机联系,共同组合成为一个完整的生命体。首先是山,也就是堆山叠石,要求"符合自然之理,才得自然之趣"。自然界的山形形色色,土石相兼,有土山、石山、土抱石山、石掩土山。造园堆山叠石,是要以大自然为师,是真山的艺术性再现。其次是水,也就是理水。古典园林里有了水之后,一切才都显得活了起来。一般古典园林中所凿的小溪、水池湖面都采取自然式处理,池岸也不能砌成平直规则的河道,而要"斗折蛇行,犬牙交错",给人以自然活泼的感觉。第三是植物。古典园林的植物一律采取自然式种植,与园林风格保持一致。所谓自然式,就是它们的种植不用行列式,不用规范化。有人打过这样一个比喻:好似一把黄豆落地,聚散不拘格式。植物的形状也不必棵棵挺拔,不怕歪歪扭扭,运用得好反而生动有趣。第四是建筑。从审美上来说,山水是园林的主体,为了使园林有可望、可行、可游、可居之地,园林中也必须有各种相应的建筑,中国园林的建筑种类很多,有厅、堂、楼、台、亭、榭、廊、阁、轩、舫等十余种,但是不管怎样,园林中的建筑不能压倒或破坏主体,而应突出山水这个主体,与山水自然融合在一起,力求达到自然与建筑有机的融合。比如说亭子,园林中的亭子多数建在山的次峰,水面岸边,竹荫深处。"谁家亭子碧山巅",是亭子给碧山增添了景色,而不是碧山为亭子服务。

"虽由人作,宛自天开"的思想,反映了中国文化中天人合一的思想。中国古典园林尤其是苏州园林,是由山水、花木、建筑组合而成的一个综合环境。其中山水花木与建筑水乳交融,自然环境与人工环境紧密交织。这样的园林几乎是生生不息的天地自然的复制品。人投身其中,就能感受到大自然盎然的生机,感受到万物共存其中,万象融于其中的意境,人们流连于这样的景色中,体会着大自然的美,自己的生命亦被净化,回归到自由、拙朴、自然的状态。天人合一是中国古典园林艺术追求的终极意境,也是中国造园艺术家们所追求的最高生命境界,这种文化底蕴,使得中国古典园林从物质空间上升为精神空间,成为园林的居住者和旅游者的精神栖息之所,使得他们的精神生命在这一方天地中得以自由地呼吸。

二、造园四要素:山水、植被、建筑、书画墨迹

山水、植被、建筑、书画墨迹,堪称中国古典园林造园的四大要素。这四大要素并非各自孤立地存在于园林空间,而是融合成为一体,彼此照应,彼此依托,相辅相

成地构成一种完美的古典园林艺术空间。而同时,由于它们都是造园要素,各自具有独特的个性和作用,各有它自己的存在方式和外部特征,则又可以作为单独的景致供人欣赏。由于造园家们在具体运用造园要素方面所采取的不同方法,于是也就出现变化多端,丰富多彩的景观效果。

(一)山水

自然山水是美的典型,园林里只要有山有水,便具有林壑之美,也就有了画意诗情。媚山秀水足可供人们"游目骋怀",引起人们丰富的想象,或借山水以寄意,或借山水以抒情,山水景观的美感作用实在不可等闲视之。古往今来,无论是古代的"游囿",后来的宫苑,还是民间的私人宅园,凡属名园都是得山水性情。山衬水,水映山,山因水活,水得山势,青山绿水构成古典园林的基调。山水称得上是造园的第一要素。山是造园的骨架,有了山才能"绿影一堆"。造园家在完成土建工程之后,即可凿池堆山,把简单的地形改造成有山有水、微波荡漾、峰峦起伏的城市山林空间,这叫迭山理水。

堆山叠石。自然界的山形形色色,土石相兼,有土山、石山、土抱石山、石掩土山。造园堆山叠石,是以大自然为师,是真山的艺术性再现。园林造山,用土为堆,用石为叠,采用堆山叠石相结合的手法,灵活多样地进行园林空间布置。堆山叠石是一种艺术创作和艰辛劳动。"山无定形,而有定理",要想堆叠出一座上好的假山,实在不是一件容易的事,既要"搜尽奇峰打草稿",胸中自有丘壑,又要掌握娴熟的叠石技术,这样叠出的假山,才能不假,既有真山之理,又有假山之趣。

理水。园林里只要有了水,便显得一切都活了起来。可以说水是古典园林的灵魂。有些大型风景胜境,如无锡的太湖、杭州的西湖、桂林的漓江、四川的九寨沟,都得幸于天然之水。而许多私人庭园则也是得山水之助,承前人"引水注入"之法,平地凿池造一个水体,临水堆山,岸边植柳,架桥建屋,这叫理水。理水,包括对原有水体的利用、改造,和在没有水的情况下引泉凿池。大凡造园都要理水,手法有高下,效果有优劣。苏州本是一座著名的水城,那里造园理水的艺术手法更是精湛绝伦。例如,拙政园起初是模拟太湖芦汀山岛的佳绝风光而建,全园以水为中心设景布点,种种太湖风情溢于园中。又如,网师园水体处理则是另一种手法。殿春簃是网师园的"园中园",精巧、恬静、幽静,造园家采取以虚带实的手法,只在院一角堆山,山上建亭,亭旁置泉,泉下设一小潭,清清泉水终年不竭,静中有动,动中有静,获得声、形、色、影俱全的艺术效果。

(二)建筑

古典园林都采用古典式建筑。古典建筑斗拱梭柱,飞檐起翘,具有庄严雄伟、舒展大方的特色。它不只以形体美为游人所欣赏,还与山水林木相配合,共同形成古典园林风格。古典园林建筑物常做景点处理,既是景观,又可以用来观景。因此,除去使用功能,还有美学方面的要求。亭台楼阁、轩馆斋榭,经过建筑师巧妙的构思,运用设计手法和技术处理,统一其功能、结构、艺术,成为古朴典雅的建筑艺术品。它的魅力,来自体量、外形、色彩、质感等因素,加之室内布置陈设的古色古香,外部环境的和谐统一,更加强了建筑美的艺术效果,美的建筑,美的陈设,美的环境,彼此依托而构成佳景。正如明人文震亨所说:"要须门庭雅洁,室庐清靓,亭台具旷士之怀,斋阁有幽人之致,又当种佳木怪箨,陈金石图书,令居之者忘老,寓之者忘归,游之者忘倦。"

园林建筑不像宫殿庙宇那般庄严肃穆,而是采用小体量分散布景。特别是私家庭园里的建筑,更是形式活泼,装饰性强,因地而置,因景而成。在总体布局上,皇家园林为了体现封建帝王的威严,和美学上的对称、均衡艺术效果,都是采用中轴线布局,主次分明,高低错落,疏朗有致。私家园林往往是突破严格的中轴线格局,比较灵活,富有变化。通过对照、呼应、映衬、虚实等一系列艺术手法,造成充满节奏和韵律的园林空间,居中可观景,观之能入画。当然,所谓自由布局,并非不讲章法,只是与严谨的中轴线格局比较而言。常见的建筑物有殿、阁、楼、厅、堂、馆、轩、斋,它们都可以作为主体建筑布置。

(三)树木花草

树木花草在造园中有构成优美的环境,渲染宜人的气氛,并且起衬托主景的作用。古人云:"山借树而为衣,树借山而为骨,树不可繁,要见山之秀丽;山不可乱,须显树之光辉。"从山与树两者关系,把配植原则作了很好的阐述。试想,各种建筑假如没有树木掩映,光秃秃的山,冷清清的水,该是何等缺乏美感,缺乏生气。"寻常一样窗前月,才有梅花便不同",树木花草是造园的要素之一,所以造园家在完成地形改造之后,即着手配植树木花草。植物的种类繁多,生态各不相同,见于造园的大体属于两大类型,一是属于观赏性植物,以它的天然属性和体态为造园家所赏识;另一种是属于绿化性植物,会使景物画面富有层次,充满生机。造园家的任务主要是从造景需要出发,选择适宜的品种合理配植,使之发挥预想的作用。

我们的祖先在与大自然的共处中,发现了许多植物的生态习性,由此赋予了它们各种不同的性格。比如,牡丹富贵、芍药荣华、莲花吉祥、杨柳妖娆、苍松高尚、兰花幽雅、秋菊傲霜、翠竹潇洒、芭蕉长春,等等。造园固然希望有奇花异木,但主要的还是为了表现主题。中国古典园林造园更注意追求景观的深、奥、幽,因此植物的配植,应该有助于这种环境气氛的形成,从许多园林的景况来看,这方面似乎也有一些规律性做法。山姿雄浑,植苍松翠柏,更显得山苍润气拔;水态轻盈,池中放莲,岸边植柳,柳间夹桃,方显得水柔和恬静;悬崖峭壁倒挂三五根老藤,或者在山腰横出一棵古树枝丫,给人的感觉则是山更高崇壮美,峰尤不凡;窗前月下若见梅花含笑,竹影摇曳,则更富有诗意画情。可见,高山栽松、岸边植柳、山中挂藤、水上放莲、修竹千竿、双桐相映等,是我国古典园林植物配植的常用手法,饶有审美趣味。

(四)书画墨迹

读过《红楼梦》的人,大概都会记得贾政视察大观园要进门未进门时说过的一段话。他说:"若大景致,若干亭榭,无字标题,任是花柳山水,也断不能生色。"曹雪芹借贾政之口强调了书画墨迹在构园造景中所具有的特殊地位和作用。中国古典园林的特点,是在幽静典雅当中显出物华文茂。"无文景不意,有景景不情",书画墨迹在造园中有润饰景色、揭示意境的作用。园中必须有书画墨迹并对书画墨迹做出恰到好处的运用,才能"寸山多致,片石生情",从而把以山水、建筑、树木花草构成的景物形象,升华到更高的艺术境界。墨迹在园中的主要表现形式有题景、匾额、楹联、题刻、碑记、字画。园有园名,景有景名。只是古典园林的园名景起得典雅、含蓄、贴切、自然、令人读之有声,品之有味。不管是直抒胸怀,还是含蓄藏典,游人甚至可以直接从景物的题名领悟它的意境。

三、"纳千顷之汪洋"

中国古典园林营造时主要的空间处理方法,通过空间的处理,可以用园林中有限的空间来达到无限的意境。突破有限达到无限,是中国园林的一个重要特点。

"纳千顷之汪洋"这句话也是来自明朝计成的《园冶》:"轩楹高爽,窗户虚邻,纳千顷之汪洋,收四时之烂漫。"这句话的意思是,园林自己的面积虽然有限,但如果能够合理营造轩、亭、楼阁等建筑,通过一定的造园手法,则可以突破园林自身空间的限制,领略到园外无限空间的景物,把一年四季的美景都收纳进来,达到"小中见大""咫尺山林"的效果,而就在这无限空间的自然美景的欣赏之中,观赏者的心灵得以暂时超越有限时空的束缚,升华出对宇宙人生的更深刻的领悟。例如,我们大家都知道范仲淹的名句,"先天下之忧而忧,后天下之乐而乐",这句话所表达的是作者胸怀天下的伟大抱负,这正是他登临岳阳楼时,看到洞庭湖浩浩荡荡的万千气象,从中升华出来的伟大志向,可见园林建筑对我们心灵境界的提升意义。

园林中这种以有限的空间来达到无限意境的效果,主要通过布置空间、组织空间、创造空间、扩大空间的种种手法,丰富美的感受,从而创造出来的。园林空间处理的手法,主要包括借景、对景、框景、隔景、分景等。

园林的面积不拘大小,但毕竟是有限的空间,而要突破其自身的空间局限,获得无限的意境,最好的办法就是借景。借景就是采取一定的艺术手段,如开窗、移位、反射、倒影等,将园林建筑范围以外的自然、人文景观融入本体,把观赏者的目光引向园林之外的景色,从而突破有限的空间,达到无限的空间。中国的造园艺术家们,总要通过建筑物,通过门窗,接触外面的自然界。陶渊明"采菊东篱下,悠然见南山",有意无意中借得南山之景,极尽自然与潇洒的情致;滕王阁借赣江之景,让诗人王勃写出"落霞与孤鹜齐飞,秋水共长天一色"的千古名句;岳阳楼近借洞庭烟波,远借苍翠的君山,构成一幅气象万千的山水画卷。

阅读材料:古典园林分析—— 网师园

网师园(图7-2),是苏州典型的府宅园林。全园布局紧凑,建筑精巧,空间尺度比例协调,以精致的造园布局,深蕴的文化内涵,典雅的园林气息,当之无愧地成为江南中小古典园林的代表作品。

图7-2 网师园

至清乾隆年间(约1770年),退休的光禄寺少卿宋宗元购之并重建,定园名为"网师园"。网师乃渔夫、渔翁之意,又与"渔隐"同意,含有隐居江湖的意思,网师园便意谓"渔父钓叟之园",此名既借旧时"渔隐"之意,且与巷名"王四(一说王思,即今阔街头巷)"谐音。园内的山水布置和景点题名蕴含着浓郁的隐逸气息。乾隆末年园归瞿远村,按原规模修复并增建亭宇,俗称"瞿园"。今"网师园"规模、景物建筑是瞿园遗物,保持着旧时世家一组完整的住宅群及中型古典山水园。

网师园现面积约10亩(包括原住宅),其中园林部分占地约8亩余。内花园占地5亩,其中水池447平方米。总面积还不及拙政园的六分之一,但小中见大,布局严谨,主次分明又富于变化,园内有园,景外有景,精巧幽深之至。建筑虽多却不见拥塞,山池虽小,却不觉局促。网师园布局精巧,结构紧凑,以建筑精巧和空间尺度比例协调而著称。全园清新有韵味,因此被认为是中国江南中小型古典园林的代表作。陈从周誉为"苏州园林小园极则,在全国园林中亦属上选,是以少胜多的典范"。清代著名学者钱大昕评价网师园"地只数亩,而有行回不尽之致;居虽近廛,而有云水相忘之乐。柳子厚所谓'奥如旷如'者,殆兼得之矣。……"

(来自搜狐网)

借景不受空间限制,其方法有远借、近借、仰借、俯借、应时而借等。所谓远借,就是把园林远处的景物组织进来,所借物可以是山、水、树木、建筑等。成功的例子很多,如北京颐和园远借西山及玉泉山之塔;避暑山庄借憎帽山、留锤峰;无锡寄畅园借惠山。可以说,身临其境,满目是山,正是纳野外自然山景于园内,起到园外有景、景内有景的效果;为了让欣赏者通过远借获得更多景色,常常需要引导他们登高远眺。所谓近借就是把园子邻近的景色组织进来。周围环境是邻借的依据,周围景物,只要是能够利用成景的都可以借用。比如,苏州沧浪亭,沧浪亭园内缺水,但是园子旁边有条河,沧浪亭的设计者就不设封闭的围墙,而是沿河做了一些假山、驳岸和复廊,从园内透过漏窗可领略园外河中景色,园外隔河与漏窗也可望园内,园内园外融为一体。仰借是利用仰视借院内外高处的景物为主,如古塔、山峰、大树、碧空白云、明月繁星、翔空飞鸟等。俯借则是指利用居高临下的俯视,观赏园外景物,通过院内的建筑物登高四望,四周景物尽收眼底,如江湖原野、湖光倒影等。

借景依内容区分,可分为借形、借声、借色、借香,也有的称为视觉借景、听觉借景、嗅觉借景和触觉借景。借形是园林借景中使用最多、最普遍的一种。它包括借山、水、动物、建筑等景物,如远岫屏列、平湖翻银、水村山郭、晴岚塔影、楼出霄汉、竹树参差、雁阵鹭行等;借人为景物,如寻芳水滨、踏青原上、吟诗松荫、弹琴竹里、远浦归帆等;借天文气象为景物,如日出日落、朝晖晚霞、蓝天明月、云雾彩虹、白雪细雨等。借声是借自然界所发而能激起人的感情、怡情养性的声音,如暮鼓晨钟、梵音诵唱、溪涧泉声、雨打芭蕉、林中鸟鸣、柳岸莺啼、鸡犬桑麻等,它们都能为园林空间增添几分诗情画意。借色即借景物的色彩,如湖光月色、丹枫繁花、落霞满天等。所借景物之形有色,即可谓既借形又借色。借香主要是借园内外花草树木所散发的芬芳香味为景,令人胸怀舒畅,如古诗所谓"水晶帘动微风起,满架蔷薇一院香""疏影横斜水清浅,暗香浮动月黄昏""冉冉天香,悠悠桂子"……这些香的境界,也是造园组景中一项不可忽视的因素。

借景是中国古典园林极其重要的造景手法。今日可见的古园林如无锡寄畅园借景于惠山,北京颐和园借景于西山等,都是借景的绝妙佳作。

除借景之外,中国古典园林中还有框景、隔景、夹景等处理空间的技巧,以达到从有限到无限的突破。

我们先看框景。所谓框景,是将一个局部景观比作一幅具有画框的风景画,因此得名。充当这个景框的可以是门、窗、弧曲的枝条或两丛树木等。杜甫有一句诗说,"窗含西岭千秋雪,门泊东吴万里船"。诗人从一个小房间通到千秋之雪、万里之船,也就是从一门一窗体会到无限的空间、时间。这里"窗含""门泊"便是两幅画一般的框景。园林中有各种各样的窗子,窗子在园林建筑艺术中起着很重要的作用。有了窗子,内外就可以发生交流。窗外的竹子或青山,经过窗子的框框望去,就是一幅画。颐和园乐寿堂差不多四边都是窗子,周围粉墙列着许多小窗,面向湖景,每个窗子都等于一幅小画。而且同一个窗子,从不同的角度看出去,景色都不相同。这样,画的境界就无限地增多了。

所谓隔景,是利用院墙、植物、假山、土堤、水体等,将园中的风景分隔开来,以加深景观深度的手段。隔的程度也各有不同,有的完全隔断,有的半遮半显,有的只作象征性分隔。作为一种艺术手法,隔景讲究的是"隔而不断""景有尽而意不尽"。《红楼梦》中一进大观园,迎面一座绿色的假山挡在眼前,贾政说这座假山建得好,否则所有的景色都会一览无余,就没有审美意识了。隔景就是要让欣赏者感受到"山重水复疑无路,柳暗花明又一村"的效果。

除此之外,中国古典园林中还有许多富有诗情画意的造景艺术手法。比如点景,用一词一语点出景物的特征和意境,以增加风景的魅力和色彩。我国的古典园林,一般用对联、匾额将景物精华以典雅美妙的文学语言来形容,启示游人览景而生情,产生更深的审美感受,如西湖十景中的平湖秋月、苏堤春晓、断桥残雪。

第三节　中国古典园林的美学精神

一、中国古典园林对"意境"的追求

意境是中国古典艺术的独特词汇,它的核心意思是将事物、形象、景象等构成场景与思想情感融为一体,其特点是景中有情,情中有景,情景交融。意境的创造,最突出的体现在中国古典诗歌与古典绘画中。而中国古典园林特别强调要"入诗""入画",其核心在于创造诗画一般的意境。

园林是以一种综合性艺术,把自然要素如山、水、石、花、草等,和人文要素如建筑、绘画、雕塑、诗文、音乐、舞蹈、戏曲,统统融合在一个有限度的空间中,把它们有机地组织起来,组成一个气韵生动的整体,无论造园家如何精心设计、布局,唯一的目的就是在特定的时空里最大限度地体现自己的精神追求,或抚绕孤松,或驻足花丛,或信步闲庭,或揽风亭台……通过身临其境的领悟,在有限的园林实景中感受到诗情画意的无限意蕴,使整个身心完全陶醉在"象外之象,景外之景"的审美意境之中。

阅读材料:什么是意境

一切美的光是来自心灵的源泉:没有心灵的映射,是无所谓美的。瑞士思想家阿米尔说:"一片自然风景是一个心灵的境界。"

中国大画家石涛也说:"山川使予代山川而言也。……山川与予神遇而迹化也。"

艺术家以心灵映射万象,代山川而立言,他所表现的是主观的生命情调与客观的自然景象交融互渗,成就一个鸢飞鱼跃,活泼玲珑,渊然而深的灵境;这灵境就是构成艺术之所以为艺术的"意境"。(但在音乐和建筑,这时间中纯形式与空间中纯形式的艺术,却以非模仿自然的境相来表现人心中最深的不可名的意境,而舞蹈则又为综合时空的纯形式艺术,所以能为一切艺术的根本形态,这事后面再说道。)

意境是"情"与"景"(意象)的结晶品。王安石有一首诗:"杨柳鸣蜩绿暗,荷花落日红酣。三十六陂春水,白头相见江南。"

前三句全是写景。江南的艳丽的阳春,但着了末一句,全部景象遂笼罩上,渗

透进,一层无边的惆怅、回忆的愁思,以及重逢的欣慰。情景交织,成了一首绝美的"诗"。

元人马东漓有一首《天净沙》小令:"枯藤老树昏鸦,小桥流水人家,古道西风瘦马,夕阳西下——断肠人在天涯!"

也是前四句完全写景,着了末一句写情,全篇点化成一片哀愁寂寞,宇宙荒寒,怅触无边的诗境。……

(节选自宗白华《中国艺术意境之诞生》,上海人民出版社,1981)

中国古典园林过去大多是按照某一张画的构思来造园的,如画是造园的第一原则。画是视觉的艺术,如画的园林给人的美感也应是悦目的。中国画构图用的透视法如郭熙的"三远"法——平远、高远、深远被搬上园林。宋代画家韩拙有另外的"三远"法。他说:"有近岸广水,旷阔遥山者,谓之阔远;有烟雾溟漠,野水隔而仿佛不见者,谓之迷远;景物至绝而微茫缥缈者,谓之幽远。"这种构图在园林中也是常见的。中国历代园林的设计者和建造者,因地制宜、别出心裁地营造了许多园林,虽然各不相同,却有一个共同点:游览者无论站在园林中的哪个点上,眼前总是一幅完美的图画。中国古典园林十分讲究近景远景的层次、亭台轩榭的布局、假山池沼的配合、花草树木的映衬,也正是为了营造诗情画意的意境。由于中国古典园林以画为蓝本,所以也常取用画题作为景观名,有意创造出具有绘画范式的景观。

诗文进入中国园林有两种情况:一是园林在适当的地方陈设诗文,如厅堂、书房的墙上往往有以诗文为内容的书法作品,在建筑的廊柱上悬挂楹联,在园林空旷之地有碑,碑上有诗文等。这些诗文的内容与园林的自然景观、园林的人文历史有某种内在关系。诗文进入园林也许更为重要的是作为造园的总体理念,在某种意义上,一座园林是某一诗文的形象注解。岳阳楼是中国江南三大名楼之一,宋代著名的政治家、文学家范仲淹为它写了一篇文章,此文表达了中国文人"先天下之忧而忧,后天下之乐而乐"的思想。极其卓越的思想加上美丽的文辞使这篇文章千古不朽。此文一出,岳阳楼此后的建设基本上就以它为理念。苏州的名园——沧浪亭不仅其园名而且其园林的基本理念都来自屈原《渔父》一诗的名句"沧浪之水清兮,可以濯吾缨;沧浪之水浊兮,可以濯吾足"。诗文入园增加了园林美的思想容量,具有重大的意义。

二、天人合一的造园精神

中国古典园林的最高精神是"天人合一"。这种"天人合一"精神是中国哲学的基本精神。园林中的"天人合一"主要通过如下几个方面来体现：

第一，整个造园理念讲究以造化（自然）为师，以自然作为最高的美。明代园林大师计成说："自成天然之趣，不烦人事之功。"任何违反自然本性包括违反生态的做法都是不可取的。清代乾隆皇帝在《静明园记》中描绘过自然生态之美："若夫崇山峻岭，鹤鹿之游，鸢鱼之乐，加之岩亭溪阁，芳草古木，物有天然之趣，人忘尘世之怀。"

第二，园林美是自然美与人工美的统一。中国古典园林强调因地制宜，充分利用原有山水地势而造园。不仅如此，园林中的人造景观亦要与整体气氛相和谐，既合自然之势，也顺社会之理，切忌人力穿凿。曹雪芹在《红楼梦》中借贾宝玉表达了这一思想："此处置一田庄，分明见得人力穿凿扭捏而成：原无邻村，近不负廓，背山山无脉，邻水水无源，高无隐寺之塔，下无通市之桥，峭然孤出，似非大观。"

第三，园林的建造主张有法与无法的统一。造园有法，但亦无法。有法是规则，无法是创造。无法中有法，有法中无成法、死法。

第四，中国园林在精神上要让人感受到一种自由，这种自由就是与宇宙的精神相通，与神灵相通，与道相通。苏州拙政园中梧竹幽居亭的对联云："爽借清风明借月，动观流水静观山。"借风借月，观水观山，人与自然，何等亲和。这种亲和，建立在人的移情之上。苏州沧浪亭有一副对联："清风明月本无价，近水远山皆有情。"不仅移情，而且移意。孔子说："知者乐水，仁者乐山。"水成为智慧的象征，山成为仁德的象征。在中国人看来，人之所以能从自然中找到知音，是因为人与自然的本质统属一个本体——道。这就是"天人合一"。

三、中国古典园林的隐逸精神

如果说山水是中国人高洁情怀和自由超越精神的象征，园林则是贵族、文人士大夫生活理想的更直接的载体。寄情山水的方式，是一种动态的、行走的方式，园林的方式则是静态的、停留的方式。除那些隐居在山林里面的隐士和修行者以外，对大部分中国古代知识分子来说，游历山川只能是一时的逍遥，不能成为一种生活方式。园林则是一个以居为主、可游可居的理想居所。中国的园林，无论是皇家园林还是私家园林，都是人工与自然山水的巧妙结合，其中都寄托了造园主人栖身于自然的审美精神，尤其是苏州园林，脱离了皇家园林那种富丽堂皇和政治权力的纠葛，更专注于自然精神的体验，因而体现出某种隐逸情怀。

隐逸是中国特有的一种历史文化现象，它已经深入到中国人，特别是读书人的血液中，成为一种精神基因。我们前面提到过陶渊明，他是一位典型的隐士，他的《桃花源记》，是中国知识分子精神上的故乡，给古代的士子们，尤其是在他们在仕途上受到挫折和打击的时候，指出一条归乡之路。"隐逸"的精神追求与桃花源的精神追求，在内涵上是相同的，是一条归真之路，也是一条归乡之路。唐代白居易把隐居分成三种：大隐隐于朝，中隐隐于市，小隐隐于山。所谓大隐，就是身在官场，有为中求无为，以巧妙的方法保全自己，躲避来自同僚的伤害，因为其中不确定因素最多，难度最大。中隐，就是身居闹市，虽不在官场，却免不了与官场人物接触，要保持清静无为，不为人事干扰，难度中等。小隐，卷起铺盖一走了之，远远地找座山清水秀的地方住下来，从此与社会基本隔绝，自然没有干扰，难度最小。大隐者对名位、金银、豪宅等有形资产不屑一顾，面对官场的污浊、倾轧、钩心斗角，能够保持清净幽远的心境，与世无争，过着悠然自得的生活。中隐者隐居在喧闹的市井中，视他人与嘈杂于不闻不见，从而求得心境的宁静。我们发现，中隐者有很大一部分是官场的失败者，他们内心充满失落、愤懑、痛苦和无奈，拥有比较丰富的资产，让他们有条件采取模仿自然山水的办法，把自己置于象征性的隐居场景之中，保持对大自然的亲近和心灵的自由平和。小隐者则与世隔绝，用庄子的话来说，投身于天地大美之中，"独与天地精神相往来"。

苏州园林的主人很多都是上面提到的"中隐者"。了解苏州园林历史的人会发现，苏州园林的主人多半是那些半官半民、半俗半禅的士大夫文人群体，这些官场失意的士子们，带着被官场排斥的羞耻、东山再起的盼望、生命意义的迷失，依据自己财力的大小，构筑一方园子隐居起来，苏州园林便是他们为自己打造出来的"桃花源"，寄托了他们的精神理想。例如，沧浪亭主人苏舜钦，曾任县令，后来被王安石推荐做了监进奏院，进奏院相当于今天的各省的驻京办事处，监进奏院就是管理驻京办的官。后来苏舜钦因为支持王安石的变法，被守旧派弹劾和陷害，被削职为民后离开开封，跑到苏州修建了沧浪亭隐居起来。拙政园主人王献臣，官至巡抚，后来官场失意，还乡造园隐居。艺圃的主人是明代的文震孟，因反对魏忠贤独揽大权，被削职为民，隐居在艺圃里。退思园的主人是清代的任兰生，他的官职是兵备道，也是被政敌弹劾，解职返乡。这些人中间，王献臣受到的侮辱最严重，史书记载他曾受东厂两次诬陷，一次还被拘禁监狱，受杖三十。因受不了这种侮辱，他主动辞官到苏州建造了拙政园。拙政园之所以取名"拙政",王献臣认为自己不善为官之道,只好躬耕田亩,这不过是自嘲而已,算不了什么。厉害的是他在园中遍植荷花,借荷花出淤泥而不染把官场比喻为污秽不堪的泥潭,把所有的官僚都骂遍,同时把自己比喻为远离污秽、亭亭玉立一尘不染的莲花,还在水池边建造主厅堂取名"远香堂",借周敦颐《爱莲说》文中"香远益清"意,标榜自己不向权贵妥协的精神,似乎非如此不足以平抑胸中恶气。今天我们给拙政园很高的评价和地位,其中包含了对拙政园内涵的这种正面精神的肯定。

苏州园林最突出地体现了中国古典园林的隐逸精神。苏州园林的隐逸精神,首先从园林的题名我们就能看出来。沧浪亭是苏舜钦取自屈原楚辞《渔父》中的"沧浪之水清兮,可以濯我缨;沧浪之水浊兮,可以濯我足",以表明自己崇高清洁的人格。拙政园是王献臣取自晋潘岳《闲居赋·序》"此亦拙者之为政也"之意,遂名"拙政",暗含自己隐居赋闲的志向;网师园的"网师"为渔翁,意思是要做一个不问世事的渔翁,隐居江湖;退思园的"退思"二字,取自《左传》中的"退思补过",表达的是退居田园的意思,"思过"可能是假,退隐却是真情。此外,苏州自宋以来,以"隐""逸"为名的私家,就有隐圃、桃源小隐、洽隐园、静逸园、逸我园、乐隐园、招隐堂、道隐园和壶隐园等。

本章习题:

一、选择题

1.世界园林可以划分为三大体系,包括( )。

A.欧洲园林体系　　B.伊斯兰园林体系　　C.东亚园林体系　　D.中国古典园林体系

2."虽由人作,宛自天开"是中国古代造园家( )提出的造园思想。

A.计成　　　　B.李渔　　　　B.曹雪芹　　　　D.蒲松龄

3.下列选项中属于私家园林的是( )。

A.北京恭王府　　B.苏州拙政园　　C.扬州的寄啸山庄　　D.北京颐和园

E.上海豫园

4.下列选项中属于中国古代园林的空间处理技巧的有( )。

A.借景　　　B.添景　　　C.夹景　　　D.对景　　　E.漏景

5.借四季的花或其他自然景象,叫作( )。

A.应时而借　　B.远借　　C.近借　　D.仰借

6.中国古典园林中,借景的方法有多种,如借池塘中的鱼称为( )。

A.远借　　　B.邻借　　　C.仰借　　　D.俯借

二、实践题

重温叶圣陶先生的名作《苏州园林》,精读如下段落,分析中国古典园林体现了造园艺术家怎样的精神追求。

……苏州园林里都有假山和池沼。假山的堆叠,可以说是一项艺术而不仅是技术。或者是重峦叠嶂,或者是几座小山配合着竹子花木,全在乎设计者和匠师们生平多阅历,胸中有丘壑,才能使游览者攀登的时候忘却苏州城市,只觉得身在山间。至于池沼,大多引用活水。有些园林池沼宽敞,就把池沼作为全园的中心,其他景物配合着布置。水面假如成河道模样,往往安排桥梁。假如安排两座以上的桥梁,那就一座一个样,决不雷同。池沼或河道的边沿很少砌齐整的石岸,总是高低屈曲任其自然。还在那儿布置几块玲珑的石头,或者种些花草;这也是为了取得从各个角度看都成一幅画的效果。池沼里养着金鱼或各色鲤鱼,夏秋季节荷花或睡莲开放,游览者看"鱼戏莲叶间",又是入画的一景。……

第八章　人文景观审美典型二：建筑景观

本章提要

建筑景观是人文景观的重要审美要素。本章对人文景观中的古代建筑从五个方面进行阐述：第一节对中国古代建筑的审美进行了概要讲述；第二节简单阐述了中国古代建筑的发展历程；第三节阐述了中国古代建筑的四种主要形式；第四节介绍了中国古代建筑的审美特征；第五节通过四个典型案例重点加深读者对中国古代建筑的美学认知。个别小节穿插有若干阅读资料帮助读者拓宽视野、丰富知识。

第一节　中国古代建筑审美概要

建筑是凝固的历史，是人类文化的重要组成部分，一座有代表性的建筑往往集中了当时文化、艺术的精华。建筑是创设和堆置在地面上的物质块体，其外形或空间形象对人的感官具有很大的刺激性。无论随意地浏览，还是审美观赏，抑或是技术分析，外在的建筑形式总是迫使人们进行不同程度的审视或凝望。建筑艺术是在一定自然环境和社会条件下产生、发展和成熟的，是社会历史时代的缩影，是一个国家或地区灵魂的外在表现，因而必然会打上时代与地域的烙印。

我国是四大文明古国之一，华夏文明是世界上唯一没有间断的文明。传统建筑是我国优秀文化遗产的重要组成部分。我国传统建筑丰富多彩，千姿百态，装点着祖国辽阔美丽的大地，其中有许多建筑蜚声海内外，如万里长城被称为"世界奇迹"；著名的"江南三大名楼"——黄鹤楼、岳阳楼、滕王阁；承德避暑山庄，北京故宫和山东曲阜孔府、孔庙被称为我国三大传统建筑群。中国十大风景名胜中，古建筑或传统建筑占据四项；众多的古建筑或传统建筑是我国优秀的旅游资源，具有丰富的文化内涵、高度的鉴赏价值、鲜明的文化个性和强烈的艺术魅力，吸引着广大的中外游客。西方古典建筑或传统建筑如众多的教堂、神庙、宫苑也有很高的艺术水平和审美价值，同样是重要的旅游资源，吸引着无数的游客。

第二节　中国古代建筑发展历程

建筑是为了满足人类社会活动的需要,利用物质技术条件,按科学法则和审美要求,通过对空间的塑造、组织与完善所形成的人为物质环境。抑或说建筑是指人们为了其形象可供观赏或者其空间可供使用,相对于地面固定且可存在一定时间的人造物。《辞海》对建筑的注释是建造房屋、道路、桥梁、碑塔等一切工程。

建筑包括建筑物与构筑物两种:供人们工作、生活、学习等活动使用的房屋称为建筑物,如学校、住宅、办公楼等;为了保证建筑物被正常使用而配套的一些辅助建筑,如蓄水池、烟囱、水塔、电视塔等,称为构筑物。本章中所提及的建筑物包括上述两类。

建筑是人类文化和文明最早的记忆,也是人类社会发展和进步的标志。纵观历史沧桑,唯有建筑闪烁着耀眼的光芒。让我们穿越历史的长河,走进中国建筑的发展史,叩响历史之门,回首建筑的沧桑巨变。

中国古建筑自先秦至19世纪中叶以前基本上是一个封闭、独立的体系,从秦汉一直到唐宋时期,中国传统建筑遵循自身的既有规律平稳发展,经过大量的实践的技术体系变得成熟合理,对材料特性的运用和理解也日趋成熟,并且传播至韩国、日本、越南等东亚文化区。唐代以后木构建筑走向成熟,以卯结构联结构件,全木构架普及,历史上由于朝代更替产生的新模式与民间地方手法相互影响,南北建筑特色分明。更为重要的是,在这个漫长的历史时期内,儒家美学中"兴"和"善"等众多的理念成为中国传统建筑中表达社会性的方式和规律,蕴含了传统社会严格伦理秩序的美学观念,使得建筑被赋予本体之外更多的社会意义,具有了更为厚重和持久的内容,通称为中国古代建筑艺术。

中国古建筑种类繁多,丰富多彩。有两种传统的分类方法:按材料结构分为土石建筑、木构建筑、砖石建筑和竹构建筑等;按建筑物的性质和功能分为宫殿、宗教建筑、祠堂、会馆、古民居、古典园林、古代桥梁、古代城防建筑、古代水利工程建筑和古观象台等。

原始社会:最早的建筑结构被称为"筑土构木、建房架屋",大致有三种形式:干栏式建筑——出现于长江流域,因当地潮湿多雨、地形复杂,在崎岖的地形上构筑房屋,人居楼上以保证安全;木骨泥墙式——出现于黄河流域,伞架方式,圆形结构;夯土墙——出现于奴隶时代,与青铜器时代制度有关。

商周至秦汉:代表性建筑以阿房宫、长城、未央宫为主,除长城外,均无历史遗存。

魏晋南北朝:本时期的建筑能从敦煌壁画及佛教石窟所展现的情景得知其形象或从传于日本的飞鸟样推断其形象。当时南方的建筑因为气候湿暖,容易形成夯土塌陷,因此相比于北方建筑来说更早摆脱土木混合结构,南朝建筑木结构多数外露,风格秀美劲挺,成为北朝建筑模仿的对象。

隋唐五代:经南北朝分裂至隋代统一全国,隋文帝杨坚在立国之初采取休养生息的政策,经济发展迅速。至隋炀帝大兴土木,建立大量如仁寿宫等离宫别苑,虽然劳民伤财,但是客观上推动了建筑技术发展。隋代建筑除砖石塔外已无遗存,其形象可从墓葬壁画及出土铭器加以了解。唐初建筑文化南北交融,得到较大发展。初唐大规模的建筑营造活动首推长安大明宫。武周时期营建位于东都洛阳的明堂,方 88 m,复原高约 86 m,经遗址发掘复原为全木构建筑,可见当时的建筑技术已经非常成熟。开元盛世后,当时国力达到顶峰,建筑技术取得了空前的发展,浑然大方的气势将中国传统建筑推上了形式的巅峰,社会审美心理也得到了最大的释放,建筑审美表达从形式和感官上都达到了最高点,代表性建筑有佛塔、佛教寺院、石窟、赵州桥等。

宋辽金元:宋代中国建筑进入一个朝向民间化发展的空前时期,在这一时期,坊制和夜禁制度被打破,城市格局发生了较大的变化,成为后来建筑参照的典范。当时建筑的秀美和理性书写了中国传统建筑审美的稳重,经过了复杂的建筑审美心理历程,宋代建筑从艺术和技术上都走上了成熟的巅峰状态。《清明上河图》较好地表现了这一时期的城市建设和建筑发展状况。金代建筑将纤巧的宋风糅入辽代北方建筑传统,使建筑更为秀丽,但缺少辽代建筑的雄浑。金代比较有代表性的建筑有五台山佛光寺文殊殿。元代北方建筑喜欢用未经加工的原木构件,常见使用弯曲的大梁,南方建筑继承南宋地方传统个别发展。元代代表性建筑为永乐宫、卢沟桥、长虹桥。

明清时期:明代建筑技术有了长足的进展,建筑结构的合理性和对建筑材料的认识都取得了前所未有的进步。明代建筑梁架结构的用材明显减小,跨度和承重有所增加,这是技术的显著进步。到了清代,传统建筑也走向没落,西方文化进入中国,审美受到西方美学思想的影响,中国的建筑发展进入一个新的阶段。

中国传统建筑艺术有三个基本的特征:第一,与深厚的传统文化一脉相承,表现出鲜明的人文主义精神。建筑艺术的构成因素,如节奏、尺度、构图、性格、形式、风格等,没有大起大落、不可理解的形象,都是从当代人的审美心理出发,为人所能理解和欣赏的。第二,审美与政治伦理高度契合。艺术价值高的建筑发挥着维系、加强思想意识和社会政治伦理制度的作用。第三,综合性强。古代优秀的建筑作品,几乎都是动员了当时可能构成建筑艺术的一切因素和手法综合而成的一个整体形象,从外部序列到内部空间,从总体环境到单座房屋,从色彩装饰到附属艺术,每一个部分都不可或缺,任何一项的缺失都会损坏整体效果。

第三节　中国古建筑的主要形式

中国古建筑的种类繁多,形式也极为多样,主要有城池、陵墓、宫殿、寺院、楼阁、塔、桥、亭、住宅等。我们这里所讲的古建筑,主要是指在历史上有一定纪念意义、现今有一定旅游观赏价值的建筑物。

一、古城建筑

在中国古代,"城"是以土构筑而成,用来进行军事防御的建筑。古代城市一般都筑有高大雄伟的城墙,呈水池形状,故也称为"城池",城墙外有护城河环绕保护,有的城内还有宫城、皇城、内城等,可谓"城中有城""固若金汤"。我国的古都、古城包括民居的选址布局都比较讲究风水,一般追求依山面水、坐北朝南的地理环境。城市建筑布局封闭,讲求严格的规制,强调中轴对称。例如,北京古城的中轴线从永定门经前门到紫禁城再到安定门、德胜门,长达 8 000 m。中轴线如同人的神经中枢,左右着整座城市变化起伏和左右对称的空间布局。中国古代都城的布局一般为前朝后市,左祖右社,城市形状方正,城内街道房屋呈棋盘状分布。这与西方古城所具有的开放、活泼、自由的同心放射形布局风格形成鲜明的对比,原因在于中国崇尚封建礼制文化具有封闭、严谨的特质,西方推崇自由与民主的开放文化具有开朗、活泼的特质。

现在的古城墙已经失去了防卫作用,成了历史遗迹,供人游览观赏。古城建筑给人的审美感受是古朴、雄浑,颇能激起人们的思古之情。在我国,古都古城风貌目前仍保存得较好的历史文化名城有北京、西安、南京、平遥、荆州、襄阳等(其中现存规模最大的古城是南京城),这些古城的古城墙、护城河吸引着众多的游人。

阅读材料: 中国古代主要城市防御景观

平遥古城

平遥曾是清代晚期中国的金融中心,并有中国目前保存最完整的古代县城格局。春秋时属晋国,战国时属赵国。秦时置平陶县,汉时置中都县,为宗亲代王的都城。北魏始光元年(424)改名为平遥。清代晚期,总部设在平遥的票号就有二十多家,占全国的一半以上,被称为"古代中国华尔街"。其中规模最大的是创建于清道光年间、以"汇通天下"而闻名于世的中国第一座票号"日升昌",随后建立的票号有二十多家。平遥城墙建于明洪武三年,城内目前基本保存了明清时期的县城原型,有"龟"城之称,因有六道城门,南北门为龟首尾,东西四门象征四足。街道格局为"土"字形,建筑布局则遵从八卦的方位,体现了明清时的城市规划理念和形制分布。城内设4条大街、8条小街和72条小巷。古城以南大街为中轴线,城东有城隍庙,城西有平遥县署,城左立文庙、城右立武庙,东道观、西佛寺,对称布局;城内外有各类遗址、古建筑300多处,有保存完整的明清民宅近4 000座,街道商铺都体现历史原貌,被称作研究中国古代城市的活样本。环绕古城的城墙是中国现存规模较大、历史较早、保存较完整的古城墙之一。1997年,平遥古城被列入世界文化遗产。

丽江古城

丽江古城由大研镇、东河镇和白沙乡三部分组成。其中大研镇坐落在丽江坝中部,它是中国历史文化名城中唯一没有城墙的古镇,据说是因为丽江土司(世袭统治者)姓木,筑城势必如木字加框而成"困"字之故。纳西族名称叫"巩本知","巩本"为仓,"知"即集市,可知丽江古镇曾是仓廪集散之地。丽江古镇始建于宋元,至今已有八百多年的历史。当时丽江木氏先祖将统治中心由白沙迁至现狮子山。明末徐霞客的《滇游日记》曾写丽江古镇中木氏土司官邸"宫室之丽,拟于王者"。城区则"居庐骈集,萦城带谷""民房群落,瓦屋栉比",可见当时丽江古镇已有名。丽江古镇曾是明朝丽江军民府和清朝丽江府的府术署所在地,明朝称大研厢,清朝称大研里,民国以后改称大研镇。丽江古镇,因为集中体现了纳西文化的精华,并完整地保留了宋、元以来形成的历史风貌。1997年,丽江古镇被列入世界文化遗产。

(节选自范德华《旅游景观鉴赏》,旅游教育出版社,2013)

二、宫殿建筑

宫殿建筑是皇帝为了突出皇权的威严、巩固自己的统治，满足精神生活和物质生活的享受而建造的气势雄伟、规模宏大的建筑物。历代皇帝不惜人力、物力和财力，为自己建造宫殿。这些宫殿巍峨壮观、金碧辉煌，充分显示了我国劳动人民的智慧和创造才能。

宫殿的一大特征是硕大的斗拱、金黄色的琉璃瓦铺顶、高大的盘龙金柱、绚丽的彩画、汉白玉台基、精雕细刻的天花藻井、栏板、梁柱，以及相关的建筑小品，以显示宫殿的豪华富贵。我国古代宫殿有秦阿房宫、汉建章宫、未央宫、长乐宫，宫内有前殿、寝殿及其他殿宇台池。现存较著名的有北京故宫、沈阳故宫等。其中北京故宫是我国古代宫廷建筑保留最完好的一处，占地面积 72 万 m^2，建筑面积 15 万 m^2，有大小房屋近万间，主要建筑有太和殿、中和殿、保和殿等。故宫周围是 10 m 高的红墙，周长 3 400 多米，城墙外是护城河。故宫是一处豪华壮丽的殿宇之海，充分显示了我国宫殿建筑艺术的高超水平。

阅读材料：北京故宫

北京故宫是中国明清两代的皇家宫殿，旧称紫禁城，位于北京中轴线的中心，是中国古代宫廷建筑之精华。北京故宫以三大殿为中心，占地面积 72 万 m^2，建筑面积约 15 万 m^2，有大小宫殿 70 多座，房屋 9 000 余间。它是世界上现存规模最大、保存最为完整的木质结构古建筑之一。

北京故宫于明成祖永乐四年(1406)开始建设，以南京故宫为蓝本营建，到永乐十八年(1420)建成。它是一座长方形城池，南北长 961 m，东西宽 753 m，四面围有高 10 m 的城墙，城外有宽 52 m 的护城河。紫禁城内的建筑分为外朝和内廷两部分。外朝的中心为太和殿、中和殿(图 8 – 1)、保和殿，统称三大殿，是国家举行大典礼的地方。内廷的中心是乾清宫、交泰殿、坤宁宫，统称后三宫，是皇帝和皇后居住的正宫。

北京故宫被誉为世界五大宫之首(法国凡尔赛宫、英国白金汉宫、美国白宫、俄罗斯克里姆林宫)，是国家 AAAAA 级旅游景区，1961 年被列为第一批全国重点文物保护单位；1987 年被列为世界文化遗产。

(摘自百度百科)

图 8-1 北京故宫太和殿

三、陵园建筑

古代的陵园建筑,一般都是利用自然地形,靠山而建。从布局来说,一般是在陵园的四周筑上陵墙,四角建造角楼,四面开门,陵前建有神道,还有石兽、石人的雕像,给人一种肃穆、宁静之感。

我国的皇陵之中明、清两代的皇陵最为完整。明朝皇帝的陵墓坐落于北京市昌平区天寿山麓,即明十三陵。明十三陵中规模最大最宏伟的是明成祖朱元璋的长陵和明神宗皇帝朱翊钧的定陵。定陵于 20 世纪 50 年代发掘,总面积 1 195 m^2,地宫距地面 27 m,由前、中、后及左右 5 个殿组成。地宫除放置皇帝神宗的棺木外,还有他的两位皇后的棺木。地宫为石拱结构,四周有良好的排水设备,历经几百年,石拱无一块石头塌陷,充分说明了我国古代地下建筑建造的高超技术。

清朝陵墓分辽宁辽阳的东京陵,新宾县的永陵,沈阳的福陵、昭陵,合称"关外四陵";河北省易县城内的清西陵;遵化市马兰峪的清东陵。清东陵是我国现存陵墓建筑中建筑体系最完整、规模最宏大的皇家陵寝。这里埋葬着顺治、康熙、乾隆、咸丰、同治 5 位皇帝,14 位皇后,136 位妃子,共 15 个陵墓,其中以裕陵(乾隆)和东陵(慈禧)最为考究。裕陵和东陵的地宫用汉白玉建造,陵墓内部到处是艺术高超的石雕,彩云飞舞、龙凤呈祥。除石雕之外,全都贴金,光彩夺目、金碧辉煌。建筑精美壮观,十分奢靡。清西陵埋葬着雍正、嘉庆、道光、光绪 4 位皇帝及其后妃等,比清东陵规模小。

陵园是我国古建筑中最宏伟、最庞大的建筑群,陵园内松柏苍翠、树木森森,已成为今天寻古探奇的旅游胜地。我国陵园建筑对旅游者,尤其是对外国旅游者极具吸引力。每年夏天,仅到清东陵游览的人就高达数万。

阅读材料:清朝皇家陵寝

清入关以后,十个皇帝,除末帝溥仪没有设陵外,其他九个皇帝都分别在河北遵化市和易县修建规模宏大的陵园。由于两个陵园各距北京市区东、西一百里,故称"清东陵"和"清西陵"。

2000年11月,清西陵与清东陵一起,被第24届世界遗产委员会列为世界文化遗产。

清东、西二陵在规制上基本沿袭明代,所不同的是陵冢上增设了月牙城。另外,明十三陵中,只有长陵有"圣德神功碑",而清东、西二陵中则有数通。陵园的布局与明代相比也发展到了更成熟的阶段。按照从南到北的顺序,都由石像生、大碑楼、大小石桥、龙凤门、小碑亭、神厨库、东西朝房、隆恩门、东西配殿、隆恩殿、琉璃门等大小建筑组成。每座帝陵附近一般都附有皇后和嫔妃的园寝。

清东陵位于河北省遵化市以西23 km的昌瑞山,据北京125 km。始建于顺治十八年(1661),占地面积2500 km^2,是中国现存规模最庞大的帝王陵墓群之一。清东陵自1661年开始营建,历时247年才告结束。共建有皇帝陵5座,有清代入关第一帝,少年天子顺治皇帝的孝陵;有在位时间最长,以仁制天下的康熙皇帝的景陵;有古稀天子,十全老人乾隆皇帝的裕陵;有少年有为,却又一手创造了垂帘听政的咸丰皇帝的定陵;还有一生失意,又死因不明的同治皇帝的惠陵。皇后陵有4座:分别为孝庄文皇后的昭西陵、孝惠章皇后的孝东陵以及慈安、慈禧的定东陵两座。妃园寝5座:景陵皇贵妃园寝、景陵妃园寝、裕陵妃园寝、定陵妃园寝、惠陵妃园寝。公主陵一座。共计埋葬14个皇后和136个妃嫔。

清西陵是清朝帝王两大陵寝之一,位于河北省易县城西15 km处的永宁山下,离北京120多km。周界约100 km,陵域北起奇峰岭,南到大雁桥,东自梁各庄,西止紫荆关,面积达800余km^2。这是清入关后营建的又一处规模较大的陵墓区,也是历代帝王陵园建筑保存比较完整的一处。这里北依峰峦叠翠的永宁山,南傍蜿蜒流淌的易水河,古木参天,景态雄伟。雍正八年(1730)选此为陵址。雍正的陵址本来是选在清东陵九凤朝阳山,但他认为"规模虽大而形局未全,穴中之土又带砂石,实不可用",因而将原址废掉,命另选"万年吉地"。选陵址者奏称,易县永宁山下是"乾坤聚秀之区,阴阳汇合之所,龙穴砂水,无美不收。形势理气,诸吉咸备。"

雍正皇帝览奏后十分高兴,也认为这里"山脉水法,条理详明,洵为上吉之壤"。自此,清各代皇帝便间隔分葬于遵化和易县东、西两大陵墓。

清西陵自雍正八年(1730)首建泰陵,至公元1915年光绪的崇陵建成,历经186年,共建有皇帝陵4座,即雍正帝的泰陵、嘉庆帝的昌陵、道光帝的慕陵和光绪帝的崇陵。皇后陵3座:分别为孝圣宪皇后的泰东陵、孝和睿皇后的昌西陵、孝静成皇后的慕东陵。王公、公主、妃嫔园寝7座。建筑面积达5万多km^2,共有宫殿1 000多间,石雕刻和石建筑100多座,构成了一个规模宏大、富丽堂皇的古建筑群。

清西陵还有一座没有建成的帝陵,是中国末代皇帝溥仪的陵墓。溥仪去世后,其骨灰曾归葬八宝山公墓;据报载,1994年,溥仪的骨灰又葬入清西陵。

(摘自百度百科)

四、宗教建筑

佛塔、寺庙、石窟被称为三大佛教建筑。这些建筑记载了中国封建社会的历史足迹和宗教的兴衰,具有重要的艺术价值和历史价值。

寺庙建筑起源于古天竺(今印度)。我国在南北朝时期兴建寺庙成风,南梁武帝统治时期,将佛教尊崇为国教,在当时的都城建康(今南京)大兴寺庙,鼎盛时达数百座之多。正如唐朝诗人杜牧的《江南春》中说:"南朝四百八十寺,多少楼台烟雨中。"我国古代寺院的布局大都是正中路前为山门,正面为天王殿,殿内有四大金刚塑像,山门内左右为钟鼓楼,后面是大雄宝殿,最后是藏经楼。僧房、斋堂等建筑布置在正中路左右。大雄宝殿是供奉大雄之地,大雄即佛祖释迦牟尼,是寺院内最庞大、最主要的建筑。

山西省的五台山是我国著名的佛教圣地之一,它与浙江普陀山、四川峨眉山、安徽九华山并称为我国佛教四大名山,分别是文殊菩萨、观世音菩萨、普贤菩萨、地藏菩萨的道场。五台山的佛教建筑非常多,较为完整地保存至今的就有58处。以南禅寺和佛光寺为代表。南禅寺南北长60 m,东西宽51.3 m,始建于唐建中三年(782),是我国现在保存下来的最早的木结构寺院建筑。佛光寺建于唐大中十一年(857),在建筑上集萃了我国历代的建筑形式,凭借寺内的"四绝",即唐代雕塑、唐代建筑、唐代壁画、唐代题记,被称为"世间的瑰宝"。

我国藏传佛教又称喇嘛教,其建筑的特点是佛殿高、经堂大,建筑物多因山势而筑。例如,屹立在拉萨市红山上的布达拉宫,是我国最著名的喇嘛教建筑。

石窟是印度的一种佛教建筑,大都由僧侣们开凿。石窟是教徒们诵经、集会、修行的地方,其实质是僧房。我国的石窟是仿照印度的石窟开凿的,主要用来供奉佛和菩萨。我国最著名的三大石窟有敦煌莫高窟、山西云冈石窟和洛阳龙门石窟。

阅读材料:西安大雁塔

大雁塔(图8-2)位于唐长安城晋昌坊(今西安南)的大慈恩寺内,又名"慈恩寺塔"。唐永徽三年(652),玄奘为保存由天竺经丝绸之路带回长安的经卷佛像主持修建了大雁塔,最初五层,后加盖至九层,再后层数和高度又有数次变更,最后固定为今天所看到的七层塔身,通高64.517 m,底层边长25.5 m。

图8-2 西安大雁塔

大雁塔作为现存最早、规模最大的唐代四方楼阁式砖塔,是佛塔这种古印度佛寺的建筑形式随佛教传入中原地区,并融入华夏文化的典型物证,是凝聚了中国古代劳动人民智慧结晶的标志性建筑。

建筑结构

大雁塔是砖仿木结构的四方形楼阁式塔,由塔基、塔身、塔刹三部分组成。全塔通高64.7 m,塔基高4.2 m,南北长约48.7 m,东西长约45.7 m;塔身底层边长25.5 m,呈方锥形;塔刹高4.87 m。1、2两层有9间,3、4两层有7间,5、6、7、8层有5间,每层四面均有券门。

雁塔地宫

2008年5月,陕西省社会科学院宗教研究所所长王亚荣表示,和法门寺宝塔下有地宫一样,西安大雁塔下可能也藏有千年地宫。由此推测玄奘自印度取经归来后,所带回的珍宝有可能藏于大雁塔下的地宫内。

据史料记载,唐贞观十九年(645),玄奘从印度取经归来后,带回大量佛舍利、上百部贝叶梵文真经及八尊金银佛像。为了供奉和珍藏带回的佛经、金银佛像、舍利等宝物,经朝廷批准,玄奘亲自主持建造了大雁塔。但至今玄奘所带回的珍宝到底珍藏在哪里,却无人知晓。

第四节 中国古建筑的审美特征

中国古建筑是旅游者重要的审美对象,有着强烈的艺术审美特征,是精神和物质、艺术与技术、善和美的有机统一。从我国规模最大的古建筑中,欣赏到了建筑的美,也看到了中国古代文明的成就,它或宏大、或质朴、或挺拔、或华贵、或端庄,从序列组合、比例尺度、色彩装饰等各个方面决定了中国古建筑的审美特征。建筑的美主要表现在整体的形态和合理的几何规律,科学的构图形式,建筑材料的匹配,以及建筑物各部分的色彩、比例、布局等。当然,对我国古建筑的欣赏,还取决于欣赏者的文化素养、审美修养和民族的审美习惯。

一、群体组合富有特色

我国的宫殿、寺院、庙宇等基本上都是采用群体组合的布局,建筑风格是收敛的、内向的、封闭的,都追求内在的含蓄、私密性。从整体布局上看是多层次而变化无穷的,显示出宏伟壮观的艺术效果。主要建筑物一般都沿着中轴线布局,在布局的空间利用上十分讲究,有层次、有主次、有深度,既注意小巧玲珑,又注意宏观美;中轴线两侧的建筑物保持严格均衡和对称,从建筑总体来说,是一个完整的组群布局。这种以主要建筑为中心向四面扩散、中轴对称式的群体布局,与我国古代封建思想意识中的儒家伦理、宗法礼教、皇权观念、以土为本等传统文化密切相关,正所谓"普天之下,莫非王土",君王的建筑居于中央;而儒家倡导的"君君臣臣父父子子"的社会伦理观,也使中华礼教在内外、主次方面甚为讲究,如四合院中地位尊崇的长辈居住正房,晚辈分居两侧厢房。我国古建筑的一个共同特征是在平面布局上以"间"为基本单位,进而组成房屋,由房屋组成庭院,再由庭院最终形成各种形式的建筑群。北京的故宫、承德避暑山庄就是这样的群体组合建筑。

建筑之所以被称为"凝固的音乐",一方面形容建筑和音乐一样有明显的韵律、节奏,同时也表明了完美的建筑序列犹如一曲乐章,有始有终,有主有从,有和谐的旋律。中国古建筑的美,不仅存在于单体的完美设计,还存在于群体的序列组合;不仅存在于单体的精雕细琢,而且存在于整体的神韵气度。

二、结构形式巧妙

中国古建筑是以木构框架为结构主体,带有繁复屋顶形式的群体建筑,用木材造房是我国建筑上最早的传统,所以木结构成为我国古建筑的最大特征。中国人选择木结构建筑的原因在于:首先,建筑石材相对难觅,且运输不便;其次,古代中原森林密布,树木很多,便于就地取材;此外,受传统文化观念的影响,除陵墓建筑外,中国古人对于建筑的永恒并不刻意追求。我国古建筑的木构架的优点是:首先,造型丰富,构建灵活,形态各异,能够充分体现中国古建筑的艺术风格和民族特点;其次,木建筑抗震性能强。由于木材柔韧性强,加之采用榫卯安装办法,非常坚固,有"墙倒屋不倒"的优良特性;此外,这种建筑样式的门窗的安排比较灵活,多开一些门窗或少开一些门窗都可以,门窗可以开得大些,也可以开得小些。这种结构可以充分满足人们使用房屋的不同要求。但是其缺点也非常明显,如木构建筑难以长期保存,易腐朽,易受白蚁、火灾、战争等损坏。

中国传统建筑的外观,就单体建筑而论,基本分为三部分:台基、墙柱构架和屋顶,这在建筑学上称为"三段式",中国传统建筑采用梁柱式结构,所谓梁柱式结构,就是在地面上立柱,柱上架梁。这种木构架建筑屋顶的全部重量,是通过柱、梁传到立柱而最后达到地面,而墙壁不承受房屋的重量,只起分割空间和保护作用。古建筑中比较重大的建筑物一般都使用斗拱。这是我国古建筑所特有的建筑形式。斗拱是较大建筑物的柱与屋顶之间的过渡部分,功用在承受上部伸出的屋檐。斗拱的外形有一种错综精巧的美,还可以起到建筑的装饰作用。

古建筑艺术的代表如北京天坛的祈年殿,有三层重檐,以第一层依次向上,层层缩小,整个建筑物呈放射形,殿顶采用传统的尖式。整个大殿由 28 根巨大的木柱支撑,内层 4 根柱子代表春夏秋冬,中层 12 根柱子象征一年 12 个月,外层 12 根柱子代表一天的 12 个时辰。整个大殿将中国古代的礼仪规制和科学完美结合,成为我国木结构框架式建筑的典范。

三、建筑与自然完美结合

我国古建筑的设计和布局十分注意与周边的自然环境的结合,使建筑美同自然美相融合。把体现了人的创造、智慧、志向的建筑人工之美与自然风景美相联系,将人的情感融于自然之中,进而以自然美和艺术美来陶冶人的情操,满足精神的审美,这成为我国古建筑造景布局的重要审美思路。建筑与风景相得益彰。另外,建筑周边若山水秀丽、林木茂密,则会形成禽兽出没、鸟语花香的世界,为建筑增加生趣之美。

颐和园、孔庙、承德避暑山庄等建筑都是与自然风景结合的典范。有些寺院沿山势而筑、倚山叠起、层层殿堂,颇具特色。像北京的碧云寺、五台山的佛光寺、泰山的灵岩寺以及闻名中外的少林寺等,这些古建筑群都是同自然景色高度契合的。青海的塔尔寺、承德避暑山庄的外八庙,都是坐落在苍翠欲滴的山坡上,高低错落、依山就势,借取幽美的自然风景创造宗教的理想世界,既促进了宗教文化的交流,又满足了宗教的审美要求。

我国古建筑的审美集中表现在独特的民族结构形式,统一、完整、和谐的园林式组群布局上。这些形式美的因素成为游览、观赏的重要对象,引起了中外旅游者的极大兴趣。

四、装饰色彩灵活

色彩是构成建筑形式美的不可缺少的因素,黄、红、绿是我国古建筑的主色调。经过长期的建筑实践,中国建筑在色彩运用方面积累了丰富的经验,善于在宫殿、官衙建筑中运用色彩鲜明的对比与调和。房屋的主体部分,在经常可以照到阳光的部分用暖色,通常用朱红色;房檐下的阴影部分,则用蓝绿相配的冷色。这便强调了阴影的阴凉和阳光的温暖,形成鲜明的对比。朱红色屋身、黄色琉璃瓦顶,檐下阴影用蓝绿色略加点金,下面衬托一层乃至好几层雪白的汉白玉台基和栏杆,使得建筑的图案彩画更加活泼,增强了装饰效果。从中国传统的审美观来看,红色表示欢乐、喜庆,黄色表示富贵、辉煌,绿色能使人精神愉快和精力旺盛,给人生机勃发的感觉。从封建统治的建筑规制来看,宫殿建筑是黄色琉璃瓦,王侯建筑用绿色琉璃瓦,老百姓只能用灰色瓦房。宫殿建筑的红墙黄瓦,显得金碧辉煌,衬托出皇家的威严和皇宫的豪华富贵。

中国古代传统建筑善于综合运用工艺美术以及雕刻、绘画、书法等方面的卓越成就,如柱上的楹联、额枋上的匾额、门窗上的棂格等,变化无穷、丰富多彩;建筑物内部常用图案花纹、楹联以及壁画进行装饰,以增加华丽富贵之美。彩画是我国建筑装饰的重要组成部分,所谓"雕梁画栋"正是形容我国古代建筑这一特色。明清时期最常用的彩画种类有旋子彩画、和玺彩画和苏式彩画,多做在檐下及室内的枋、斗拱、梁、天花及柱头上。彩画构图和构件本身的形式密切结合,为我国古代建筑增添了无限光彩。颐和园的长廊以彩画装饰著称,长廊的彩画不论是内容还是形式都丰富多彩,更像是一个画廊。

建筑物内部陈列文物古玩、名人字画、工艺美术品也是中国古建筑内部装饰的一大特色,这也体现了中华民族的审美习惯和中国民族文化的特征。古建筑物的外部空间,常常用假山加以点缀,设香炉、屏风、华表(图8-3)。有的建筑物屋顶上的垂脊,用烧制有各种动物形象的砖瓦进行装点,更具神秘感,也表现出了古代中国封建社会时期严格的礼仪制度,丰富人们的审美趣味。

图8-3 天安门广场的华表

第五节 中国古代建筑审美典型案例

一、皇家气象中的深邃理想——古宫殿建筑审美

宫殿建筑又称宫廷建筑,是为突出皇权、威严,满足精神生活和物质生活的享受而建造的规模巨大、气势雄伟的建筑物。这些建筑大都金玉交辉、巍峨壮观。中国古代建筑艺术的精华是宫殿,历代帝王们都不惜大量人力、物力,在都城建造规模宏大、巍峨壮丽的宫殿。中国历代以来著名的宫殿有秦朝的咸阳宫、汉朝的长乐宫、未央宫,唐朝的大明宫,但目前保存完好的宫殿建筑群是明清的紫禁城——北京故宫。宫殿建筑集中体现了中国古建筑的艺术美。

(一)宫殿建筑的美体现在精巧的建筑结构设计

中国宫殿建筑由台基、柱框与墙身、斗拱、屋顶组成。

1. 台基

台基的高度受到严格的等级制度的制约。《礼记》中记载:"天子之堂九尺,诸侯七尺,大夫五尺,士三尺。"太和殿的台基高 8 m,是目前宫殿建筑台基最高的一处。所用材料取决于建筑的等级,石为上,砖为下。台基的装饰很丰富,以须弥座形式为最高等级。台基周围的栏板望柱,其花纹、装饰等受等级的制约。

2. 柱框与墙身

以木结构为主体的柱梁构架贯穿中国宫殿建筑的始终。木结构主体中,梁柱最重要,墙是辅助性的,起分隔室内外的作用,梁架结构非常复杂,各时代的做法和尺寸也有一定的差别。木结构梁架有三种基本形式:抬梁式、穿斗式、井干式。尤其在美感方面,柱的形状充分地体现出中国建筑家的匠心所在。柱和梁的接合处需要有一种过渡性的构造,柱头应运而生。最早的时候,柱头是斗形的,又演变为后来的斗拱。它由单层发展为多层,由单向发展为多向,成为一种十分复杂和巧妙的构造,在外观上给人一种高深莫测的感觉。

3. 斗拱

斗拱是中国古代建筑最具代表性的构件,它是柱、梁之间的一个过渡层,相当于载重汽车上的钢板弹簧弓,将屋盖的荷载传递到立柱上。斗拱的种类非常多,如太和殿的斗拱种类有鎏金斗拱、转角斗拱、柱头斗拱、平身科斗拱、品字科斗拱等等。斗拱从最初的承重作用慢慢过渡到装饰,明清的宫殿建筑艺术让本来承载的斗拱也越来越多地体现了它的装饰作用,在中国古典建筑艺术中具有十分独特、不可替代的艺术表现力。

4. 屋顶

屋顶的基本的形式有庑殿顶、歇山顶、悬山顶、硬山顶、攒尖顶等。宫殿建筑多以庑殿顶、歇山顶为主,太和殿重檐庑殿顶的等级最高。歇山顶略低于庑殿顶,在紫禁城建筑中使用最多,如保和殿就是重檐歇山顶。一座院落中正殿、后殿的屋顶都不一样,有主从之分。屋顶形式最丰富的是宫廷花园建筑。宫殿建筑的屋顶,无论从建筑的功能要求、建筑轮廓还是造型艺术出发,都体现出了中国古代建筑丰富而又有秩序的美感。重脊的顶端为骑凤仙人,依次排列龙、凤、狮子、天马、海马、狻猊、狎鱼、獬豸、斗牛、行什。古代建筑上的脊兽,可见的行什仅太和殿上,把这些小兽依次排列在高高的檐角处,象征着消灾灭祸、逢凶化吉,含有剪除邪恶、主持公道之意。紫禁城古建筑屋顶多为曲线,厚重的屋顶因此显得轻盈、舒展。平稳的基座、直立的柱框和曲线的屋顶,构成了中国古代宫殿建筑之美。

故宫的建筑很多采用重檐式屋顶,庞大的屋顶仿佛要把屋身压塌,如何解决屋顶对屋身造成的视觉压迫成了首要问题。建筑家们运用明度高的颜色显得轻盈的特点,使用了金黄色的琉璃瓦盖顶。整座宫殿立刻变得稳如泰山,这就巧妙地解决了上述难题。

(二)宫殿建筑的美体现在绚丽的色彩

中国古代宫殿建筑屋顶以琉璃瓦为主,多为单一色彩,有黄色、绿色、蓝色、黑色等。多色彩的屋顶即各种剪边形式,如储放典籍的文渊阁用黑琉璃瓦绿剪边,御花园的浮碧亭等则是绿琉璃瓦黄剪边,体现了尊贵富丽的皇家气派。帝王的宫殿,大都是黄色琉璃瓦盖顶,皇宫内部也常使用金黄色。这是因为黄色是中央的颜色,它被其他颜色簇拥,因而是最尊贵的颜色。故宫的乾清宫就是黄色琉璃瓦盖顶。在封建社会里,黄色是皇帝专用的颜色。故宫太子寝宫毓庆宫坐落在皇宫的东面,因此称为东宫,东宫殿顶颜色为青色,含有生生不息的意思。红、黄、蓝、绿都是纯度很高的颜色,给人一种华丽的感觉。宫殿建筑中用的最多的黄色、红色都属于暖色,给人热烈和兴奋的感觉。中国人不但对色彩的纯度十分敏感,而且对于色彩明度的搭配也很讲究。

(三)宫殿建筑的美体现在华丽的装饰

宫殿建筑中的结构构件往往是匠师们进行艺术创作的重要对象。比如屋顶装饰艺术、斗拱艺术,以及室内藻井艺术、彩画艺术等,无不是在具有一定使用功能的基础上,结合到构件进行非凡大胆的再创造。故宫太和殿的藻井位于大殿的正中央,共分上、中、下三层,上为圆井,下为方井,中为八角井。这种设计正体现了中国"上天下地""天圆地方"的传统说法。藻井内雕有一条俯首下视的金龙,口衔轩辕镜,雕刻精细,与大殿内巨柱上的金色蟠龙互相映衬,更加烘托出了帝王宫阙的庄严和华贵。但故宫养心殿并没有完全采用金色,在图形结构上使用了绿色,使整个藻井颇具独到之处。宫殿装饰艺术的美再值得一提的就是绚丽多彩、错彩镂金的彩画艺术了。在故宫随处可见的清式彩画里,一般的宫殿房屋多使用"旋子彩画",主要殿宇则用"和玺彩画",全画龙图案的为金龙和玺彩画,一般应用在宫殿中轴的主要建筑之上。例如,故宫太和殿的和玺彩画。

宫殿建筑本身追求的是政治含义,它的装饰作用除了美观以外更体现了森严的等级制度,主基调庄严大气,以宏伟的气势镇压都城,在我国建筑艺术史上留下了独特的一页。

二、清朴之地——古寺观建筑审美

我国的古寺观建筑集中显示了中国传统的宗教思想观念,又融会贯通了天文、地理、建筑、绘画、书法、雕刻、音乐、舞蹈、民俗等文化艺术和民间习俗,反映着古代人们的宗教意识、审美情趣和价值观念,表现出他们的美好愿望和追求。

首先,古寺观建筑的美在于它非常注重与周围自然环境的和谐。民谚常说"天下名山僧占多"。古寺观名胜古迹多在山水灵秀之地,如山西五台山、浙江普陀山、四川峨眉山与安徽九华山。中国四大道教名山分别是湖北武当山、江西龙虎山、安徽齐云山、四川青城山。总之,寺观坐落于名山者居多,名山与名寺、名观相得益彰。现存的大型的寺观建筑也大多耸立于高山危岩之上,掩映于寒松翠柏之中。中国古寺观的建筑之美在于殿落、亭廊与群山,松柏、流水与白云的相互呼应之间,含蓄温蕴、庄严肃穆、一草一木、一砖一瓦,都蕴藏着无比丰沛的生命力量。河南洛阳的白马寺被称为佛教的"祖庭"。它北靠祁山,南望洛水,绿树红墙,苍松翠柏,显得十分肃穆。喇嘛教建筑的特点是佛殿高、经堂大,建筑物多因山势而筑。例如,屹立在拉萨市红山上的布达拉宫,整个建筑依山垒砌,形式多变,在阳光下显得金碧辉煌。承德避暑山庄的"外八庙"也是大型喇嘛建筑,依山傍水、峥嵘起伏,景色壮丽幽雅。中国古寺观通过暗示、烘托、对比等手法,使建筑间含有微妙的虚实关系,又体现了中国建筑"含蓄"的美学特征。此外,园林式建筑格局的佛寺在中国也较普遍。这两种艺术格局使中国寺院既有典雅庄重的庙堂气氛,又极富自然情趣,且意境深远。我们在观赏美丽风景的同时,还可以领略寺庙道观给人们心灵带来的那份清静与安宁。

其次,古寺观建筑的审美体现在精巧、奇特而又科学的建筑结构。中国古寺观建筑主要是木构架结构,即用木柱、木梁构成房屋的框架,屋顶与屋檐的重量通过梁架传递到立柱上,墙壁只起到隔断作用。"墙倒屋不塌"很好地概括了古寺观建筑框架结构的特点。山西五台山南禅寺是我国历史最悠久的一座唐代建筑,是我国现在保存下来的一座较早的木结构寺院建筑。南禅寺大佛殿是寺院主体建筑,为单檐歇山顶建筑,共用12根檐柱支撑殿顶,墙身并不负重,只起间隔内外和防御风雨侵袭的作用。四周檐柱柱头微微内倾,四个角柱稍高,使得层层伸出的斗拱翘起。这样,大殿既稳固又俏丽,是典型的唐代建筑风格。我国还有的寺院凌空架起,表现了古代工匠高超的智慧和投巧。例如,北岳恒山的悬空寺,上靠危岩,下临深谷,依山做基,就岩起屋,造型奇特,的确为建筑史上所罕见,到此游览的旅游者无不叫绝。

古寺观建筑的美还体现在佛塔上,佛塔的造型各异,姿态优美,有亭阁式、楼阁式、密檐式塔、覆钵式塔、金刚宝座式塔等。①楼阁式塔,其建筑形式来源于中国传统建筑中的楼阁,我国著名的楼阁式塔有山西应县木塔、西安大雁塔、苏州虎丘塔等。山西应县木塔是世界上最高的木结构建筑,全塔共计出现五十四种不同的斗拱类型,是研究中国古代建筑木结构的绝无仅有的宝库。西安大雁塔,是一座七层方形砖木结构唐代佛塔。苏州虎丘塔,是驰名中外的宋代古塔,塔身七层八面,结构复杂,装饰彩绘华美。②西安小雁塔则是密檐式砖塔的典范建筑。③覆钵式塔,是藏传佛教的塔,其形似一只倒扣的钵而得名。中国现存最大的覆钵式塔是建于元代的北京妙应寺白塔。④金刚宝座式塔的形式起源于印度,造型象征着礼拜金刚界五方佛,如北京的真觉寺和碧云寺的金刚宝座塔。

第三,古寺观建筑的审美体现在寺观建筑的平面布局上。中国古人在建筑格局上有很深的阴阳宇宙观和崇尚对称、秩序、稳定的审美心理。古寺观从建筑格局上看,我国建筑群体的平面布局,多为均衡对称,设计时以纵轴为主,横轴线为辅,通过暗示、烘托、对比等手法,使建筑间含有微妙的虚实关系,从而体现了中国古寺观建筑"含蓄"的美学特征。一般佛寺的建筑,也以中间一条南北向纵轴线为主,主要建筑都位于南北向的中轴线上,次要建筑安排在轴线的东西两侧。自南向北,依次为山门,山门的正面为天王殿,天王殿后面是大雄宝殿、法堂,再后面为藏经楼。沿着这条中轴线,前后建筑起承转合,宛若一曲前呼后应、气韵生动的乐章。

第四,古寺观建筑呈现出丰富多彩的艺术形象。首先,体现在古寺观建筑富有装饰性的屋顶和屋檐上。中国的寺观是以宫殿为蓝本来建造的,既显示了佛的尊贵,又形象化展现了佛国的富饶安乐。佛殿可以使用屋顶的最高规格庑殿顶,斗拱、黄琉璃瓦,菩萨殿可以使用绿琉璃瓦。而其他的寺观建筑屋顶分别使用了歇山顶、硬山顶、悬山顶、攒尖顶等不同的屋顶造型。

中国佛寺十分重视绘画,特别是在重要建筑上,往往是"屋不呈材,墙不露形",形成了独特的东方建筑色彩艺术。绚丽多彩、错彩镂金的彩画艺术更使古寺观熠熠生辉。中国佛教四大石窟主要体现在石窟寺的建筑艺术、雕塑和壁画三个方面。敦煌莫高窟是世界上现存规模最宏大,保存最完好的佛教艺术宝库。飞天就是敦煌壁画塑造得非常完美的艺术形象。洛阳龙门石窟奉先寺大型艺术群雕以其宏大的规模、精湛的雕刻高踞于中国石刻艺术的巅峰,成为中国石刻艺术的典范之作,也成为唐朝这一伟大时代的象征。

三、盘踞大地的守卫者——古城池建筑审美

城池在古代指城墙和护城河,也可以泛指城市。城池,又称为城郭,是中国古代的军事防御建筑,但它除防御功能之外,还具有独特的美,今天我们一起探讨下古城池建筑审美。

首先,中国古城池的美在于"天人合一""象天法地"的意境美。中国古代城市最重视的就是人与天地的和谐,也就是常说的"天人合一"。李约瑟认为,在中国,无论是皇宫、庙宇,还是散布田间的住宅,都呈现出一种与自然和宇宙交流的图景,充满了对于方向、节令、五行和星宿的象征意味。这种城市与建筑精神,是从先秦就有的"象天法地"的思想。《吴越春秋》中说,"相土,尝水,象天法地,造筑大城,周回四十七里。陆门八,以象天八风。水门八,以法地八聪。"这种"象天法地",并不是简单的模仿,而是儒家对天、地、人之间精神之源的认知。中国古代的都城建设从城市选址择地、规划布局到建筑设计和工程建设等一系列过程中,首要的一步便要把握"辨方正位""择中而立"及"四方五行""五方为体"的"象天法地"原则。如果对紫禁城有研究,会发现这种象天法地的规则在其中体现得非常明显。哪个方位种树、哪个方位用黄色或绿色琉璃瓦、哪里用汉白玉、哪里涂红色油漆,都极有讲究。遵循的就是五行五方、五色四象的相生相克原理,五方的东南中西北,对应的是五行的木火土金水和五色的青赤黄白黑,而四象则为"左青龙(木)、右白虎(金)、前朱雀(火)、后玄武(水)",五行四象之间因生克构成了复杂的关系。今天紫禁城之所以是我们看到的样貌,并不只是建筑师简单的美学设计,背后蕴含着深厚的文化象征意味。有学者发现,汉代的长安南侧城墙模仿的是南斗星,而北侧则模仿北斗星,所以长安城过去也叫斗城,这种设计与孔子所言的"为政以德,譬如北辰"据说有一定关联。这种定位和取中的城池规划的"天人合一""象天法地"原则为古代城池营造了一种非常玄奥的整体性意境之美。

其次,中国古城池的美在于体现了儒家的礼制思想。中国古代城市建设的思想之源来自儒家。儒家对城市的理解核心是"礼",所以讲究方正端庄,中轴对称及泾渭分明。这在北京城表现得最明显。《周礼》有一段话:"匠人营国,方九里,旁三门。国中九经九纬,经涂九轨。左祖,右社;面朝,后市。市、朝一夫。"翻译过来就是匠人营建都城,九里见方,每边有三门。城中有九条南北大道、九条东西大道,每条大道可容九辆马车并行。宫殿左边是祖庙,右边是社稷。前面是上朝的地

方,后面是市场。每朝和每市各百步见方。这里的"夫"是古代的面积称谓,一夫为百步见方,一步六尺。《周礼》中清晰地勾勒出了都城方城中轴这一礼制布局的基本轮廓和"方位史在天,礼序在人",都城"以礼为本"的规划准则。礼的秩序就是这样整体地反映在城市形制和建筑布局上。礼制规范的严格等级秩序,塑造了不同规模、不同地区城市整体的历史文态环境和以建筑为主的风貌个性特色。梁思成对北京古城有过考察,认为北京与《周礼》所说的规划方式几乎完全一样。据记载,唐长安城按中轴对称布局,由外郭城、宫城和皇城组成。但为突出北部中央宫城的地位,以承天门、太极殿、两仪殿、甘露殿、延嘉殿和玄武门等一组组高大雄伟的建筑物压在中轴线的北端,以其雄伟的气势来展现皇权的威严。中国城池通过不同形式体现了中国礼制思想主导下的伦理美。

  再次,中国古城池的美体现在整齐而规范的布局上。梁思成曾这样论述北京城的布局。他说:"北京是在全盘的处理上,完整的表现出伟大的中华民族建筑的传统手法和在都市计划方面的智慧与气魄。"古都北京城在规划布局上的最大特色是"多重方城,中轴突出"的形制。这种形制严格讲求中正方直,体现封建等级秩序,并形成了一套基本布局的程式:首先是多重同心的方城(包括宫城——皇城——大城或内城,直至后增的外城);二是中轴线贯穿南北,主宰城市的全局;三是宫城居中,皇城围绕宫城,不可分割,同属"民不得入"的禁区;四是街道纵横,有主有次,大街直通城门,整个布局犹如棋盘;五是皇城以外四周连同外城,是遍布民居的市区;六是各类建筑,布置有序。北京明清古城共有四重城,中心是故宫,又名紫禁城,再往外是皇城,然后是内城、外城。旧城内建筑包括宫廷建筑群、寺庙建筑群、民居建筑群。北京城属于依照纵轴线平面展开的内向型序列,纵轴线贯穿城市的中心,沿着轴线布置门、牌坊、华表、宫殿等。在这条主轴线和两侧平行或者垂直设置次轴线,再依次布置街坊里巷,大体上呈方格网状。沿着主次轴展开的空间呈封闭型,生活空间向内部展开,整个城市风格含蓄内向,主次分明。唐代大诗人白居易曾非常形象地描绘唐都长安城的布局为"百千家似围棋局,十二街如种菜畦",显现出了唐都长安的布局之美。

  最后,中国古城池的美是通过独特的建筑外观来体现的。西安的城墙是中国现存规模最大、保存最完整的古代城垣,完整地再现了完备的军事防御体系,城墙包括的护城河、吊桥、闸楼、箭楼、正楼、角楼、敌楼、女儿墙、垛口等一系列军事设施保存完好。每门城楼三重:闸楼、箭楼、正楼。正楼高32米,长40余米,为歇山顶式,四角翘起,三层重檐,底层有回廊环绕,古色古香,巍峨壮观。除了城墙,钟鼓楼位于西安市中心,是西安的标志性建筑物,两座明代建筑遥相呼应,蔚为壮观。钟楼建在用青砖、白灰砌成的方形基座上,是一座重檐三滴水式四角攒尖顶的阁楼式建筑。钟鼓楼和典型的唐代宗教建筑楼阁式砖塔大雁塔、密檐式砖塔小雁塔都富有美学价值。

中国古城的美是内敛的、含蓄的,它根植于我们中华民族的精神肌理中,需要我们用心去体悟。

四、彼岸的喧嚣——古陵墓建筑审美

伟大的建筑可以征服时空,穿越生死。西方学者在谈中国古代陵墓建筑的文化特征时曾指出:"中国人在其世界里独自徘徊时,由友好的大自然来引导他谒见天神与祖坟;所以没有任何其他地方,风景会如此成为建筑艺术的材料。"

陵墓这种建筑类型,从殷商开始萌芽,战国正式出现,经秦汉唐宋以至明清,在中国一直受到极大重视。产生于史前时期的原始祖先崇拜,经过儒家的改造和强化,延续了两千多年,从不同角度都可以显现出它独特的美。

首先,陵墓建筑的美体现在中国陵墓的陵园布局和陵墓造型上。中国陵园的布局大都是四周筑墙,四面开门,四角建造角楼。陵前建有甬道,甬道两侧有石人、石兽雕像。在我国著名的陵墓建筑数不甚数,最为出名的莫过于秦始皇陵了。秦始皇陵陵墓规模宏大,气势雄伟。秦始皇陵地下宫殿是陵墓建筑的核心部分,位于封土堆之下。秦汉时期在地面上人工堆筑"坟",名曰"方上"。主要做法是仿造主人生前所生活的场所,先在地面上按照厅室、厢房等建筑格局挖出墓穴,再用木料在四周进行加固,最后在上边盖上厚木板,然后再在墓的上方用黄土一层层地夯实,形成一个上小下大、高出地面的方锥体土方,故名曰"方上"。到了唐代,唐太宗李世民创造了因山为陵的墓葬方式。他与文德皇后长孙氏合葬的昭陵就位于陕西省咸阳市礼泉县的九嵕山上。因山为陵就是以山作为陵墓,在半山腰掘个洞,作为墓室,以山峰作为坟头,再在山的四周建造陵区,使得整个陵园更加气势宏大。明清时期皇帝们改变了以山为陵的形式,改为宝城、宝顶的陵墓建筑形式。其建造方法是在地下先挖出一个巨大的墓穴,再在其上建造巨大的地宫,之后在地面上建筑高大的砖城,形成圆形土顶,称这"城墙"为"宝城",称这"圆顶"为"宝顶"。这就是我们现在所能看到的北京明十三陵等明清陵墓的建筑形式。

其次,中国陵墓建筑的美体现在陵墓建筑与周围自然环境的和谐。中国古陵墓建筑在设计营造时,特别注意与周围自然环境的协调。根据山川形式、地理特

点、气候条件、林木植被,力求陵墓建筑布局、色调与周围环境协调统一,营造出辉煌尊贵、威严神秘、庄重肃穆的陵墓建筑风格。尤其是皇家陵园的建设都十分讲究风水,要精心挑选依山傍水之处建筑陵园,其主要形式:整个陵区要坐北朝南,背依青山,脚踏绿水,所选择的山峰主峰形状必须是重峦叠嶂,气势磅礴,层次分明,主峰左右必有山峦起伏,蜿蜒不断,形成半环抱形状。从墓穴所在位置向南眺望,要地势平坦、视野开阔。远处左右应各有矮于主峰的山,名曰"青龙、白虎"把门,前面还要有河川相聚,即所谓"前有照,后有靠"。甚至于连当地的地名都要经过周密的考察、筛选、设计,才能最后确定。皇家陵区通常占地面积巨大,动辄几十里,有的甚至上百里。秦始皇陵陵园,南依骊山的层峦叠嶂之中,山林葱郁;北临逶迤曲转、似银蛇横卧的渭水之滨。高大的封冢在巍巍峰峦环抱之中与骊山浑然一体、景色优美、环境独秀。陵园内松柏苍翠、树木森森,给人肃穆、宁静之感。明十三陵规模宏伟壮丽、景色苍秀、气势雄阔,是国内现存最集中、最完整的陵园建筑群。明十三陵,既是一个统一的整体,各陵又自成一个独立的单位,陵墓规格大同小异。每座陵墓分别建于一座山前。陵与陵之间少至半公里,多至八公里。除思陵偏在西南一隅外,其余均成扇面形分列于长陵左右。在中国传统风水学说的指导下,十三陵从选址到规划设计,都十分注重陵寝建筑与大自然山川、水流和植被的和谐统一,追求形同"天造地设"的完美境界,用以体现"天人合一"的哲学观点。

第三,陵墓的建造塑造了丰富多彩的艺术形象。陵墓建筑的艺术形象主要体现在陵墓地上建筑和陵墓陪葬品。陵墓地上建筑主要是指诸如陵园大门、华表、牌坊、祭祀殿堂、神道石像生等。这些建筑除具有祭祀等实用功能外,还有象征意义。例如,华表象征"王者纳谏";天禄、麒麟等动物(头上有两支角的是天禄,独角的是麒麟)象征瑞兽天威,不可侵犯;马、羊、象等象征驯服与祥瑞;文武官员象征侍死者如生;等等。明十三陵陵园入园处矗立着五间六柱十一楼式的石碑坊。整座牌坊造型端庄稳重,结构简洁明快,坊柱上所雕刻的各种动物形象逼真、雕功精湛。石像生是陵寝前神道左右布置的用石头雕刻的文武官员和珍奇走兽组成的"仪仗队",一是显示墓主人的身份等级地位,二是有驱邪、镇墓的含义。从秦代开始就有了在陵园内摆放石人石兽之举。到了武则天时代,在陵墓前置石人、石兽基本形成了定式。唐高宗李治和武则天合葬的乾陵共有石人、石兽九十六对之多。明代陵墓前摆放石人、石兽十八对,其中石人中有勋臣、文官和武将,共六对;石兽依次为狮子、獬豸、骆驼、大象、麒麟、马各十二对。每座雕像都体积庞大,造型精美,各个虎虎生威。同时陵墓内还有一些随葬品。仅秦始皇陵陪葬俑坑出土的兵马俑就足以展示秦国军队的强大与威仪。秦始皇兵马俑是以现实生活为题材而塑造的,艺术手法细腻、明快,手势、脸部表情神态各异,具有鲜明的个性和强烈的时代特征,显示出极其精湛的陶塑工艺水平,号称"东方陶塑艺术的宝库"。秦始皇陵出土的铜车马是秦代工匠成功地运用了铸造、焊接、镶嵌、销接、活铰连接、子母扣连接、转轴连接等各种工艺技术,并将其完美地结合为一个整体,是20世纪考古史上发现的结构最为复杂、形体最为庞大的古代青铜器,被誉为"青铜之冠"。唐代陵墓出土了许多陶俑,其中尤以唐三彩为代表。唐三彩是以黄、白、绿为基本釉色生产的一种彩陶工艺品,它以造型生动逼真、色泽艳丽和富有生活气息而著称。它吸取了中国国画、雕塑等工艺美术的特点,采用堆贴、刻画等形式的装饰图案,线条粗犷有力,显出堂皇富丽的艺术魅力,多做为明器用于随葬。

德国文学家歌德把建筑比喻为"凝固的音乐"。陵墓建筑的美是一种凝固的美,它像音乐那样唤起人们特殊的情感,创造出庄严、肃穆的气氛,使人产生敬畏而又自豪的情绪。

本章习题:

一、选择题

1. ( )不属于江南三大名楼。

A. 黄鹤楼　　　B. 大观楼　　　C. 岳阳楼　　　D. 滕王阁

2. ( )不属于传统史学认为的中国四大古都。

A. 西安　　　B. 洛阳　　　C. 北京　　　D. 郑州

3. ( )被誉为西汉皇陵中规模最大的一座。

A. 汉文帝霸陵　　　B. 汉景帝阳陵　　　C. 汉武帝茂陵　　　D. 汉昭帝平陵

4. 以下属于中国古建筑审美特征的是( )。

A. 群体组合富有特色　　　B. 结构形式巧妙

C. 建筑与自然完美结合　　　D. 装饰色彩灵活

二、实践题

宫殿建筑又称宫廷建筑,是为突出皇权、威严,满足精神生活和物质生活的享受而建造的规模巨大、气势雄伟的建筑物。很多著名的宫殿如秦朝的咸阳宫、汉朝的长乐宫、未央宫、唐朝的大明宫都消失在历史的长河中。北京故宫是世界上现存最大的古代宫殿建筑群。请通过实地考察或者网上查阅相关资料的方式了解故宫的建筑样式、建筑规制和绝妙的建筑工艺,感受凝结于古代建筑之中的中华文明和祖先的智慧。

第九章　旅游景观设计的审美要求

本章提要

　　所有的旅游景观都是通过一定的形式语言传达给人们的，在设计的过程中遵从了最基本的美学要素。本章从旅游景观设计的基本概念和内涵出发，着重介绍了景观设计中的美学要素及其构成要素。美学要素包括形态与形体、色彩与材质及其表现风格。景观构成要素包括地形地貌、植被、水体、铺地和景观小品等。

第一节　旅游景观设计的相关概念

一、景观

　　"景观"是一个含义广泛的术语，不仅在地理学中经常使用，而且在建筑、园林日常生活等许多方面出现，被广泛地运用于各个领域中。景观是指土地及土地上的空间和物体所构成的综合体。景观是复杂的自然过程和人类活动在大地上的烙印，是多种功能（过程）的载体，因而可被理解和表现为：

　　（1）风景，视觉审美过程的对象。

　　（2）栖居地，人类生活其中的空间和环境。

　　（3）生态系统，一个结构和功能具有内在和外在联系的有机系统。

　　（4）符号，一种记载人类过去、表达希望与理想，赖以认同和寄托的语言和精神空间。

二、旅游景观

　　旅游景观是旅游活动形成的载体，是旅游业发展的依托，又是人类社会传播文化、传承文明的重要工具。旅游景观包括自然旅游景观和人文旅游景观。自然旅游景观是指地球表面自然存在的各种自然地理要素,它从地球出现就存在,并随着地表的自然变迁而变化,如地貌、水体、气候和生物旅游资源等。人文旅游景观是指能够吸引人们的古今人类文明活动的成果,即古今人类所发明创造的物质财富和精神财富的总和,如我国的古都名城、古代工程、古代建筑、宗教古迹、古典园林、文化习俗、风土民情、土特产、工艺品等。旅游景观规划设计的目的,就是要通过对自然景观和人文景观的合理布局和有效整合,充分展现旅游景观整体的观赏价值、历史文化价值、科学价值和生态价值,更好地实现其经济效益、环境效益和社会效益。

三、旅游景观设计

旅游景观设计(Tourism Landscape Design)是景观设计学与多学科交叉的一个专向设计学科,旅游景观设计要充分考虑设计学、市场学、消费行为学、生态学等多方面的因素,从整个旅游景区的主题出发,根据旅游者的旅游消费与审美需求进行景观设计立意和构思、有序安排景观要素及合理设计景观格局,通过旅游功能分区和分地段景观设计等手段,对景观加以控制维护和管理,最终实现旅游景观的可持续发展。常见的旅游景观设计包括自然风景名胜区旅游景观设计、人文风景名胜区旅游景观设计、城市公园旅游景观设计、度假区旅游景观设计、主题公园旅游景观设计、城市开放游憩空间旅游景观设计等。

旅游景观设计是现代旅游开发与规划研究中的一个重要分支,它是以旅游学基本理论为指导,在分析旅游市场需求、旅游环境容量、旅游各要素变化与发展等问题的基础上,运用景观生态学原理规划、设计旅游景观的实践活动,是旅游总体开发与规划的重要步骤,也是景观管理的重要手段。

旅游景观设计是旅游规划设计的重要组成部分,同时旅游景观本身也是旅游吸引物。研究旅游景观设计,还要对旅游者和旅游景观之间的关系进行深入的分析,因为旅游者与景观之间的关系是处在动态的变化之中的。

第二节 旅游景观设计的美学要素

旅游景观是通过一定的形式语言传达给人们的,形是指形态、形状,式是指式样、样式。景观的基本形式语言包括形态与形体、关联与隐喻、色彩与材质及其表现风格等。

一、形态要素

形态是指物体形体态势和内涵有机结合的体现,它包括人与物之间、物与物之间的关系。形体是形态的外在表现,它只有通过形态的建构,才能沟通人与物的情感,把人和物的情感联系起来。组成形态的形体要素有数量、体量、尺度、空间、组合方式等。由于这些要素都对形态产生着影响,因此每一种要素的变化都会引起形态的变化。

(一)形态的构成要素

任何物体的形态都是由点、线、面、体的运动、变化组合而成。点、线、面、体是构成形态的基本要素。

1. 点

点是构成一切事物的基本单位,是一切形态的基础。作为形式的基本要素,一个点可以用来标识一条线的两端、两线的交点、面或体的角上的线条相交处和一个范围的中心。在几何学中,点没有面积,只有位置。但在实际中,点具有相对的大小、面积以吸引注意力。它的形状可以有多种,但相对于特定的画面来讲,如果面积很微弱,无论其外形如何变化,它都被视作点。在园林中,点可表现为多种多样,如狭长的林荫道尽头的建筑、登山步道上的碑、圆形广场中心点的喷泉雕塑、广阔草坪上点缀的几株高大的椰树、浓荫树下的"树墩"座、水景岸旁的石矶等。

2. 线

点运动成线,点与点之间的联结,面的交界交叉及边沿都能看到或暗示着线。线是造型中最基本的要素,两点之间连接生成线,同时它是面的边缘,也是面与面的交界。在园林景观设计造型里,线的所有种类都可以放在各部结合处。

垂直的线,可以用来限定通透的空间。在几何学里,线无粗细,但在设计活动中,线具有粗细宽窄和长度,如果太短或过分增加线的宽度,线就有可能变成点或面。线分直线、曲线,直线又分水平线、垂直线、倾斜线;曲线分几何曲线和自由曲线。在景观设计中,线的表现最充分也最丰富,如整齐划一的道路绿化带,笔直向上的碑塔,起伏曲折的小径或廊,曲折的水岸线、林缘线、林冠线等。

我们知道,一条线可以作为一个设想中的要素,而不是实际可见的要素,如轴线、动线。景观空间往往是大的空间采用不对称流水性轴线,小的局部空间则用对称中轴线,或者采用意向轴线(即利用山、植物、塔、桥、亭、雕塑等标志物)来设计风景游览线,这种标志物是轴线延续的关键,是空间轴线的意象性存在物。

3. 面

面是线的封闭状态,不同形状的线,可以构成不同性质的面。在几何学中,面是线移动的轨迹,点的扩大、线的宽度增加等也会产生面。根据面的不同组合,可分为自然形的面和几何形的面。自然形的面即模仿自然形状的面;几何形的面即用尺规做成的面。几何平面又包括直线形平面和几何曲线形平面。在园林艺术中,面的形式铺盖了园林的大部分范围,如自由曲线的池岸闭合成波光粼粼的水面(图9-1);随地形起伏的草坪犹如绿色地毯;方形、圆形、长方形、椭圆形、多边形的广场,广场中央大型的花坛等。

图9-1　西安曲江池

4. 体

体是二维平面在三维方向的延伸。它可以是实体的,也可以是虚体的;可以是几何形的,也可以是不规则形的。其中,实体是指由三维要素形成的一个体或空间中的质体,如建筑、地形、树木和森林;虚体是指由平面或其他实体界定所围合的空间。体又可分为粒体、线体和面体。粒体,是由相对集中的粒子的立体空间形式,给人以活泼、轻快和运动的感觉特征;它具有点的造型形式特点,在立体构成中是形体的最小单位,其形象是任意的。在园林设计中,粒体可以认为是具有各种树形的树木、路边的果皮箱、置石等。线体,给人以轻快、活泼的感觉,可以分为两类:一类是静态的线体,如柱子、栅栏、花架等;另一类是以自然或人为的力量为原动力而不断变化的线体,如喷泉等。面体,给人一种向周围扩散的张力感,由其限定的空间形式,可分为平面空间和曲面空间。

(二)形态给人的心理感受

旅游景观的形态本身是没有情感的,但人眼对形状的感觉、经验等因素的结合,对人自身的心理状态产生的影响,主要表现在形态给人的方向感和性格联想。

1. 形态的方向感

形态的方向感指不同的形态给人不同的方向指示性。这是由于人们长期对特定形体的经验感觉而形成的。如水平线表示水平、稳定;垂直线表明上升或下降;斜线表示一定角度的趋向;自由曲线表明自由、无定向;圆表示中心方向;矩形表示中心、稳定等。

2. 形态的性格联想

形态的性格联想指形态通过主体的视觉审视,而驱使情感外露,像喜好、兴奋、平淡、厌恶,由此赋予形态不同的性格特点。例如,水平线表示安详、宁静;垂直线代表尊严、永恒、权力,给人以岿然不动、严肃、端庄的感觉;斜线意味着危险、运动、崩溃、无法控制的感情;放射线表示扩张、舒展;圆形象征优雅、完美;正三角表示稳定,而倒三角表示不安定;正方形代表正直、刚强;曲线、有机形(图 9-2)表示友好,有"人情味"等等。

图 9-2 建筑楼梯的设计

二、尺度要素

广义的尺度,在英文中的解释是"刻度、衡量、比例、数值范围、比例尺、天平、等级"。在建筑、景观设计中,狭义的尺度是指空间与构成空间的元素相互之间的比例关系,及其与人之间的尺寸和比例的制约关系,它是以人的角度来感知的,也就是指人与物之间的对比关系。

尺度与比例是有不同的,比例是客观事物本身的量之间的比较和关系,其本质是物与物的比较,目的是达成物体本身的和谐关系,而尺度是人与物体之间的比较关系,追求的是人与物体的和谐关系。同时,比例与尺度又是有一定关系的。比例是尺度的从属概念,是尺度概念的一部分;要有好的尺度,必然要有好的比例,但只有好的比例却未必一定有好的尺度。

此外,尺度也不同于尺寸。尺寸是指物体的绝对大小,它具有一个精确的数值,而尺度是人对物体体量的视觉估量和心理感受。正如建筑的尺度,只有当人介入其中,即人与建筑发生关系时才可能产生。它通过视觉直观地感知,但是要得到准确的尺度就必须依靠具体尺寸来进行比较,可以说尺寸是尺度的一部分,尺寸可以是某一方面单独的数据,而尺度则是通过物体自身各个部分或物体与其他物体及空间场地尺寸的比较或比例关系而形成的。

(一)尺度在景观中的作用

尺度,与我们的生活有着极为紧密的联系,不直观地为我们所察觉,但是却是景观中不可或缺的重要元素。在人们改造环境的活动中,它始终贯穿着全部,是我们在创造美好户外绿地景观中需要足够重视的关键环节。一个与人的尺度相当的景物,会给人亲切舒适的感受,而过度小于或大于真实的尺度就会赋予人新奇、惊叹的景观感受。

人们在观察景观时有远观、近看、细察的视觉习惯,旅游景观设计时应考虑不同的距离对人的这些视觉特征所产生的影响。

(二)人体的生理和心理尺度需求

在旅游景观空间中,通过对人们行为心理的了解,我们可以把人们在空间中的相互距离分为以下四种:

(1)亲密距离。0~0.45 m 是属于一种比较亲昵的距离,在 0.45 m 左右的距离之内,我们可以接触到另外一个人,感受到对方的体温以及呼吸。这是一种相互信任和亲密活动的距离,是一种必须得到同意以后才能进入的距离。在这个距离内,人们很难忽略对方的存在,人与人之间的交流可以是耳语。

(2) 个人距离。0.45~1.3 m 为个人距离或私交距离,这一距离的下限就是社交活动中无所求的适当距离。这个距离是大多数场所中划分人们可被接受的最小绝对距离,尽管不像亲密距离那么近,但我们仍可能在公共场所中对这个距离内的人感到非常熟悉,很难忽略掉处于这个距离的人;同样当被迫处于这样的距离时,陌生人一般会彼此认同。

(3) 社交距离。一般认为社交距离的范围为 1.3~4 m,在最小的社交距离中,我们仍能清楚地看到对方的面孔,却不会给人以亲密感,多数情况下,我们可以在社交距离内用正常音量交谈。

(4) 公共距离。我们把大于 4 m 的距离称作公共距离,处于这个范围内较近的距离,比如说当一个陌生人远远走来,到接近你的时候,可能就会令你开始感到不安,因为这是一个距离的临界值。这些数字就是人体的生理和心理尺度需求的表现。

人与景是互动的关系,人主要通过视觉器官感知景物和空间的存在。人的自然尺度作为衡量的标准被用于规定造物尺度的同时,也决定了审美的尺度。旅游景观设计不仅仅只是简单的美化环境,它还应该以满足人们活动休闲的功能为前提,不仅满足人体的静态尺度和行为模式,还要考虑人们心理需求的空间形态,如私密性、舒适性、归属性的获得。旅游景观设计首先要根据目的考虑主要景物或空间的尺度,如果景物超过人的习惯尺度,就会使人感到雄伟壮观;如果景物的体量符合习惯尺度,就会产生亲切感;如果景物的体量小于习惯尺度,则会使人感到小巧、紧凑、倍加亲切。例如,故宫前部的殿堂(图 9-3)都采用超常尺度,显得宏伟、庄严,后部的御花园,景物与空间尺度均较小,使人倍感小巧、紧凑、亲切宜人。以人作为尺度的度量,继而确定可见的尺度。

相对于社会的主流人群和成人,儿童与老年人以及残疾人属于比较特殊的人群,也是最需要关怀的弱势人群。随着社会的不断发展,这一点也正在日趋被人们所重视,在现代规划的居住区以及公共绿地公园,陆续出现儿童与老年人专用的活动场所。因此,在景观设计中除了对成年普通人群的生理及心理进行调查以外,还应该关注弱势群体的尺度与需求。

图 9-3 故宫前殿

三、质感要素

景观设计中材料的应用是不可缺少的元素,不论何种景观设计都要依靠具体材料的应用来表现。材质的美是通过质感表现出来的,材料的质感会通过不同的形式感作用于人们的审美感知。而人可以根据视觉、触觉和综合心理反应的特定方式,从而感受到材料丰富的质感形式。材料的质感所呈现出的丰富的表现形式,本身就具有天然的审美特征,从客观上讲,它的物质属性决定了其外观形式,是无法根据人的主观愿望而改变的,同时它又很实在地影响着人的主观感受,引起人们不同的审美反映。因而,材质本身具有很强的感染力和表现力。

各种材料的质感都具有不同的表情。其中,粗质感调子性格粗放,显得粗犷有力,表情倾向于庄重、厚实、稳健;细质感调子性格细腻、柔美,显得精细、华贵,表情倾向于轻松快乐;中间质感调子性格中庸,是两者的中间状态,但表情丰富,耐人寻味。材料的质感之间有着相对关系,如水石相对于毛石是细质感,而与木材相比就是粗质感。

不同材质的应用会产生不同的空间效果,在心理上会产生扩张、缩小、前进、后退的心理空间感应。正确地应用材质的美学有助于改善景观空间条件,通过对材质的色彩与肌理的有效组织,可对景观空间的实际体量进行心理上的有效调整,产生不同的空间感。以色彩为例进行说明,如空旷的景观空间采用暖色会给人充盈的空间感,避免空间给人以空旷感。小的景观空间设计可以采用冷色系列较光洁的材质进行设计装饰,在视觉心理上让人感觉显得大些。景观区域内人流较少而感到空寂的空间,材质配色宜选暖色以及较温润的肌理效果;人流多而觉得喧闹的景观空间,宜用冷色以及较光洁的材质。同一个景观空间,材质色彩上也要有所侧重,近人的装饰色调暖些,有利于心理情感的和谐。

四、色彩要素

世界是五彩缤纷的,人类生存的每一个空间都充满着绚丽的色彩。色彩,以它变幻无穷的颜色丰富着我们的环境,是景观设计中最动人的要素。色彩既可以装点生活、美化环境,给人一种美的享受,也是社会发展和精神文明的一种体现。

(一)色彩的三要素

色彩给人的感觉千差万别,长期以来对色彩的科学研究,使我们可以通过色彩的三个基本要素来科学、准确地描述色彩,即色相、明度、纯度,也称色彩的三要素。色相即色彩的相貌,是区别色彩种类的名称;明度是指色彩的明暗程度,即色彩的深浅差别。色彩中白色成分越多,反射率越高,明度就越高;反之,黑色成分越多,反射率越低,明度就越低。明度差别既指同色的深浅变化,又指不同色相之间存在的明度差别。纯度是指色彩的纯净程度,也可以说是色彩感觉的鲜灰程度。红色是颜料中纯度最高的色相,橙、黄、紫是相对纯度较高的色相,蓝绿色是相对纯度最低的色相。任何一个色彩加白、加黑、加灰都会降低它的纯度,混入的黑、白、灰越多,纯度降低得也越多。

(二)景观设计中的色彩

色彩是景观设计最基本的视觉和造型要素之一,它能赋予形体鲜明的特征和独特的视觉感受。景观的色彩主要分为自然色、半自然色和人工色。自然环境中裸露的土地、山石、草坪、树木、河流、海滨以及天空等,它们所生成的都是自然色。半自然色是指人工加工过但不改变自然物质性质的色彩,在园林景观中表现为人工加工过的各种石材、木材和金属的色彩。而城市环境中所有地上建筑物、硬化的广场路面、交通工具、街头设施、行人服饰等,都是人工产物,它们所生成的都是人工色。城市色彩在很大程度上丰富了城市居民的生活内容,可以使人们在尽可能享有自然界恩赐的色彩的同时,也尽最大的可能从更多的方面来探究色彩本身以及更具现实意义的应用,从而使城市人的生活有了更多的趣味性和生动性。

不同的色彩给人不同的视觉和心理感受。例如,白色给人以明快、洁净、高雅、纯洁的心理感受；黑色给人以理性、严肃、沉重的感受；红色给人以喜庆、热烈之感。在景观造型艺术中，色彩都不是以单一的颜色展现出来，而是由各种颜色相互搭配、组合形成景观效果。

五、光要素

一看见"光"这个字，我们立刻能联想到太阳，从而生出一种明亮、温暖的感觉。阳光是地球上一切生命之源，因为有了阳光，人们才能认识世界，才使一切改造世界的活动成为可能。人从外界得到的信息大多依赖于视觉，而视觉是以光作为媒介的，如果没有光的话，人们能够得到的信息就会十分有限。我们通过光感受着四季的变换、色彩的绚丽和世间的万物。

（一）光的分类

建筑景观中的光可分为自然光和人工光两类。

自然光主要指太阳光源直接照射或经过反射、折射、漫反射而得到的光。光的运用在建筑领域由来已久，"让光线来做设计"是贝聿铭的名言。古罗马建筑的杰出代表——万神庙中就很好地运用了自然光，其顶部的圆洞成为室内唯一的照明途径，营造出神秘和权威的氛围。随着建筑结构和技术条件的成熟，墙可以不再承重，开窗的大小、形状以及窗饰都使建筑空间利用光影变化成为可能。

因昼夜的变化，为满足安全及欣赏观景的要求，夜晚除了星光、月光等自然光外，城市景观的光环境主要以人工照明为主。人工光是相对于自然光而言的灯光照明，人工光源所发出的光线由具有一定的发光特性的各种电光源所提供。

实际上，在景观设计中，光首先是物质的，是一种客观实在，它和其他物质一样有自身存在的形式和规律。尽管随着科技的进步，人工光越来越多地应用到了园林景观领域，但是，人们有着与生俱来的对自然的渴求，这是因为哪怕最完美的人工光也不能取代自然光的美丽。伴随着科技进步带来的环境污染和环境资源日益枯竭，人们更加渴望自然光能够成为与人们日常生活接近的一种自发的存在。因此，对自然光的利用是景观设计中首要考虑的问题。

（二）光在景观设计中的运用

自然光是不断变化的，四季不同，时间不同，光线也就不一样。因此，对自然光的变化是不可控制的，对自然光的利用必须因势利导，从景观本身的规划、结构、布局、线条、空间入手,结合自然光进行设计。在景观设计中,许多意境和氛围要靠明显的质感来表达,这种质感及其艺术效果均可通过光影手段加以体现。尽管我们不能创造自然光,但是我们可以控制它,按照自己的意愿表现它,通过精确的滤光、窗口的设计改变光线,利用玻璃、光洁的金属材料反射、直射光线,使用半透明玻璃墙面形成漫反射,用门廊、花窗遮挡光线,使用有色的墙壁和玻璃给光线染上颜色,利用很多材料的特性重新塑造光线。当这些材料的表面受到直射光斜向照射时,就会形成强烈的明暗变化,使材料所具有的质感更加明显。

而在人工照明的设计中,因景观的地势环境是不变的,所以要通过对人工照明的设计来满足功能性的要求和氛围的渲染。例如,人流密度较高、聚集性较强的开放空间就需要用人工光来创造城市的夜景形象。城市中的广场、公园、小游园、城市节点,无疑是城市生活发生的舞台,良好的夜景设计不仅使游客趋之若鹜达到聚众效果,也是城市夜间亮丽的风景。这类户外开放空间使用频率很高,用照明将空间的不同区域营造出不同的气氛和意境,人们在这里享受生活的愉悦,解读城市地域的文化,产生各种社交及娱乐活动,这便是城市夜景所发挥的社会作用。

中国传统建筑景观处于园林之中,光的运用无处不在。中国传统建筑在满足了功能以外,还对形式做了大量文章,目的在于达到一种闲适、含蓄、天人合一的境界,在满足游人的动线、水的流通等功能的同时,营造出曲折的路径,让人们在园中从各个角度体会层次的变化及光与影的变化。例如,苏州的狮子林(图9-4)本来可以用石桥简单通过小溪,却在前面设置一座假山,人们必须在假山里萦绕才能找到出口;人在假山洞中感受光从石缝里洒下,形态不同的影子让人产生很多联想,人也透过小孔感受对面欲达而未达的美景。

图9-4 苏州狮子林

中国古典园林形成的粉墙动影的效果,使整面墙产生生动的视觉感受。为了在室内营造出"竹影摇动"的效果,就把窗户做了修饰,雕刻上了一些仿植物图案,在光线照射下也产生了丰富的光影变化,在晚上室内用灯光照明,窗饰被完全展现出来,体现出室内与自然最近点的融合,这种融合是光线产生效果的融合,更是思想与自然界的融合。中国传统园林的空间与光形成紧密的联系。比如,通过镂窗和门洞产生的借景和对景,形成空间的联系,也注重其小范围的光影营造产生很精致的印象。

在现代景观设计中,光元素被很好地应用到了城市环境中,它不仅结合造型优美的灯具给城市生活提供了基本的照明,更为城市的夜景增添了魅力。光通过形态、颜色、明度等因素,对人们的心理产生一种共鸣、刺激、启发,从而体现出光运用的更深层次的内涵,即精神上的内涵,这也是我们在景观设计中要考虑的要素。

第三节　旅游景观设计的构成要素

所有的景观都是通过景观要素来体现的,旅游景观设计的素材和内容包括地形地貌、植被、水体、道路、景观建筑和景观小品,它们被称为旅游景观设计六要素。其中,地形地貌是设计的基础,其余是设计的要素。景观空间中的要素以自然性、文化性、地域性、视觉性等体现出自身的空间性格,它们既相互统一,又各具特色。

一、地形与地貌

(一)地形地貌的概念

地形地貌是景观设计中最基本的场地和基础。陆地表面各种各样的形态,总称地形。按其形态不同可分为山地、高原、平原、丘陵和盆地五种类型。地形是内力和外力共同作用的效果,它时刻在变化着。此外,还有受外力作用而形成的河流、三角洲、瀑布、湖泊、沙漠等。这里谈的地形,是指景观绿地中地表产生各种起伏形状的地貌。

在规则式景观中,一般表现为不同标高的地坪、层次;在自然式景观中,往往因为地形的起伏,形成平原、丘陵、山峰、盆地等地貌。通常,一般的旅游景观设计中所涉及的部分是后一部分内容。

平坦、起伏平缓的地形能给人以美的享受和轻松感,而陡峭、崎岖的地形极易在一个空间中形成兴奋的感受。在现代园林景观布局中,地形的布局作为园林作品的空间骨架,是用来分割空间的最具特色的要素。在人们追求自然化创作题材的时候,自然式的地形空间占据的比例要相对大一些。但地形极具亲和性,一些规则式的地形空间在与自然式地形空间的交融中,也常常形成极具空间性格的景观环境。这样的混合式地形空间是随着创作主题与景观分区的不同而构成各自表现形式的。

(二)常见的地形地貌

1.平坦地貌

平坦的地貌是相对而言的,指的是地形的起伏坡度很缓,这种地形最为简单和安定,其地形的变化不足以引起视觉上的刺激效果。平坦地形中面对的是天空和开放的大地,因此显得比较开阔,但也会因为没有围合物而缺乏安全感。例如,在空旷的田野中行走,会让人有种枯燥之感。

对于平坦的地形,设计时往往要通过鲜艳的颜色、夸张的造型去塑造空间,如一些造型奇特的雕塑小品,可以增加空间的趣味性,形成一定的视觉焦点;也可以通过一些植物或景观墙划分空间,增强围合感。

2.凸形地貌

相对于平坦的地貌来说,凸形地貌如山丘、缓坡等具有动感和变化的特点,在一定区域内形成视觉的中心,人的视觉方向有了向上和向下两种状态,如图9-5所示。因此,在设计的时候,往往在凸起的地方设置一些观景平台或构筑物,方便人们从高处向四处远眺。

图9-5　贵族毕节花海

3. 山脊地貌

山脊地貌是连续的线性凸起形地形,有明显的方向性和流线。因此,设计游览线路时应顺应地形的方向性和流线。

4. 凹形地貌

两个凸形地貌相连接的地方称为凹形地貌,因为这种地貌具有一定的封闭性和私密性特点,凹形地貌周围的屏障有效阻挡了外界的干扰和自然界的大风,因此,原始社会的人类都会选择在这样的地形中生活。凹形地貌具有内向性特点,往往被视作观演空间,该地貌运用得十分普遍的就是城市中的下沉广场。

5. 谷地

谷地是一系列连续的和线性的地貌,其空间特征和山脊地貌相反。

(三)地形地貌的作用

正是由于自然界给我们提供了丰富的地形地貌,才使我们周围的环境变得多种多样。不同的地形地貌,可以改善植物种植条件,提供干、湿、阴、阳、缓、陡等多样性环境;利用地形自然排水所形成的水面提供多种景观用途,同时具有灌溉、抗旱、防灾作用;创造景观设计项目中,建筑、构筑物、景观小品等实体空间所需的各种地形环境,还可以有效地组织各个景观空间,形成优美的景观效果。

二、植被设计

(一)对植被设计的理解

植被是旅游景观设计的重要素材之一。景观设计中的素材包括草坪、灌木和各种大小乔木等。巧妙合理地运用植被,不仅可以成功营造出人们熟悉喜欢的各种空间,还可以改善住户的局部气候环境,使人们在舒适愉悦的环境里完成交谈、驻足聊天、照看小孩等活动。

在景观设计中,植物的功能作用表现为构成室外空间、遮挡不利于景观的体、护坡,在景观中导向、统一建筑物的观赏效果,以及调节光照和风速等。孤植或群植的植物在环境中,有时只有上述其中一种功能,有时也可能同时发挥多种功能。在任何一个设计中,植物除上述功能外,它还能解决许多环境问题,如净化空气、保持水土、涵养水源、调节气温等。

罗宾奈特在其著作《植物、人和环境品质》中将植被的功能分为四大方面:建筑功能、工程功能、调节气候功能、美学功能。

建筑功能：界定空间、遮景、提供私密性空间和创造系列景观等，简言之，即空间造型功能。

工程功能：防止眩光、防止水土流失、噪音及交通视线诱导。

调节气候功能：遮阴、防风、调节温度和影响雨水的汇流等。

美学功能：强调主景、框景及美化其他设计元素，使其作为景观焦点或背景。另外，利用植被的色彩差别、质地等特点还可以形成小范围的特色，以提高居住区的识别性，使居住区更加人性化。

在人们追求生态内涵的景观作品中，主要角色是植物景观。植物景观在园林设计中的运用也经历了不同的时代要求。规则式、自然式、混合式的植物布局应该是指导植物景观布局的永恒原则。应随着不同历史时期的要求而体现出各自不同的特点。

以中国古典园林为代表的东方传统园林中，植物景观的配置强化特定的意境，这在皇家园林、私家园林、寺庙园林中都有不同的体现。西方园林在造园理念上经历了台地园、规则式园林、自然式园林的演化过程，其植物景观的处理也是在规则式与自然式的交替中形成不同时期的风格。在现代园林中，人们追求与提倡生态植物景观布局，但在园林景观空间中，人们对植物景观的感受更多的是追求对自然主题的模仿，在城市中形成更多的林带，突出团、块的植物群体布局，突出植物间色彩与季相的变化。我国在植物景观的塑造上经历了"大草坪"时期，现今许多城市又在研究乔、灌、草的种植比例。对植物栽植的研究是一个永久的课题，但要大力提倡宜树则树，宜草则草。植物景观的布局不宜僵化，应体现自然这一永恒的主题。

（二）树木的选用

我们一般将树木分为乔木、灌木、花卉和藤木等。在进行植物配置之前，首先要了解我国常用的树种。一般公共绿地常用的树种有海棠、丁香等；居住区主要树种有水杉、侧柏、棕榈、梅花、广玉兰、桂花、迎春、香樟、山茶等；防护林主要树种有水杉、榆树、女贞、白杨、柳树等；街边绿地和行道树种有水杉、香樟、银杏、梧桐、广玉兰、桂花、雀舌黄杨等。

在进行园林树木配置时，应从园林绿地的性质和功能来考虑。例如，为了体现烈士陵园的纪念性质，就要营造一种庄严肃穆的氛围，在选择园林树木种类时，应选用冠形整齐、寓意万古流芳的青松翠柏；在配置方式上亦应多采用规则式配置中的对植和行列式栽植。我们知道，园林绿地的功能很多，但就某一绿地而言，则有其具体的主要功能。例如，在街道绿化中行道树的主要功能是庇荫减尘、组织交通和美化市容。为满足这一具体功能要求，在选择树种时，应选用冠形优美、枝叶浓密的树种；在配置方式上亦应采用规则式配置中的列植。再如，城市综合性公园，从其多种功能出发，应选择浓荫蔽日、姿态优美的孤植树和花香果佳、色彩艳丽的花冠丛，还要有供集体活动的大草坪，以及为满足安静休息需要的疏林草地和密林等。总之，园林中的树木花草都要最大限度地满足园林绿地的实用功能和防护功能上的要求。

（三）植物配置的方法

（1）确定基调植物和各分区的主调植物、配调植物，以获得多样统一的艺术效果。为形成丰富多彩而又不失统一的效果，园林布局多采用分区的办法进行设计。在植物配置选择树种时，应首先确定全园有一、两种树种作为基调树种，使之广泛分布于整个园林绿地；同时，还应视不同分区，选择各分区的主调树种，以形成不同分区的不同风景主体。

（2）选择不同季节的观赏植物以构成具有季相变化的时序景观。随着气候的变化，植物的形态、色彩、景象等表现各异，从而引起园林风景的季相变化。因此，在植物配置时，要充分利用植物的四季变化，通过合理的布局，组成富有四季特色的园林艺术景观。在进行规划设计时，可采用分区或分段配置园林树木，以突出某一季节的植物景观，形成不同的季相特色。例如，春花、夏荫、秋色、冬姿等。

（3）选择在观形、闻香、赏色、听声等方面的有特殊观赏效果的树种植物，以满足游人不同感官的审美要求。因此，应注意将在姿态、体形、色彩、芳香、声响等方面各具特色的植物树种，合理地予以配置，以达到满足不同感官欣赏要求的需要。例如，雪松、龙柏、龙爪槐、垂柳等，主要是观其形；樱花、紫荆、紫叶李、红枫等，主要是赏其色；丁香、蜡梅、桂花、郁香忍冬等，主要是闻其香。

（4）选择我国传统园林植物树种，使人们产生比拟联想，形成意境深远的景观效果。自古以来，诗人画家常把松、竹、梅喻为"岁寒三友"，把梅、兰、竹、菊比为"四君子"，这些都是利用园林植物的姿态、气质、特性给人们的不同感受而产生的比拟联想，即将植物人格化了，从而在有限的园林空间中创造出无限的意境。

三、旅游区水体设计

（一）水体的概述

"每一瞥、一看，水景都是一幅最美的景色。河流与水体是我们阅读景观的标点符号，他们营造独特的气氛，或清新悦目、或激情澎湃，赋予大地灵魂。没有沼泽的草原是什么样？一个牧场怎能没有蜿蜒的小溪？山边怎能没有瀑布？山谷怎能没有河流？"这是约翰·西蒙兹描述的他对水景的理解。这段话深刻表明了水元素在自然界中的不可或缺的作用。一座城市因山而有势，因水而显灵。例如，武汉的长江、上海的黄浦江、南京的秦淮河（图9-6）等。水体设计是旅游景观设计的重点和难点，水的形态多样、千变万化。水景就是水体景观，是以水为构景主体，辅以其他建筑形式的景观。

图9-6　南京秦淮河风景区

水景设计不能孤立地考虑，如果能因地制宜、充分挖掘、合理利用水的各种特性，将使水元素在景观设计中大放异彩，发挥其特有的魅力和吸引力。罗伯特·伍德沃德在《风景设计中的水》一文中指出："就水本身而言，它是一种很柔软的东西，为人类利用的潜力是无限的，它有许多存在的形式，透明、反射颜色、运动、声音。"水本身是没有形状的，它需要借助外在的形状去表现自己的存在。水景表现存在的形式主要包括喷泉、水池、瀑布、河流、湖泊。

(二)水体在景观中的作用

1.联系和引导空间的作用

水因为其流动的本质、与生俱来的方向性,使得它在空间的联系和引导中有着其他景观要素不可比拟的优势。点状水小巧、聚焦,直线水欢快、流畅,面状水平静、坦荡。而水体的曲直则能给人以不同的视觉和心理感受,直线水明朗直接,看起来更规则,体现了人工之美,而曲线水的含蓄、深幽,体现着自然之美。各种不同形状的水景相互配合、综合运用,既可形成明确的轴线,给人以强烈的次序感,又可蜿蜒曲折,暗示空间的连续,引导人们前行。布局中以水内在的线性秩序为依据、以水体的延伸为基准,使得不同的景观要素之间以及和整体空间得以有机地结合,形成有序的空间关系和完美的空间节奏。

2.满足人亲水的心理需求

游客在游览期间,有观水、近水、亲水、傍水而居的心理需求。中国历史上很多文人墨客在游览山水时都写下了与水有关作品,在作品中水被赋予完美的性格和生命的象征,给人无尽的联想和启示。例如,"明月松间照,清泉石上流""行到水穷处,坐看云起时",都生动地描绘出一种悠闲、淡泊、自由、与大自然无限亲近的景象。因此,水景并不单单是一种物质的景观,更应该是文脉的载体,存在于现代景观之中,它体现了现代丰富的物质文明和深厚的文化底蕴。

对于大多数游人来说,波光粼粼的水面、时隐时现的倒影、清脆的水声,足以引发他们发现般的激动和快乐,这种感觉是一种精神的激荡和灵魂的洗涤。它为人们带来归属感和自豪感,鼓舞人们前进,使得他们更加热爱自己的家园,也为整个旅游景观的良性发展带来潜移默化的影响。

(三)水景设计应注意的问题

首先,应该从设计的全局出发。因为每个景观都具有不同的场所特征、环境特征、功能需求、资金投入等因素,它们都影响到水景的设计,应对其进行认真的分析、研究,再结合水景自身的特点进行设计,使设计出的水景在空间布局、形式风格、表现手法等方面与整体环境和谐融洽。同时,将设计师自己对水景的情感体验融进作品中,在现代都市里再现自然的本色。因为水景来于自然,又高于自然,其实,这也是历史上所有优秀景观设计作品的本质,让其在整体统一的基础上形成自己独特的魅力,成为画龙点睛之笔。同时,应体现出设计对人性的尊重和支持。要关注不同年龄层次、不同场所人们对水景的要求,利用水的形、色、声等特性,结合不同的材料、灯光,塑造出造型优美、色彩斑斓的水景,再同周围各景观要素的形式、色彩、动静进行对比与融合,同时,准确把握水景的宜人尺度、比例,这样人们才能真正地亲近、参与水景,使得整个水景达到一种完美的状态,给人们以视觉、心理、情感的享受。

四、道路与地面铺装

(一)道路设计

1. 景观道路的分类和宽度

景观道路主要分为以下几类:

(1)主要道路:它贯通于整个景观之中,必须考虑通行、生产、救护、消防、游览车辆,宽度一般为 7~8 m。

(2)次要道路:它是沟通景区内各景点、建筑的纽带,通轻型车辆及人力车,宽度一般为 3~4 m。

(3)林荫道、滨江道和各种广场休闲小径、健康步道:双人行走 1.2~1.5 m,单人行走 0.6~1.0 m。健康步道是近年来最为流行的足底按摩健身方式。通过行走卵石路来按摩足底穴位,既可达到健身的目的,又不失为一处好的景观。

景观道路的铺装宽度和景观道路的空间尺度,是有联系但又不同的两个概念。例如,城市中的旧城区,由于道路狭窄,街道绿地不多,因此路面有多宽,它的空间也就有多大。而景观道路是绿地中的一部分,它的空间尺寸既包含有路面的铺装宽度,也有四周地形地貌的影响,不能以铺装宽度代替空间尺度要求。

2. 景观道路的功能布局

道路的布局要根据实际景观的设计内容及主题来确定,要求主次分明,道路的线形设计应与地形、水体、植物、建筑物、铺装场地及其他设施相结合,形成完整的风景构图,创造连续展示景观的空间。

对于景观道路交叉的分布,应注意以下几点:

(1)避免多路交叉。这样路况复杂,导向不明。

(2)尽量靠近正交。锐角过小,车辆不易转弯,人行要穿绿地。

(3)做到主次分明。在宽度、铺装、走向上应有明显区别。

(4)要有景色和特点。尤其是岔路口,可形成对景(图 9-7),让人记忆犹新而不忘。

图9-7 园林对景设计

3.景观道路的线形

规划中的景观道路,有自由、曲线的方式,也有规则、直线的方式,形成两种不同的景观风格。当然,在以一种方式为主的同时,也可以用另一种方式补充。例如,上海杨浦公园整体是自然式的,而入口一段是规则式的;复兴公园则相反,雁荡路、毛毡大花坛是规则式,而后面的山石瀑布是自然式的。不管采取什么式样,景观道路忌讳断头路、回头路,除非有一个明显的终点景观和建筑。景观道路并不是对着中轴、两边平行一成不变的,景观道路可以是不对称的。最典型的例子是上海的浦东世纪大道:100 m的路幅,中心线向南移了10 m,北侧人行道宽44 m,种了6排行道树,南侧人行道宽24 m,种了两排行道树;人行道的宽度加起来是车行道的两倍多。

景观道路也可以根据功能需要采用变断面的形式。例如,转折处不同宽窄;坐凳、椅子外延边界;还有道路和小广场相结合;等等。这样宽窄不一、曲直相济,反倒使道路多变,生动起来,做到一条路上休闲、运动相结合,各得其所。天然条件好的景观用地并不成问题,因为其地形地貌而迂回曲折,十分自然。而在条件并不太好的地区,一般就不是这样。为了延长游览路线,增加游览趣味,提高绿地的利用率,景观道路往往设计成蜿蜒起伏的形态。但是有的地区景观用地的变化不大,这时就必须人为地创造一些条件来配合园路的转折和起伏。例如,在转折处布置一些山石、树木,或者地势升降,做到曲之有理,路在绿地中;而不是三步一弯、五步一曲,为曲而曲,脱离绿地而存在。中国著名古建筑、园林艺术家陈从周先生说:"园林中曲与直是相对的,要曲中寓直,灵活应用,曲直自如。"明代造园家计成认为要做到:"虽由人作,宛如天开。"

(二)地面铺装

绿地中的道路、广场等各种硬质铺装地坪,是景观设计中不可缺少的构成要素,是景观环境的骨架、网络。一项设计的精致程度往往反映在铺装里。铺地是园林景观设计的一个重点,尤其以广场设计表现突出。例如,罗马市政广场(图9-8)、澳门的中心广场等,都因精美的铺装设计而给人留下深刻的印象。

图9-8 罗马市政广场

1. 地面铺装的功能

地面铺装的作用主要是为了方便人们的生活,增加地面的牢固性和耐磨性,以适应地面高频度的使用率,避免雨天泥泞难走;给使用者提供适当范围的坚固的活动空间;通过布局和图案引导人行流线。除此之外,铺装通过精心推敲的形式、图案、色彩和起伏,可以获得丰富的环境景观,提高空间的质量。同时,铺装丰富的色彩,各具特色的质感,形式多样的构形,丰富了景观空间的界面,与其他要素一起满足了人的视觉感受。

2. 地面铺装的分类

地面铺装的目的是方便使用者,提高对环境的识别性。根据铺装的材质,地面铺装的类型可以分为沥青路面,多用于城市道路、国道;混凝土路面,多用于城市道路、国道;卵石嵌砌路面,多用于各种公园、广场;砖砌铺装,用于城市道路、小区道路的人行道、广场;石材铺装、预制砌块地面铺装,是在满足使用功能的前提下,常常采用线性、流行性、拼图、色彩、材质搭配等手法为使用者提供活动的场所或者引导行人通达某个既定的地点。

在地面铺装实践中,应根据不同的功能进行铺装。例如,在广场、商业步行街等休闲区域的铺装,应注意材质、色彩之间的搭配和路面设计的形式,注意铺装的层次感,以达到美化环境的效果。

五、景观小品

(一)景观小品的概念和分类

建筑大师密斯曾经说过:"建筑的生命在于细部。"在城市环境中,作为体量较小的景观小品也同样影响着城市的形象。在很多居住小区、公园、旅游区、商业街中,可见到一些提示性的趣味小品,它们的设计或优雅大方、或俏皮可人、或现代时尚,其给我们的总体感官印象总是很强烈,会让我们觉得眼前突然一亮,这就是我们所说的景观小品。景观小品主要指各种材质的公共艺术雕塑或者艺术化的公共设施,从使用上分两大类:一是观赏类,如雕塑、文化墙等;二是功能类,如垃圾箱、座椅、公用电话、指示牌、路标等。

(二)景观小品在景观设计中的作用

随着现代景观的不断发展,以及景观概念的延伸,小品逐渐成为园林的一个独立的景观元素,在园林中起着画龙点睛、突出园林主题的作用。它还常常与植物、建筑、道路等互为烘托,为园林空间增添景致。在整个景观设计中,景观小品散布在景观的各个地方,既有使用价值,又有精神功能。它们吸引着游人的目光,是景观设计的精彩之处。

1. 满足人们的生理功能

(1)使用功能。这是景观小品的重要功能。小品中的座椅、园林灯、亭、廊、架,都无时无刻不在为人们提供着使用性和舒适性的功能。它们有一定的休闲、休憩功能,供人休息和欣赏周围的景色,同时也可以遮风避雨,如园林灯可提供夜间照明,方便夜间休闲活动等。

(2)标识物功能。景观小品具有较易识别的标识物功能,它能给人以强烈的视觉力量,提醒大家,这就是我的家、这就是咖啡店、这就是著名的景点等等。如此重要的提示性、引导性的特色小品是生活中必不可少的。

2. 满足人们的心理需求

景观小品的设计要考虑人类心理需求的空间形态，如私密性、舒适性、归属性等。例如，在设计城市小公园中的座椅时，仅仅只是考虑座椅的尺寸、靠背角度已不能满足人的需要，必须同时考虑座椅的布置方式会对人的游览行为产生怎样的影响。

另外，不同个体的社会背景因素，如民族、社会、地位、文化程度、年龄、兴趣爱好、职业等因素的不同，都决定了不同的人对需求的选择以及实现其需求所采取的方式不同，了解这些对园林景观小品的设计很重要。

3. 满足人们的审美要求

景观小品的设计首先应具有较高的视觉美感，必须符合美学原理。景观小品是一种艺术创作，应通过其外部表现形式和内涵来体现其艺术魅力。通常情况下，创作得比较好的雕塑小品，可以成为景观景点中的点睛之笔，给人提供完美的视觉感受，使人感到精神上的愉悦。但需要注意的是，若小品被限于观赏类，那么形态可以结合色彩任意发挥，但必须与其性质、园林主题相符合。例如，博物馆等较为严肃的公共空间内的雕塑小品，通常用比较规整的形态与厚重的色彩传达一种认真的态度；而一些商业标志性雕塑，常常采用活泼、曲线流畅的形态和对比较强、艳丽的色彩。

4. 满足人们的文化认同感

小品在园林景观中好似跳动的音符。它更集中地体现地域文化的特点，通过不同的材质、结构、造型与色彩的有机结合，形成园林景观要素中最为清晰的景观语言。优秀的景观小品不仅是园林创作中的景观标示，而且也是该区域的文化载体，从而满足人们的文化认同感，体现一种景观归属感。

在当今人们追求自然主题的时候，小品的布置必须依据城市环境的需要、景观的需要合理安排，并且更重要的是要赋予小品更为清晰的景观提要，体现出小品的景观特性。小品还常常与雕塑景观紧密地结合在一起，与水景等其他景观要素组合在一起。它既是人群停留空间中的构筑物，又常常表现出具有雕塑感的性格。景观小品宜精不宜滥，否则将大大地减弱其他景观因素的视觉效果。小品的题材非常广泛，表现力也非常强，但必须真正在景观创作中成为点睛之笔，把景观装点得更具特色。

总之，景观设计的各要素之间不是孤立存在的，而是相辅相成地构成了景观的主题。在当今在城市园林景观的创作中，人们不断地追求自然化的题材，有人称之为"第二自然主题"。在这样的环境中,地形景观、水景、植物景观、小品景观等诸要素更为有机地融合在一起。在不同的景区划分、景观构成中,它们展示出各自的景观特性。

阅读材料:迪士尼主题乐园的设计

想知道一个主题公园是如何被设计的吗?只有少数风景园林师知道这个问题的答案。现如今,WDI(Walt Disney Imagineering)雇用了12名风景园林师,以及来自其他公司的12名顾问。WDI是成立于50年前专为迪士尼乐园进行风景园林的公司。自那时起,他们开始设计主题公园和世界各地的游览名胜。风景园林师在这些项目中自始就扮演重要的角色。

幻想工程雇用了来自大约140个不同领域的专家。风景园林师们在这里和作家、雕塑家、秀场策划,甚至特效专家并肩工作,而这仅仅是幻想工程与众不同的地方之一。

一、用景观来讲故事

"作为一家娱乐公司,我们的首要目标是娱乐大众。"Morosky 这样说道。(让游客)加深感受体验的方法就是将故事融入景观中。他们讲述的故事不是纯文学性的,增加了大多数景观中所没有的丰富性。比如说,当你走在佛罗里达迪士尼动物王国的一条小径上时,你会注意到在做成泥土样式的混凝土路面上的两串动物脚印。一串是小兔子的,一串是巨型猫科动物的。最后,脚印在一棵树下消失了。如果你再仔细观察的话,会发现那个肉食动物已抓住了那只兔子,在不远处的树洞里储存它的美食。

孩子们往往先看懂其中的故事并告诉给他们的父母。那些故事并不能让初次造访的游客注意到,但那正是吸引力的一部分。"我们希望人们一次又一次地来我们公园,并且每次都能发现新的东西。"来自 ASLA 的 John T. shields 如是说,他是动物王国的首席设计师。

游客看到的每个小布景后面都有一个很长的故事。在幻想工程师开始设计一个主题公园或者一个主要景点前,他们会设定一系列要素。"时间和地点的选择非常的重要。"Sky 说,"是将来的还是过去的?"是真实的还是想象的?所有事件都要与故事联系在一起,不管是一株植物还是一个垃圾桶。

他们还要决定是否要有迪士尼的角色融入故事中,并起到怎样的作用。"很大程度上,角色性格在主题园的设计中举足轻重,"Morosky 解释说,"我们考虑的是,如何为每个角色创建场景,同时让游客们也能够置身于其中?"

二、细节中的迪士尼

正因为风景园林师们试图营造一种非常"魔幻"的观感,与日常生活中的景观截然不同,迪士尼主题公园里的大部分细节设计都是特别制作的。

对于那些试图引入异域情调的设计,感观设计师们通常会到实地考察以激发灵感。只有少部分设计师会参与每个游乐项目的考查,一般都是核心团队:项目负责人和他所带领的一名建筑师、一名风景园林师、一名作家和两名艺术家。他们的任务是为接下来的设计团队提供确切的文本方案。为什么不能通过书上的图片获取资料呢?因为能从书中获得的信息很是有限,Shields 说。大多数照片都只是提供一些标志性景观——林荫小径、大块岩石构造和地标性建筑等等而已。

当 Sorenson 为东京迪士尼海洋公园设计地中海港湾时,他的团队考察了许多意大利港口城市包括威尼斯、托斯卡纳和波多菲诺。他拍了许多球形门把、栏杆和铺装样式。"我们照了很多水岸形式,以及建造方式,"他回忆道,"同样,我们注意到了他们是如何把金属制品固定于墙上以用来拴住小船的。"很多这样的细节都融入了迪士尼主题公园里。

他们会经常试着用不同的材料如混凝土,来营造相同的效果。感观设计师说混凝土之所以比其他材料更受欢迎,是因为它有更长的寿命并能在环保制度日益严格的今天保持重要的地位。"很多人认为这是'迪斯尼化'了的,也不过如此。"Shields 感叹道,"但他们并没有看到那些从材料中所创造出的艺术品质。"

在动物王国的很多道路设计中,他们用混凝土来塑造泥泞的碎石小路,正如他们在去非洲旅行时所见。用真实泥土的想法被否定了,因为会有大量的人和车辆经过。但是显眼的灰色混凝土会让人感觉单调并显得格格不入。所以,他们把混凝土表面染上颜色,加一些辅料,并印上车辙和曲线,使之看起来像条布满痕迹的泥路。

三、对于植物的重视

"在这里,我们对植物的重视超过我以前所参加的所有项目。"Wlasten 说。这种强调创造独一无二的园艺思想可以追溯到最初设计迪士尼公园的园林先锋 Bill Evans。Evans 经常尝试将不常见的物种与新的植物相配合。今日的幻想工程师还将继续推行这种邮包式园艺。在一个特定的项目中,10% 的外来植物起到了很好的效果。

迪士尼主题公园被不同颜色的植物区分为几个板块(如边缘世界、明日世界)。在东京迪士尼海洋公园,一个板块的色彩由 5~6 种树组成,一个板块则只有两种,再另一个板块则由许多密植在一起的种类繁多的树林分组成。Bishop 在设计巴黎迪士尼公园的童话世界时遇到了不同的挑战。游船载着人们经过一系列迪士尼动画的微缩场景。Bishop 尝试用苔藓和百里香作为地表植被,木槿作为开花树来装饰白雪公主的木屋。

每个公园和景点,平均有10%~20%的植物能被游人注意到。有时他们会同苗圃联系,订制不寻常的品种或将其驯化为不寻常的品种。用大树来产生立竿见影的效果也实现了。为了给巴黎迪士尼带来南加州海岸多利松保护区的景观,Bishop 在一个废弃的小树林里发现了近 50 m 高的南洋杉,他从土地所有者手中买下并移植到主题公园里。

移栽到迪士尼主题公园的大树并不总是最美观的。"我一直在找寻一些丑陋、独特以及毫无特点的品种。"Bishop 解释道,"我们找来一些看起来像病了的桑树,每棵树里都有一片角钢。"且要费一番功夫向搬运工人解释这些角钢正是它们的魅力所在。这些树被整合进动物王国中"珠峰探险"里。

(摘自搜狐网)

本章习题:

一、选择题

1.(　　)是指土地及土地上的空间和物体所构成的综合体。

A. 建筑　　　　　B. 景观　　　　　C. 景色　　　　　D. 旅游景点

2. Landscape Architecture(景观规划设计)最早是(　　)提出来的。

A. 1858 年由美国建筑师奥姆斯特德

B. 1858 年由英国建筑师扎哈·哈迪德

C. 1958 年由美国建筑师奥姆斯特德

D. 1958 年由英国建筑师扎哈·哈迪德

3. 构成形态的基本要素是(　　)。

A. 点、线、圆、体　　B. 线、面、体、柱　　C. 点、线、圆、柱　　D. 点、线、面、体

4. 一般认为社交距离的范围为(　　)。

A. 0.5~1.0 m　　　B. 1.0~11.5 m　　　C. 1.3~14.0 m　　　D. 4 m 以上

5. 景观区域内人流较少而感到空寂的空间,材质配色宜选择的肌理效果为(　　)。

A. 冷色及使人冷静的　　　　　B. 暖色及使人兴奋的

C. 暖色及较温润的　　　　　　D. 冷色及较温润的

6. 自然环境中裸露的土地、山石、草坪、树木、河流、海滨以及天空等,这些属于(　　)。

A. 半自然色　　　　B. 自然色　　　　C. 人工色　　　　D. 以上都不对

7. 为了体现烈士陵园的纪念性质,就要营造一种庄严肃穆的氛围,在选择园林树木种类时,应选用(　　)。

A. 青松翠柏　　　　B. 柳树桑树　　　　C. 桃花梅花　　　　D. 木棉树

8. 林荫道、滨江道和各种广场休闲小径、健康步道(双人道)宽度一般为:(　　)。

A. 0.5~1.0 m　　　　B. 2.0~2.5 m　　　　C. 1.5~2.0 m　　　　D. 1.2~1.5 m

二、实践题

实地考察当地一新建的城市公园,试从旅游景观设计的美学要素以及旅游景观设计的构成要素两个方面分析其设计建设的景观内容。

第十章　旅游从业者的审美修养

> **本章提要**
>
> 旅游活动是一项综合型审美活动,在旅游审美活动中,旅游从业者也是旅游者的审美对象之一。导游的责任不仅要向旅游者传播知识,还要传递美的信息,让他们获得美的享受。一名合格的导游要懂得什么是美,知道美在何处,并善于用生动的语言向不同审美情趣的旅游者介绍美,而且还要用美学知识指导自己的仪容、仪态,导游形象美和旅游服务艺术美的塑造以及旅游工作者的审美修养是旅游企业成败的主导因素。

第一节　导游的审美定位和作用

一、导游的审美定位

定位1:导游是审美关系中的第三者

审美关系是指主体与对象之间的关系,在旅游审美关系中,除审美主体与审美对象之外,还有导游,从导游的工作职能和作用看,可以说导游是审美关系主客体之间的第三者。

定位2:导游是审美现场的参与者

在旅游审美中除了审美对象及环境外,导游的形象和语言应是旅游审美活动的第三要素。导游以自身的形象和语言进入审美活动现场,与其他审美要素相互影响、相互感应,并构成游览动态的事件流程。因此导游既是旅游审美对象,又是旅游审美环境,导游通过自己的解说和其他服务直接影响着审美主体的审美意识和审美心境,由此导游又是美感现场的参与者。

二、导游在审美中的作用

(一)传递正确的审美信息

人们到异国他乡旅游,孜孜以求的就是要欣赏异域的自然风光、社会环境和人文艺术等,其中有很多是新的、奇的东西是他们平时所不曾接触、不熟悉的。唯其如此,旅游者才会有一种强烈的游美心理冲动和欲望发生。也唯其如此,旅游者的审美欲望才会更具迫切感。

这时他们大多希望借助他人的知识和经验达到审美目的。他们希望借助的首先是导游,如外国旅游者来到中国,他们不熟悉中国,不甚了解中国人的审美观,不懂中国人文旅游景观的象征意蕴,不知道如何欣赏,因而不知道怎样去欣赏中国的园林及诗、书、画和戏曲,虽已置身于中国的旅游胜地,却并不一定能获得美的享受。又如,中国古典园林中几乎都有形状奇异、美不胜收的太湖石,但却往往不能引起外国旅游者的注意。有的旅游者即使看到了也感觉不到它有什么美。之所以会这样,直接的原因是审美主体的漫不经心。然而更主要的原因是外国旅游者不懂得中国人对石景的审美观念,由此也就认识不到石景美的价值。再如,中国画讲究意境,呈现出画、诗、书法、金石的综合美,习惯于欣赏油画的西方旅游者不一定能感受到中国画的美,因而不可能在观赏中国画时获得美的享受,对书法美的观赏就更加不容易了。可以说,中国名胜古迹中的建筑美奥妙无穷,若无人指点,一般的外国旅游者是很难从中领略其内在美的。至于我国丰富多彩的风俗民情,若无导游的帮助,外国游客更不可能很好地了解、欣赏它的美和享受它的迷人之处。

这时候导游就成为旅游审美信息的传递者,他要凭着自己已掌握的美学知识,以及对祖国、家乡的文物古迹、美好事物的深刻认识,通过讲解向旅游者正确地传递出来,引导旅游者欣赏美、享受美。如果导游不仅懂得中国人的审美观和对景物的审美标准,还了解服务对象所在国(地)居民的审美观和审美标准,并在讲解中进行比较,指出各自的特点和相互间的差异,那么讲解的层次就会大大提高,必定会获得旅游者的欢迎。

(二)激发旅游者的想象思维

人们在审美赏景时离不开丰富而自由的想象。想象思维是审美感受的枢纽,人的审美活动是通过以审美对象为依据,经过积极的思维活动,调动已拥有的知识和经验,进行美感的再创造的过程。旅游者玩得最痛快、最开怀、最有感慨的时刻,往往就是人体各器官对美景的协同感受达到高潮而产生美感升华的时刻。一名优秀的导游要能将景物的形体美和内在美的特征与旅游者的审美需要和审美个性、美感经验结合起来,以寓情于景、以情带声的讲解引起旅游者审美情趣,激发他们的想象思维,调动他们的联想、感觉能力,促使他们与审美对象产生情感交流,达到物我交融、物我同一的境界,使他们获得美的极大的享受。

(三)帮助旅游者保持最佳审美状态

旅游期间,旅游者往往处于既兴奋又激动的状态之中。激动感容易使人疲劳,影响游兴。而兴奋感却促使他们随导游去探新、求奇、去寻觅美、欣赏美,旅游者的情绪高、游兴浓、精力充沛,一般都会获得较佳的审美效果。因此,导游把调节旅游者的情绪,保持、提高他们的游兴并激发新的游兴作为一项重要的工作。这是旅游活动、审美活动成功的基本保证,也是衡量导游能力和水平的一个重要标准。

情绪的产生跟人的心理需要有密切关系,也受人的生活方式、文化修养、宗教信仰、身体状况等因素的制约和影响。情绪是由特定的条件引起的。条件变化,情绪也随之变化。因此,情绪是短暂的、不稳定的、可以改变的。在旅游中,导游的作用就是要努力使自己成为旅游者情绪的组织者、调节者和支配者。调节旅游者的情绪,首先必须了解产生消极情绪的主、客观原因。对产生消极情绪的因素了解得越详细、越透彻,就越容易解决问题,导游的工作就越主动。调节旅游者情绪,消除其消极情绪的方法很多。导游可根据不同情况采用不同的方法,如从物质上或精神上给予补偿,或从一个审美对象转移到另一个审美对象等。

旅游者精神饱满、游兴很高并不时产生新的游兴是旅游活动成功的基本体现,也是导游活动成功的一个重要标志。游兴是动机中最活跃的成分,是人们从事各种活动的强大动力之一,它在人的心理生活中占有重要的位置。如果导游能在保持、提高旅游者的游兴并使其不断产生新的游兴方面做好,其导游技能和导游服务的层次就显得比较高。通常情况下,导游在讲解的技巧方面下的功夫多,这是因为灵活、幽默、富于联想的讲解是煽起游兴的扇子。真挚、适时、方法多样的讲解是提高游兴的法宝,而生动、形象、别具一格的讲解则是增添游兴的强动力。导游热情周到的服务、针对性很强的超常服务可使旅游者精神饱满、积极配合、克服困难去完成游览活动。在增添新的游览项目或不得已改变游览景点时,导游的精彩介绍可促使旅游者对新景点或替代项目产生新的兴趣,高高兴兴地去游览新的景点。此外,灵活运用审美方法、把握审美时机、安排好审美节奏,也会让旅游者保持最佳的状态。

第二节　导游的形象美

旅游者一旦接触开往旅游目的地的交通工具,如飞机、火车、轮船、汽车等,就会在期望值、紧张感、陌生感和新奇感等心理因素的驱使下,对旅游接待人员进行全方位的审视与评价。从空中小姐、海关人员、饭店职员、商店销售人员到导游翻译等旅游接待人员,都在有意或无意中成为游客的直接审美对象。通常审美评价集中地体现在仪表美、风度美、心灵美三个方面。

一、仪表美

导游作为旅游者直接审视、品评的最初对象,必须自觉地重视自己的仪表,设法给旅游者留下一个美好的第一印象。仪表美通常会产生一种"光环效应",将旅游者引入初级的审美判断,对随之而来的旅游接待工作和旅游审美活动均会起到积极的诱导作用。概而论之,人的仪表美是其形体美、服饰美与发型美的有机结合。

(一)形体美

形体如同色彩一样是最大众化的审美形式。古往今来的造型艺术家和美学家正是抓住了人们对人体美的普遍兴趣,以不同的方式对人体美的奥秘进行持续的探讨。古希腊的人体雕塑,如米隆的《掷铁饼者》(图10-1)为后世提供了人体美的至高范本,以其矫健优美的形式和永恒的艺术魅力唤起人们无限的审美遐想,并在理论上归纳出比例、均衡、和谐等美学法则。

导游要对自己的形体美有适度的要求。在直接的生理意义上,人体美通常表现出人的健康与身体素质状况。从劳动美学观点看,人们更倾向于欣赏和追求健康的、富有活力或生命感的美。旅游者对导游的形体要求突出表现在比例匀称、发育正常的健康美上。因为这直接关系到整个旅游审美活动的正常进行及其接待服务的效果。

图 10-1 掷铁饼者

(二)服饰美

服饰美是构成仪表美的另一因素,服饰是人的整体形象的文化表现。从一个人的衣着打扮可以看出其文化品位,服饰是一张一目了然的"名片"。恰到好处的衣着打扮不仅可以美化自身,也可以取悦别人。

服饰美具体包括四个方面。其一,色彩美要求简洁雅致、清新自然。任何色彩的组合搭配都应该符合这一要求。由于色彩往往是服务的灵魂,所以导游在服饰的色彩选择上要认真谨慎。其二,款式美要求服饰符合自身文化底蕴。款式体现的是特定民族、特定个体的文化。其三,文明美要求内在道德品行要和外在衣着打扮一致。内在道德品行是外在衣着打扮的灵魂支撑。其四,个性美要求体现与众不同的个性品格。富有个性化的服饰装点出一道万紫千红、千姿百态的社会风景线,这将给来自异域他乡的旅游者一个良好的审美印象。导游的服饰美要求服饰得体、和谐、入时,做到端庄、整洁、大方,不必追求有失仪容的奇装异服。

俗话说："三分长相，七分打扮"，这是有一定道理的。服饰美不仅反映出人的品格与审美趣味，给人以美感，而且更重要的是对人体具有扬美与抑丑的双重功能。

就扬美功能而言，如果对服饰加以科学而巧妙地应用，就会使其与人体构成和谐的美，起一种相得益彰、锦上添花的效用。事实上，人们在长期的社会实践中往往结合自己形体的某些美点，借助服饰的色调和款式加以突出。例如，肤色白净的女士，服装的色调不妨明快鲜亮一些。若着桃红色服装，在红衣白肤的自然对比调和中会产生一种"人面桃花相映红"的审美效果；如果再淡淡地涂上一抹口红，更显得楚楚动人、美而不艳。如果天生两条匀称漂亮的长腿，夏季着裙装可适当向上收一些，以起到扬美的作用。

就抑丑功能而言，服饰色泽、式样图案的变化在光的作用下会使人产生一种错觉，运用得当就可以弥补或遮隐形体的某些缺陷。服饰的色调有冷（如紫、蓝）暖（如红、黄）之分，给人的感觉有收缩与扩张之别。因此，瘦人不宜穿黑色的、带竖条的衣服，胖人不宜穿白色的、带横格子衣服，否则，瘦人会显得更瘦更单薄，胖人会显得更胖更横宽。

（三）发型美

发型美是构成仪表美的三要素之一。按照一般习惯，人们注意、打量他人，往往是从头部开始，所以更容易先入为主，引发第一印象的是发型。发型作为一门实用造型艺术，是体现人的审美需求、性格情趣、艺术品位的直观形式，是自然美与修饰美的有机结合，同时也反映出人们的物质、文化、生活水平和时代的精神风貌。

美学家荷加斯认为，发型"能使整个人的美有一定程度的增进，这要看它们安排得是否合乎艺术的规则"。导游在为自己选择发型时，除受到个人品位和流行时尚的左右外，还必须对本人的性别、年龄、发质、脸型、头型、身材、职业等因素加以考虑，以使取得整体和谐统一的审美效果。比如，脸型和颈部较长、身材高大、发质较好的人，配上较长的发型会显得飘逸大方、风度翩翩。而脸型瘦小、颈部短粗、身材矮胖的人，如果留长发、蓄鬓角，就会给人一种头重脚轻、臃肿做作的感觉。

由形体美、服饰美与发型美集合而成的导游的总体仪表美，如同一尊活动雕像，直接影响着旅游者的审美视觉。导游形象仪表美会给整个旅游审美活动带来一种积极而欢快的前奏。从文化社会学观点看，仪表美不仅在一定程度上表现出个体的精神面貌与审美修养,而且还折射出相关民族的文化素质与形象,以及相关社会的物质与精神文明发展水平等。因此,导游作为代表国家和民族的"民间大使",应充分认识仪表的审美属性与社会意义,应重视自己的仪表或形象塑造。

二、风度美

培根曾说:"论起美来,状貌之美胜于颜色之美,而适宜并优雅的动作之美又胜于状貌之美。"这里所谓的"动作之美"就是指风度之美。

风度是一个人的性格、气质、情趣、精神世界、文化素养、道德修养的外在写真,是人自身所具有的较为稳定的行为习惯的外在表现形式。通常所说的"风姿""风采""风韵"基本上属于风度的具体显现,即一个人在言谈举止中自然表现出的各种独特的语气、语调、手势、动作等。它是在漫长的社会生活实践中和不同形态的历史文化氛围中逐步形成的,是个人行为举止的综合产物,是社交活动中的无声语言。欣赏风度和讲究风度是人类的共性。正如别林斯基所言:"这种必要不是来自社会身份或等级地位的虚假观念,而是来自崇高的人类称号;不是来自礼仪体面的虚假观念,而是来自人类尊严的永恒观念。"

同仪表美一样,风度美也是社会生活美的一项具体内容,是人类按照审美需要、实现自我完善的结果。由于个人在职业、修养、审美追求和价值体系等方面的差异,风度往往呈现出多姿多彩的形态。

虽然风度美在很大程度上反映人的内在美,但总是通过外显的行为,即站态、坐态、步态和其他体语形式(如手势、表情)等可视因素展现出来。导游在同客人交谈或讲解时的风度美体现在四个方面。

(一)站态美

优美的站态能显示个人的自信,并给人留下美好而隽永的印象。正确健康的站态,要求两脚叉开时不超过肩宽,腰板应自然挺起。从身体的侧面观察,人的脊椎是呈自然垂直的状态。既不要两脚并拢,笔直挺硬;也不可双腿叉开过大,摇头晃脑。因为这会使人感到过于生硬、缺乏亲切感,或随便粗俗、令人生厌。

(二)坐态美

导游在坐态方面应注意一定的礼仪规范。如坐在沙发上同旅游者商谈游览计划,双腿不可叉开过大,不要高翘"4"字形腿,也不要抖动不止。就餐入座时,要讲究先客后己,彬彬有礼,轻缓得体,切忌猛坐、弓背哈腰、半躺半坐、呆板僵直、懒散粗鲁。离席时切忌猛起,惊吓他人,也不要弄出声响,或把身边的东西弄到地上去。要追求端庄、大方、自然、舒适、优雅的坐姿。

(三) 步态美

步态指的是人在行走的过程中所形成的姿势。步态自始至终都处于动态之中,体现的是人类的运动之美和精神风貌。对步态的总体要求是轻松、稳健、优美、匀速、稳重大方。切忌前摆后扭、上颠下簸、头摇肩晃。

(四) 手势美

不宜过于夸张或激烈,更不可用手指点人说话。手势要求五指并拢的手掌柔缓优雅,面部要带微笑,给人以稳定感、轻松感和亲切感,有利于思想感情的沟通与交融。

站态、坐态、步态是人的自然形体在空间中的具体显现,加上优雅的手势与温和的表情构成一种和谐统一的空间形象。从静观或动观的角度看,这种直观的空间形象是风度美的客观表现形式。但并非是说风度就是上述四个方面的简单组合。在严格的意义上,风度美属于社会美的范畴,是人的内在美,包括气质、修养、情趣等的自然流露,是内在美与外在美的统一,即古人所说的"诚于中而形于外""外秀而内美"。

三、心灵美

奥斯特洛夫斯基曾说过:"人的美并不在于外貌、衣服和发式,而在于他的本身,在于他的心,要是人没有内心的美,我常厌恶他漂亮的外表。"罗曼·罗兰也指出:"唯有心灵能使人高贵,自命高贵而没有高贵心灵的人,都像一块淤泥!"

仪表美与风度美归于"表层"的美,而心灵美归于"深层"的美,两者的和谐统一才可造就一种完整的美。这是一种表里如一的内外综合美,是人类美学的巅峰。

心灵美是人的其他美的真正依托,是人的思想、情操、意志、道德和行为美的综合体现。心灵美的核心是善。在中西美学史上,将美善并举和等同的说法颇为常见。无论是孔子、孟子,还是柏拉图、亚里士多德、普洛丁、康德,通常认为美即善或善即美,美是道德的象征。孔子所推崇的理想人格——君子,不仅要"文质彬彬",而且要"尽善尽美",要"成人之美,不成人之恶"。在衡量君子的尺度时,提出"五美"之说——"君子惠而不费,劳而无怨,欲而不贪,泰而不骄,威而不猛。"显然这是以"中和"为基本原则的五种仁善行为。柏拉图宣称:"美、节奏好、和谐,都由于心灵的智慧和善良。"亚里士多德说:"美是一种善,其所以引起快感正是因为它是善。"就善而言,它是社会生活中人与人、人与社会的行为道德规范。一个人的思想行为如果符合一定的道德规范,那善就是美,否则恶就是丑。具体说,要爱国、正直、诚实、真诚、热情,不做有辱国格、人格的事。这是中国人的传统美德,也是导游的道德规范。

导游的心灵美主要体现在提供的优质服务上。据报道,有位陪同法国"东方之友"旅行团的导游翻译在整个观光过程中积极热情、任劳任怨、关心游客、讲解认真、语言生动,把中华文化的精义与旅游景观的特征真正介绍或传播给了客人,同时还为团中的老人排忧解难、上下搀扶、关怀备至。临别时,游客感激不已、依依惜别。尔后,法国游客寄来多封热情洋溢的感谢信,对此番在华旅行给予了很高的评价,对导游的服务表示了高度赞扬。像这类层出不穷的事例是对导游心灵美的活的诠释。

国际旅行社制定了"五要五不要"的接待原则,即要和颜悦色、热情服务;要主动翻译,积极介绍情况;要耐心解答客人的问题,保守国家秘密;要满足客人的购物和其他合理要求;要关心客人的安全与健康。不要索要小费和物品;不倒换外汇;不要收取回扣;不要利用工作之便与客人拉关系、谋求私利;不要做任何有损国格人格的事情。从表面上看,这些原则是对导游服务的规范要求,实质上是对导游塑造心灵美的高度集中概括。特别是国格人格的要求是导游塑造心灵美的起点。只有讲究国格与人格者,才有可能追求自我完善,追求从仪表、风度到心灵的"完整的美"。契诃夫说过:"人的一切都应当是美丽的——面貌、衣裳、心灵和思想。"柏拉图也曾指出:"身体美与心灵美的和谐一致是最美的境界。"对于导游来讲,这种"最美的境界"才是追求自我完善的终极目标。对于旅游者来讲,这种"最美的境界"具有极为丰富的审美价值。

第三节　导游的修养美

我国著名美学家宗白华说:"没有眼睛能看见日光,假使它不是日光性的。没有心灵能看见美,假使它自己不是美的。你若想观赏神与美,先要你似神而美。"这就是说,人要想欣赏美或美的事物,就必须具有发现美的眼睛或者相应的审美判断能力,就必须培养自身审美修养。审美修养对旅游者十分重要,对导游更为重要,因为导游担负着满足旅游者审美需求的使命。

一、导游审美修养的内涵

从旅游行业的特殊需要出发,导游的审美修养的基本内涵包括审美敏感性、自觉的审美意识、游客的审美需求及类型、旅游者的审美习惯、旅游观赏技法与再创造的审美能力。

(一)强化审美敏感性

游北京故宫的金銮殿,有的人感其富丽堂皇的色彩形式之美;有的人则在感叹之余,遥想当年帝王的至尊地位与赫赫威严;也有的人会沉思历史的兴衰沉浮。所有这些审美感应上的差异,均与观赏主体的审美敏感性有密切的关系。

所谓审美敏感性泛指审美悟性或审美鉴赏力。从其组成看,审美敏感性是方法知识结构与审美心理结构综合的产物。在旅游审美活动中,方法知识结构一般由山水风物知识和旅游观赏艺术组成。它具有开放性,需要在反复的实践(多游)和不断的积累(多学)过程中得到扩展、重构和丰富。而审美心理结构是一个甚为复杂的方面。它作为一种活的能量、一种把握和省察外物审美价值的心理机制,主要涉及审美感受力、审美想象力和审美理解力三要素。

1. 审美感受力

审美感受力是指审美主体对审美客体或审美对象体会的能力。在实际生活中,有的人感受力强,有的人感受力弱。有的人读一首诗、观一幅画、听一部乐曲或游一处景致,会情不自禁地拍手称快,愉悦之情溢于言表;而有的人则木然相对、无动于衷。究其本质,这种反应上的差别就是审美感受力的差别。因此,人要想真正发现外物的审美意味,领略对象的审美价值,真正欣赏音乐、绘画、诗歌、风景等对象的形式美与内容美,就得培养与其相适应的美感或审美感受力,就得使自己从"没有音乐的耳朵"转化为"有音乐的耳朵"。这种审美感受力的培养和提高必须积极地投身于广泛的审美实践活动之中,在同自然、艺术、社会、生活的相互交往中,仔细观察对象特有的生命形式和情理结构,使自己的感觉活动逐渐适应对象世界的对称、均衡、节奏、有机统一的活动模式,最后形成一种对这种模式的敏锐选择能力和同情能力。敏锐的审美感受力是人类社会实践活动,特别是审美实践活动的产物,是审美主体,通过感官对外部自然美形式和艺术美形式的把握而逐步得到培养和强化的一种能力。

旅游观光是一项综合性的审美实践活动。旅游观赏者要想提高自己的审美体验层次,就得首先培养和提高自己的审美感受力。这需要在浪迹山水、漫步园林、寻访名胜的过程中,充分利用自己的全部感官,立体性地探寻峰峦叠嶂的空间构景,感受江河飞瀑的生命律动,倾听幽林鸟鸣的空灵乐音,品味亭台楼阁的诗情画意,追思古迹名胜的历史风貌。通过无数次游览观赏和物我交流,使这些审美因素与观赏者相对应的内在情感体验交融互动,转变为"内在图式",积淀在观赏主体的深层审美心理结构之中,最终化作审美感受能力中相对稳定和持久的组成部分。这样,游人每到一处游览,进入其视野的外在景观形式会通过其感觉知觉的自动筛选,与其某种情感结构联系起来,使其在以物抒情或寄情于物的心理过程中,得到一种特殊的审美体验。

2. 审美想象力

旅游者在观赏云南石林的"阿诗玛"(图10-2)、山海关孟姜女庙的"望夫石"、黄山奇景"仙人指路"等冰冷僵硬的自然石块时,能够从中幻化出鲜活生动的生命形象和感人的神话般的意境,全有赖于相关的风物知识与审美想象能力。

审美想象力是在直观审美对象的基础上,借助大脑中积蓄的"内在图式"以及主体的审美理想,对其加以改造、丰富、完善与创新的心理过程。概括地说,丰富审美想象力需要注意内在情感的培育和"内在图式"的蓄存。

图 10-2 云南石林"阿诗玛"

(1)内在情感的培育。人的情感是在形形色色的社会实践中或繁杂多样的生活经历中,在有意或无意中日积月累、不断丰富的。因此,从审美角度看,只有广泛游历天下名山胜水,大量接触各类艺术作品,勇敢正视种种险峰绝壁,才能陶情畅神、脱去俗念,使出于本能的简单情绪反应升华为细腻高雅的情思意趣。这样,每受到任何一种形式美(或自然美、艺术美、社会美或生活美)的刺激,心中均会燃起热情之火,这火又会把大脑中的内在图式熔化,从而在神思飞扬之中重铸出全新的审美意象,给人以生动的审美感受。如果没有丰富的内在情感和审美想象力,是难以达到"登山则情满于山,观海则意溢于海"的境界的。

(2)"内在图式"的蓄存。"内在图式"作为以信息形式积存在大脑中的各种意向,通过直接或间接的联想、梦幻或回忆等特殊刺激方式,就可复现出来。比如,看过电影《刘三姐》的观众,事隔多年,对刘三姐的形象与歌声也许早已淡忘了。可有朝一日,无意间翻阅有关的剧照,或作为旅游者光临据传是刘三姐当年对歌的那棵大榕树下,刘三姐那活泼的形象与清丽的歌声,突然间跃于眼前、响彻耳际。这种情景会在无形中起到增加审美价值的效应。在审美活动中,"内在图式"的基本作用有以下两个方面。

首先是"内在图式"帮助知觉选择,即对外来的审美信息进行取舍。一般来说,与"内在图式"相应的对象,会自然而然地引起主体的注意和亲近,容易产生共鸣。否则，就导致排斥和冷漠。比如，同时播放一首中国歌曲和外国歌曲，听众会各有侧重。这种自发性的选择正是受"内在图式"的影响与诱导的结果。当然，人最好具有广泛的爱好，这就需要扩大审美视野，接触各种各样的审美对象，增加"内在图式"的储存，进而拓宽审美选择的广度与深度。

其次是"内在图式"在审美过程中作为想象活动的原料，需要丰富的审美情感予以激活。"内在图式"与情感丰富的人，每当观照审美对象时，刹那间会启动大脑中的大量相关"内在图式"，使它们像走马灯似的复现在大脑的"屏幕"上，并且在情感的熔炉中发生变化，随之重新组合为鲜活的审美意象。至于那些"内在图式"贫乏、审美情感淡漠的人，通常不是全然的被动接受，就是缺乏审美创意，因此，很难得到上述那种审美体验。

3. 审美理解力

审美理解力是指一种在感觉基础上把握和鉴赏审美对象之意味或内涵的能力。这种能力不是与生俱来的，而是感性接触大量审美对象与广泛参加审美实践活动的产物。审美理解力的提高，需要以下两条途径：

(1) 学习积累。通过学习积累历史、地理、文学、艺术、美学、文物、民俗和神话等方面的知识，借助实际观察和具体印证等手段，以期增进对各种景观的审美价值或"有意味的形式"的理解和欣赏水平。比如，自然景观的历史文化意义，各种艺术作品与手工艺品的表现技巧，各种情感符号与宗教符号（如塔形、莲台、金刚、罗汉等）的象征意义，各民族民俗风情的精神意义与审美追求等。

(2) 直观体验。这首先要打破日常生活中把事物形式视为认知目标，并迅速加以分门别类的纯理性思维习惯。因为这种习惯往往以科学逻辑分析为主导，结果偏离了靠形象思维来创造和感悟艺术作品或其他审美对象的轨道。比如，观雨后彩虹、海市蜃楼、黄山石松、凌空苍鹰，如果从一般的物理学、地理学、植物学、动物学的观点来看，就会落入逻辑和科学意义上的理智分析与实用态度之网，难以从外在形态上领略它们特有的审美意趣。如果克服理性思维的惯势，将科学的和日常实用的态度转化为超功利的审美态度，超然物表，专注于眼前的形象或形式，让情感与想象活跃起来，继而投射或假托于对象之上，就能使心与物、情与景、内在情理结构和外在形式结构相融会，进入物我同一、神与物游或物与神契的审美境界。这样不再是席勒所说的那种"具有一颗冷漠之心"的"爱抽象思维的人"，而是情思飞扬、喜爱形象思维或审美判断的人。这样我们会从雨后彩虹中幻化出飞天的仙女,从海市蜃楼中欣赏到缥缈的琼宫玉宇,从黄山石松的奇曲形态中领略到生命的张力与诗情画意,从凌空翱翔的苍鹰联想到雄强与崇高的精神。所有这些感受结果均有赖于直观体验,有赖于以情感为中介、乘想象的翅膀的、不计事物因果或利害关系的审美理解力。

(二) 培养自觉的审美意识

培养自觉的审美意识就是要自觉地使自身的仪表、风度、心灵、语言、情趣和技艺等都符合"美的规律",符合个体与社会审美化的发展要求。

就仪表而言,旅游工作者的仪表在有些场合不仅代表国家和民族及其个人的精神风貌,而且反映所在企业单位的服务规格和业务水平。比如,导游一出场,就如同演员登台亮相,其仪表会给游客留下第一印象。按照"光环效应"的心理原理,第一印象对确立导游的地位至关重要。因此,导游人员应当根据主客观的自然条件(如季节、气候等)和社会条件(如团队类型等),力求穿着得体,富有神采。从事过17年导游工作的帕特里克·克伦教授再三忠告:"第一次与旅行团见面,男士应着衬衣、西装,打领带;女士应穿外衣或套服。穿着得体比浓妆艳抹更能表现出趣味的高雅和风度的含蓄。"仪表与导游的职业耐心、威信、知识和行为一样,都关系到一次旅游的成败。忽略这些细节就会使旅游成为一次不愉快的经历,游客也不会满意。在仪表方面也要遵守和谐原则,使自己的体态、服饰与发型构成一种干净利落、相互映衬、符合大众审美习惯的整体美形象。一般来讲,奇装异服与怪诞的发型尽管会惹人注目、突出自我,但与周围的生活环境与文化氛围格格不入,容易给人一种招摇过市的炫耀感,从而失去和谐为美的社会基础。

随着主客之间交往的增多,旅游者的注意焦点会从服务人员的仪表转向风度。潇洒、优雅的风度会强化人们对仪表的审美感受;反之,则会冲淡这种感受,甚至使先前的印象模糊或流失。风度美并非一日之功,其形成与完善需要一个过程,通常离不开环境的熏陶与自觉的演练。这就要求旅游工作人员在社会生活和劳动实践中注意观察和体会模仿其他社会成员,特别是本行业中的杰出人物的优雅、自然、得体、实用的姿态(坐态、站态、步态、笑态、语态和手势等),从中概括或抽象出对自己适宜的参照系,随后再加以综合重构,在反复的模仿演练中使其逐步个性化乃至内化,不露出任何生硬做作、"东施效颦"的痕迹。事实上,每个人都有可能成为一名艺术家,关键在于自我是否具有强烈的艺术化心理追求,是否具有自觉的审美意识以及自觉的自我塑造能力,也就是按照"美的规律"来创造性地塑造自我形象和风度的能力。

导游的仪表美与风度美固然重要,但内在的心灵美或道德美更为珍贵。在旅游审美关系中,旅游者的审美体验常常表现为一种不断深化的过程,或是一种由表及里的认知过程。比如,许多国内外游客对导游翻译的评价最终总是落在周到的服务与和善的人格上。实践证明,旅游工作者对自身心灵美的培养关键是人道主义的精神或助人为乐的高尚情操。这种精神或情操必须落实在具体的言行之中,落实在礼貌用语、文明接待、周到服务以及为游客及时排忧解难的超常服务之中。由此可见,心灵美是通过语言美和行为美的感性形式显现出来的,其中心灵美是内在动因,语言美和行为美是外显结果。这就是"诚于中而形于外"。

总之,人的发展是自我的发展。没有自觉的审美意识或者缺乏追求自我完善动力的旅游工作者,就像缺乏灵感而创造不出精品佳作的艺术家一样,很难提高自身的审美修养。只有具备自觉的审美意识的旅游工作者才能扮演真正意义上的旅游审美对象、旅游审美信息的传递者和旅游审美行为的调节者,才能使旅游者的"悦耳悦目"的初级层次审美感逐渐提升到"悦心悦意""悦志悦神"的较高层次审美感境界。

(三)研究游客的审美需求及类型

旅游观光者由于个性的差异、审美需求及其动机的多样,通常从宏观上被划为不同的类型,如自然审美型、艺术审美型、社会审美型和饮食审美型等。还可以根据游客的审美个性及其偏好,将其分为阳刚型、阴柔型和中间型。在旅游活动中,如何使不同类型的旅游观光者获得最大限度的审美满足,成了导游的主要任务。

对于游长江三峡的自然审美型游客,应以巫峡的山水地貌为主要对象,在导游讲解中有选择地提供巫峡典型的自然美和人文美(风物传奇、诗词歌赋等)方面的审美信息,以便在游客的游览活动中构成注意的焦点,激发游客的审美想象或期待心理,使游客最终在亲临其境的直接观赏中获得真切的感受,留下深刻的印象。

接待赏书画、观石刻和游园林的艺术审美型游客,适宜从感性形式入手,由浅入深地描述和揭示艺术对象的内在意味、情趣、哲理、意境和艺术特征等。对于非专业性的旅行团队或个人,一般不宜过多渲染特种艺术门类的技巧。因为繁难琐细的讲解有时非但无益于激活或诱发游客的审美情趣，反倒有可能使游客紧张不安，茫然不知所云，甚至还会在焦躁与困惑中产生厌倦之感。比如，给一般游客讲解中国传统山水画，可就线条的节奏、笔墨的变化、虚实（或黑白）相生的动态与形神兼备的关系等方面来讲解画面的形式结构美，或者讲解其可观、可游、可居等艺术特征。至于技巧性过强的各种用笔（如雨点皴、卷云皴、斧劈皴等）或用墨（如积墨、破墨和泼墨），讲解时通常宜粗不宜细，甚至可以略去不提。又如，讲解京剧这类中国传统表演艺术，也主要突出介绍"唱、念、做、打"的一般表演程式与"生、旦、净、丑"等主要行当及其各种脸谱的象征意义，对于不同表演流派的细节最好浅尝辄止，当然对少数专门研究者例外。

对于热衷于古今历史、政治经济、民俗风情的社会审美型游客，导游在陪同游览中最好就地取材，言之有物。在谈古论今、陈事析理过程中，力求讲正史严而不疏，插野史善取精华，以免流于庸俗。同时，也要讲究诙谐与生动。涉及社会制度、道德风尚与相关的价值观念时，不妨采取对比反衬方法。或以古鉴今，指出时下弊端；或以今映古，称颂时代进步。要通过客观的描述，给人以真实而非虚幻之感，力戒不当的政治化色彩与意识形态化习惯。

对于那些意在品尝美味佳肴的饮食审美型游客，无论是导游人员还是餐厅服务人员，也应遵循重点原则。在宴会上，要以风味独特的艺术拼盘和名菜美酒为主要讲解对象，从色、香、味、形、意、气等方面向游客讲述中国烹饪艺术的基本特征，使其在一饱口福、享受生理快感的同时，也能不同程度地获得某种精神或审美上的愉悦以及饮食文化体验。

总之，对旅行社的计划人员、导游人员和饭店餐饮业的服务人员来讲，充分考虑游客的审美需求及其动机，认真研究游客的审美类型，是搞好旅游接待工作的重要环节。在此基础上，导游采取投其所好的灵活对应原则，预先选定游客最感兴趣的东西，搜集和加工富含审美价值的信息，并在实际游览中加以详略得当和生动形象的讲述，以引起旅游观赏者的共鸣。

（四）尊重旅游者的审美习惯

1. 审美习惯的差异性与多样性

人的审美习惯是其审美个性与固有审美经验相互融合的产物。这种审美习惯通常会有意无意地影响人们对客观事物的审美评价，甚至在一定程度上制约人们的审美行为。对旅游者来说,由于生活阅历、文化修养、职业、年龄、民族、宗教信仰以及社会环境的不同,其审美习惯往往具有一定的差异性与多样性。

就国际旅游者的职业而言,政治家、企业家和社会科学工作者,一般习惯于观察、体验东道国的政治制度、社会形态、经济体制,并相应做出美丑、利弊等方面的判断;思想家、记者、宗教活动家一般习惯于透过事物表象去探究东道国人民的内在精神状态、心理素质、民族特性、生活方式和宗教信仰,进而发掘其社会生活美与内在心灵美;文学家、艺术家一般习惯于品尝、欣赏东道国的各种美味佳肴;医学家、教育学家、考古学家以及环境保护学家等,也都习惯于寻访各自感兴趣的东西。

按年龄分析,青年男子习惯于追新猎奇,喜好在异国他乡进行探险旅游,寻觅强烈刺激或激越之美;青年少女则习惯于通过异地观光,寻找和享受各种风格的服饰美与色彩缤纷的形式美;老年人则习惯于透过人际关系来窥察人情美与伦理美。

按民族角度考察,来华旅游的日本人习惯于探询中国的历史文化之美;西方人偏重于享受中国的社会生活与烹饪艺术之美;而华侨和港澳台同胞则倾向于欣赏故土人情与风光古迹之美。

因此,导游有必要对客源国或地区的政情、民风、历史、文化、艺术、生活、兴趣、爱好或审美理想进行深入研究,并在实际接待过程中细心体察、识别旅游者固有的审美习惯,针对深藏在其内心的审美意向去安排旅游活动,突出最能诱发其审美兴趣的内容,使其在不知不觉中进入审美境界。

2. 审美习惯的民族文化意识

旅游者的审美习惯往往从民族文化意识出发,评判和审视旅游地的人文景观。例如,对参观曲阜孔庙的西方旅游者讲述儒家思想和孔子的贡献,他们会因为文化的差异而体会不深,但如果能把他与古希腊思想家亚里士多德做比较,旅游者就比较容易理解。

游小桥、流水、人家的苏州城时,如能根据马可·波罗游记中的描述,将其与威尼斯作一简要比较,也必然会激起旅游者的审美注意。

有经验的导游常常采用对比的方式,把中国的长城同埃及的金字塔、中国的象形文字与墨西哥的玛雅文化等联系起来讲解,会使海外旅游者产生强烈的共鸣,获得深刻的审美体验。

可见,导游有必要了解和积累外国文化艺术方面的知识,分析和研究国际旅游者的审美习惯与审美标准,掌握基本的中西文化知识,以便在实际接待工作中更好地运用中西文化比较的方式,尽可能地帮助旅游者缩短或超越社会文化距离,诱发其审美的主动性,使其从熟悉的事物出发,凭借固有的审美心理结构,去认识和度量旅游地景观的审美价值。

(五)掌握和运用旅游观赏技法

在旅游审美活动中,旅游观赏技法对调节旅游审美行为及其效应具有十分积极的作用。这是因为形态各异的景观对象,只有借助于不同的观赏方法,如动态观赏、静态观赏、移情观赏、观赏距离、观赏时机、观赏位置、观赏节奏等,才会显现其特有的魅力,才会与旅游者的审美心理结构契合,才会使旅游者在凝神观赏中进入物我交感或物我同一的审美境界,从而获得一定程度的审美体验。当然,熟练掌握和灵活运用旅游观赏技法需要一个循序渐进的过程。一般来说,导游要注意以下几个方面:

首先,导游应从审美角度深入地了解景观对象的周围环境(天时、地理),内外结构(布局、形式、意味),文化内容(史料、神话、传奇)与审美形态(阳刚、阴柔或崇高、婉秀之美)等,以期丰富、提高自己的景观知识和审美能力。要想引导游客欣赏景观对象,自己先要学会欣赏,可谓"工欲善其事,必先利其器"。

其次,导游作为审美信息的传递者和旅游者审美行为的协调者,有必要提高自己的美学理论知识,需要多读一些美学书籍,最起码弄清"快感说""模仿说""客观说""主观说""主客观同一说""移情说""距离说""表现说""原型观念说""异质同构说"以及"美感积淀说"等基本美学原理的主要内涵,并勤于思考与观察,主动联系实际,灵活应用,提高导游的质量和游览的审美效应。

最后,导游还需多读多背一些山水诗歌或游记散文,并在实地考察游览和亲自体验的基础上,尝试从审美角度去分析景观对象的审美特征及其价值,反思自身的审美心理与相关体验。这样,在具体的导游过程中,就有可能凭借自己的真情实感与艺术化的导游语言,调动旅游者的审美心理诸要素(感受力、想象力、理解力和情感),引导旅游者欣赏和体味景观的形式与意味,丰富和深化旅游者的审美感受。

应当强调的是导游在把握观赏节奏方面,需要具备一定的生理与心理学知识。观赏节奏过快,会使旅游者疲于奔命,引起生理机制失调,这样不但不会强化、反而会冲淡其审美感受,"欲速则不达";反之,如果观赏节奏过于缓慢单一,也会产生消极作用,常会使旅游者的审美期待指数降低,观赏兴趣减弱。因此,旅游观赏节奏务必同人的生理、心理节奏相互协调统一,形成共振关系,使旅游者处于良好的审美心境。要合理地解决这一问题,就需要导游根据实际经验、团队人员的构成、线路安排、具体日程、交通条件和健康状况等因素,适时调节,灵活把握,切勿机械刻板,过于拘泥于原来的安排或为了个人利益(如购物)而置旅游者的生理、心理承受能力于不顾,否则就达不到愉悦性旅游观赏活动的预期目的。

(六)提高再创造的审美能力

从审美角度分析,导游实质上是一个艺术性的再创造过程。导游凭借艺术化的语言、故事化的讲解,联系个人的实际体会,借鉴前人的相关经验,参照旅游者的审美需求,运用相应的观赏原理,化景物为情思,变实景为虚景,使旅游者在悠然自得的气氛和随心所欲的游览中,得到审美上的满足、情感上的陶冶乃至精神上的升华。这种再创造过程是提高导游服务质量的保证。它有赖于再创造能力。为此,导游必须从如下几个方面努力:

1. 提高自身的景观鉴赏能力

导游工作者要提高自己的景观鉴赏能力,一方面对其内在的蕴涵(社会历史文化内容)有比较深刻的认识,另一方面对其外在的结构(有意味的形式组合)有审美的感悟。

2. 传达有效的审美信息和真实情感

推敲和锤炼语言,强化自身的审美敏感性,培养自觉的审美意识和独立的价值判断能力。如果导游传达了有效的审美信息和真实情感,就会受到旅游者的欢迎和赞赏。反之,如果导游对景物毫无感情,故作多情,一味重复他人的经验,缺乏个人直接感受与独到发现,导游的结果就犹如雾里看花,不见真相,更不用说尽情尽兴了。比如,游览北京故宫,若导游本人鉴赏力高,对宏丽的建筑形式、精巧的木质结构和内涵的象征意味等具有深刻的了解和真切的感受,并能遥想昔日皇帝的赫赫权威,联系宗法制度的森严等级,用富有情感色彩的导游语言娓娓道来,想必会引发游客的观赏兴趣或思旧怀古之情,从而加深游客对这座古建筑群的历史价值与艺术意味的理解。

3. 弄清自身与景物对象的相互关系

事实上,导游同时扮演着双重角色:既是景物的直接观赏者,又是景物特色的介绍者,是沟通旅游者与景观对象的桥梁。导游必须导与游兼顾,有导有游;"导"时从审美角度去揭示景观内在的审美本质,"游"时从审美角度去感悟景观对象的审美价值或艺术特征。同时,充分利用"化实为虚"或"虚实相生"等讲解技巧,使导游作品既符合景观原型,又有所创新而不简单雷同,给人以生动鲜活之感和某种情思意趣的启迪。

4. 明确自身与旅游者的审美关系

导游作为旅游者的直接审美对象,需要按照"美的规律"来塑造自己的形象并且不断完善自己;导游作为审美信息的传递者,应当研究游客的审美需求与类型,善于筛选富有价值的审美信息,并能在实际导游过程中结合景物予以生动而充分的表述;导游作为游客审美行为的协调者,必须研究游客的审美心理趋向,学会灵活运用旅游观赏技巧,掌握导与游的主动权,不断创造出具有感染力的导游作品。

5. 给旅游者评判观赏对象的余地

尊重旅游者固有的审美判断力,设法在临场讲解中为对方留下一定的审美空间;要利用启发而非武断、制造悬念而非平铺直叙的方式,给旅游者留有自己去评判观赏对象的余地,避免自己和盘托出或把话说绝。比如,面对自然景物的某些特殊形态,导游人云亦云地信手一指说"那是'猴子观海'!""那是'天狗望月'!"因为,旅游审美活动的自由性是非常宽广的,任何强加人意的导游讲解,不仅难以为人接受,而且有可能招致游客的反感。

第四节　导游的审美引导

旅游是人类社会独有的,以自然环境及人文环境为对象的,动态地欣赏美、创造美的活动。旅游能满足人们的爱美、求美之需求,也起着净化情感、陶冶情操、增长知识的作用。导游在旅游过程中向不同层次、不同审美情趣的旅游者讲解时,应把尽可能地满足他们的审美追求作为导游工作的中心任务。帮助旅游者获得最大的美的享受,导游责无旁贷。另外,从审美角度看,导游也是一个艺术性的再创造过程。其间,导游通过艺术化的语言、故事化的讲解,联系个人的实际体会,借鉴前人的间接经验,参照游客的审美需求,运用相应的观赏原理,化景物为情思,使游客在怡然自得的游览活动中得到审美上的满足,情感上的陶冶。因此,导游的审美引导可以从语言艺术、服务技巧及引导技巧三个方面进行。

一、旅游审美语言艺术

语言,是人类沟通信息,表达和交流思想感情,以求达到相互了解的重要手段,是人类最重要的交际工具,也是导游最重要的基本功之一。导游通过运用语言的讲解,使大好河山的物态美化为旅游者的心态美,使沉睡了千百年的文物古迹、历史人物复活,使优雅的传统故事栩栩如生,从而使旅游者感到旅游审美妙趣横生,留下经久难忘的深刻印象。导游工作要求每个导游具有比较扎实的语言功底,而正确、优美、得体的语言表达能力直接体现出导游的服务质量。

导游工作是一种社会职业,与其他社会行业一样,在长期的社会实践中逐渐形成了具有职业特点的行业语言——导游语言。导游语言是导游与旅游者交流思想感情、指导游览、进行讲解、传播文化时使用的一种具有丰富表达力、生动形象的口头语言。朱光潜指出:话说得好就会如实地达意,使听者感到舒服,发生美感。这样的说话就成了艺术。导游的语言表达直接影响着旅游者的心理活动,所以必须在语言艺术的达意和舒服上下功夫。在"美"字上做文章,一名优秀导游应以准确、高雅的语言生动形象地进行导游讲解,使其趣味无穷、修辞优美、语调富有感情、抑扬顿挫、速度适中、强弱适宜、高低和谐、转折自然、嗓音圆润悦耳。这样的导游讲解,能让旅游者听了感到舒服,难以忘怀。一名优秀导游运用语言时,应遵循以下六个原则。

(一)语言的准确性

说话是否达意,常以准确为衡量尺度。所谓准确,一方面要求导游翻译人员发音准确,音色明亮,没有含糊生硬的成分,发音吐字不准不清,容易导致误解或曲解;另一方面要求言之有理,用词恰当,组合相宜,避免含糊其词或言过其实。在任何交际场合,模糊不清、似是而非的语言总会让人感到不快。

(二)语言的音乐性

所谓音乐感主要指语调的抑扬顿挫、语流的畅达、语句的长短与语速的快慢所构成的语言节奏美。

语调的抑扬顿挫,一是由于字音的高低所致,二是关联着情绪的起伏变化。

喜者激昂,悲者沉郁,这对语调有着直接的影响。

语流的畅达反映在衔接自然的语句、连贯而无间断的表达上。侃侃而谈,毫无阻滞的语言行为,能使人产生一种行云流水之美,能给人以舒适欣快之感。

语句的长短也是形成语言节奏美的重要因素。在导游人员为旅游者提供服务时,所用的句式不能过于复杂,应简短明快、变化多样,既便于旅游者理解,又易于产生较强的感染力。

语速的快慢要因游客的不同而有所变化。比如,针对由中青年人组成的旅游团,语速可以适当快一些;而针对由老人或儿童组成的旅游团,语速可以适当慢一些。

(三)语言的生动性

导游在讲解相关景物的背景或传奇故事时,只有通过语言的生动性才能把游客导入诗情画意之中,使其产生共鸣。因为娓娓动听的语言、绘声绘色的讲解会使游客通过联想或想象等心理活动,观赏景物的内在神韵,感悟其内在的审美价值。

这就要求导游讲解在掌握丰富的景观知识和语言词汇的基础上,注意修辞技巧,学会恰当地运用对比、夸张、比拟、借代、比喻、映衬等修辞手法,使讲解艺术化。借助形象思维,通过精当的遣词用句,创造出生动的语言画面,达到主客之间相互沟通、引发审美共感的目的。

(四)语言的风趣性

导游语言的风趣性主要表现在幽默诙谐的言谈风格上。在美学意义上,幽默是英文 humor 的音译,属审美范畴之一,是喜剧性的一种表现形式。它通过比喻、夸张、象征、寓意、双关、谐音等修辞手法,借助多义、单义、歧义等语义学特征,机智运用凝练、风趣的词语,对现实生活中的各种矛盾以及不合理现象进行含笑率真的揭示与讽刺。

在导游活动中,语言的风趣性就是轻松地开玩笑或善意地逗乐。就效果而言,风趣幽默的话语可以活跃气氛、激发游兴,特别是在长途旅行中,风趣的话语更能显示出消除疲劳、振奋精神、调节情绪的妙用,使游客在轻松的欢声笑语中度过快乐的时光。

(五)语言的情感性

语言的情感性是指以形象生动的语言来描述或渲染外在事物时特有的情感色彩。它不光是指有声的感叹语所传导的情绪信号,而且还应充分发挥无声语言(如眼神、手势、面部表情等)的作用,增强语言的感染力。这是因为人的喜怒哀乐、七情六欲往往可以从眼神的神态、手势的力度与面部线条中显露出来。讲"眼神",由于眼睛是心灵的窗户,最富有传神或表现的能力。论"手势",它是人的性格和内在情感的外化,有时在表现意义上比有声语言来得更直接、更快捷。谈"脸语",素有"回眸一笑百媚生"的美谈,因为笑脸呈现出柔和的曲线,含有妙不可言的审美韵致。

就导游工作来说,在讲解过程中恰当地运用无声语言可起到事半功倍的辅助效果。特别是手势的速度与大小要求适中,其空中轨迹较易形成优雅的弧线,可给人一种柔软、亲切与自然之感。应该强调的是,导游话语的情感性强弱与否,关键在于导游人员自身是否进入角色,是否喜游乐导、动之以情。假若一位在风光胜景面前无动于衷的导游像和尚诵经似的只会干巴巴地倒背程式化的台词,恐怕难以打动慕名而来的游客。

(六)语言的委婉性

语言的委婉性是指在不便于直说的情景中所使用的一种曲折含蓄的说法。它要求导游态度谦虚,语言表达含蓄而有余味。如对不便于从正面突破或直说的旅游者,可采取曲折迂回的表达方式,让对方在回味中理解意思。使用委婉语言不仅可以避免针锋相对而起到曲径通幽的作用,而且还因柔中有刚,可显示导游的素质和修养。当然,使用委婉语言还应注意谦和有度、隐而不晦、曲而不涩,而不是令人费解。

总之,导游语言艺术的上述几种因素是相互联系,绝非孤立的。任何顾此失彼或把握不当的做法,都会在不同程度上破坏话语的整体美,影响旅游审美信息的传递效果。例如,苛求准确可能会导致枯燥无味,过分诙谐可能会造成滑稽庸俗,自作多情可能令人生厌反感等。

二、旅游审美服务技巧

旅游服务是包括旅游者的食、住、行、游、购、娱于一身的综合性服务。游览观光是旅游必备的要素之一,"游"不仅需要有值得观赏的自然资源、人文资源,还需要导游得法,讲究接待及导游的技巧。

(一)寓教于游,善于导入

导游服务包括生活服务、讲解服务和思想服务。其中,讲解在导游服务中居于中心地位。导游的讲解服务要力求深入浅出、生动形象、博古通今、妙趣横生。这样的导游和讲解就使大多数处于静态的旅游资源焕发盎然生机,从而使旅游气氛活跃,满足旅游者的观赏要求。

(二)审景度势,巧用"三导"

"景"是指景点多寡和分布,旅游线路的安排;"势"则主要是指旅游者的构成和旅游动机。应将二者紧密结合起来考虑,选择更适合的导游技巧。导游技巧一般有顺序导、交错导和重点导。

顺序导是指按旅游的顺序进行导游。游前导,简明扼要地介绍旅游活动的安排,游览区的总体情况、特点,激发旅游者的游兴。游时导,是顺序导中的主题,即时即景,边游边导,主要经典逐一讲解。游后导,是对一天游览的归纳和概括,起到画龙点睛、加深印象、耐人寻味的功效。

交错导是指导游运用纵向知识、横向知识交错的方式对景物进行讲解和说明。纵向知识是自然景物和人文景观的历史沿革及其所涉及的人、事和掌故。横向知识是按景观的几个横断面,不受时间序列的限制,就景物涉及的背景、人物等作综合性讲解。

重点导是指在旅游景点比较集中,旅游者有目不暇接、眼花缭乱之感时,导游重点讲解,把旅游者的注意力引到主要景观上来,以免因舍本逐末而影响旅游效果。

这三种技巧各有所长,在导游讲解中应根据具体情况适当地交叉使用,以提高导游的讲解效果。

(三)讲究讲解技巧

导游讲解技巧是导游艺术的重要组成部分。通过导游有声有色地介绍和讲解,旅游者不仅能看到景观的表象,而且能更深刻地感受到所见景物,从中得到美的享受。因此,若想把旅游观赏者吸引到自己周围,以期达到有效审美信息的目的,导游服务必须不断总结经验,善于因地制宜地运用各种导游技巧。实践证明下列几种手法是比较适用的。

1. 虚实结合法

在诸多导游技巧中"化实为虚"或"虚实相生"的手法具有代表性。旅游审美活动的最大特征就是借物抒情。然而,现实中众多景物是相对静态的,或者说是"僵死"的。比如,山海关孟姜女庙后的"望夫石"与云南石林的"阿诗玛"等自然景物,从表面上看几乎没有多少形式美可言。但若能将其"化实为虚",化景物为情思,用动情的语言将孟姜女哭长城的传奇或阿诗玛的故事娓娓道来,面前普通的石块就会变成"有意味的形式",就会在旅游者眼里幻化为如怨如诉、楚楚动人的女子形象,积淀和凝练于其中的历史文化内容和深刻的人类情感价值,就会在旅游者的心里激起无限的追忆或有趣的遐想。正如美学家宗白华所言:"以虚为虚,就是完全的虚无;以实为实,景物就是死的,不能动人;唯有以实为虚,化实为虚,就有无穷的意味,幽远的境界。"

当然,应用虚实结合法时要以实为主,以虚为辅,虚为实服务,虚为加深实的存在而运用。例如,带旅游者游览天然画廊——长江三峡时,导游应主要引导游客欣赏三峡的壮美风光,其间穿插介绍诸如"神女峰"等传说,使三峡风光在旅游者心中更显神奇、完美。

在此类化实为虚、化景物为情思的过程中,导游所扮演的中间角色,如同催化剂一样,旨在解释景物的本质内涵,诱发观赏主体的思绪情怀,最终达到物我沟通与相互交融的审美目的。化景物为情思不仅涉及虚实结合的方法问题,而且要求导游具有丰富的知识和审美理论素养,能够从浩繁的风物传奇、神话故事和古今山水旅游文学作品中提炼出比较纯净而有效的审美信息,并擅长于讲解艺术和语言艺术。善于在导游过程中捕捉旅游者的审美情趣,把握时机,借题发挥,以景抒情或以情托物,在虚虚实实的"客串"中引发旅游者的审美想象,使其进入情景交融或物与神契的审美体验之中。

2. 进入角色法

无论是登山、逛水、钻洞、游园,还是参观文物、探访古迹,导游务必进入角色,有导有游,同旅游者自觉地结为一体。在实地搜奇览胜的过程中,以丰富的地貌风物知识或加工后的审美信息、具有真情实感和自然质朴的导游语言,适时运用触景生情的美学法则来诱发旅游者的审美情趣,将其逐步导入凝神观赏的境界。

如果导游只导不游,比如只介绍长城而自己却不随团登长城的"放羊式"导游,无形中就同旅游者在心理情趣上隔了一层,欠缺亲临其境的说服力和感染力。另外,只导不游的讲解还会给人一种虚假做作之感。比如,一次游览一个新开辟为景点的石灰岩溶洞,一位只导不游的导游站在五光十色的溶洞中央,像背台词一样滔滔不绝,东一指说是"银河飞瀑",雄奇壮观;西一指说是"仙女下凡",婀娜多姿,令人生不出游兴来。这种只导不游的导游是严重的失职,更谈不上什么审美效果。

3. 制造悬念法

当旅游者置身于景物中时,有经验的导游惯用制造悬念的手法,引出旅游者的审美注意。所谓制造悬念法就是在导游活动中,导游利用旅游者追寻景观特征、故事结构、文物来历和风俗习惯的迫切心理,故意引而不发,使其产生悬念,急于知道下文;有时也可以提出问题,暂时停顿,给旅游者稍加思考的时间,然后再用三言两语点破奥秘;或讲到关键地方、紧要关头,来个急刹车,欲知后事,就得听导游道来,使得导游始终处于主导地位,让旅游者非得"跟着走"不可。其目的在于活跃气氛,引人注意,把"旁观者"的旅游者转化为"参与型"的观赏者,以便取得审美共鸣的效果。

例如,杭州西湖有一座断桥,车到桥前,导游一般要讲述一段《白蛇传》。这个优美动人、带有悲剧色彩的故事常使游人打破传统的审美习惯,一反憎恶冷血动物的常态,对善良多情的蛇妖——白娘子深表同情,非常关切她的命运。考虑到这一心理趋向,有经验的导游往往不是一口气将故事讲完,而是先行铺设相关的情景,鼓励游人凭借自己的想象去推断故事的结局,然后在归途中重过断桥时再将其娓娓叙来。这样能在一定程度上冲淡旅游归途中的困倦,激发思情意趣,丰富审美享受。又如,一个导游带领旅游者来到杭州六和塔时,旅游者问登到塔顶有多少阶梯。导游让旅游者数一数,来一次比赛。旅游者兴致勃勃地登阶而上,各说各数。最后导游才说出 266 级的答案,结果引起旅游者的一片笑声。

但要注意的是,制造悬念必须控制好时间,不宜拖得过长而导致失去胃口。此外,制造悬念要讲究艺术性,要事先做好铺垫工作,以唤起旅游者的情趣,否则会茫然若失,达不到预期的效果。

4. 点面结合法

任何艺术，既讲究整体，又突出重点。导游艺术也不例外。事实上，面面俱到的导游讲解是不可能的，也无必要。在旅游审美活动中，大部分景观对象从整体上讲是美的或崇高的，但其典型性主要凝聚在特定的景点上。因此要把握审美对象的精髓，导游就必须在顾及"面"的同时，设法找出蕴涵在整个对象之中的典型部分或重点，将其讲深讲透，其余的部分可以一语带过，这样更有益于加深观赏主体的审美印象及其感受。

例如，陪同日本旅游者观赏游览颐和园的长廊，要先从面入手，对其背景、结构、内容、功能等做一概要介绍。然后，应主要以日本人比较熟悉的、对中国古典名著《三国演义》中的人物彩画"桃园结义""三顾茅庐"等重点予以讲解。切不可逢画就讲，没完没了。因为这样做不仅时间不允许，而且会冲淡旅游者的游兴，令听者生厌，而讲解者也费力不讨好。

5. 比较文化法

旅游者，特别是国际旅游者一般来自不同的国家和地区，客观上存在着社会的差异和文化的距离。如果采用比较文化法，旅游者就比较容易理解。

例如，当导游讲解故宫的建筑时间时，如果说是"明永乐四年（1406）始建，永乐十八年基本建成"，来自欧洲的旅游者就不懂是什么时候，这主要是由于文化差异所致。但如果解释为故宫"建于15世纪初，相当于西欧文艺复兴早期"，这样来自欧洲的旅游者很快就清楚了。因此，在跨文化交际中，导游应根据东西方文化的差异和思维方法、习俗不同而采用确切、形象和恰当的类比，使导游的讲解取得事半功倍的效果。

所谓旅游审美信息传递过程中的跨文化类比就是将两个处于不同或近似时空与文化背景中的旅游景观加以比较。通常是以游客熟悉的东西来对照和解释他们不熟悉的对象。马可·波罗形象地把苏州比喻为"东方的威尼斯"，有的日语翻译导游把上海的城隍庙比作"东京的浅草"，把上海的南京路比作"东京的银座"等。这些类比手法的效果不仅使旅游者易于理解所讲解的景观内容及其特征，而且还会产生一种"虽在异国他乡，犹如置身故里"的亲切感，在一定程度上满足其民族自尊心与自豪感。值得强调的是准确、恰当和形象是评价跨文化类比质量的直接尺度。这就要求导游人员不断学习探索，丰富各种知识，争取达到学兼中西的程度。

三、旅游审美节奏的协调

在旅游审美活动中,掌握和灵活运用一定的观赏原理对调节旅游审美行为及其效果具有十分重要的作用。这是因为形态各异的景观只有借助不同的观赏方法才会显示其内在的魅力,才会与人的审美心理结构契合,使人在观赏中进入物我同一的境界,获得审美的共通感。比如,游江河湖泊和名山大川,就涉及动态观赏与适当的观赏节奏;去石林看"阿诗玛",就必须找出最佳的观赏角度;登泰山览"黄河金带",就要抓住观赏的时机等。然而,在同旅游者结成的审美关系中,导游人员扮演着协调旅游者审美行为的最重要角色。一方面导游活动是一种再创造的艺术活动,另一方面也是旅游观赏者的实际需要。在旅游审美实践中,导游往往利用自己的历史文化知识与地貌风物知识,从旅游观赏节奏来协调游客的审美行为,以使其获得最大的审美满足。

生理节奏正常,人体的内部机能才会处于稳态;心理节奏适度,人的内心生活才会趋于平和;观赏节奏恰当,人的审美需求才会得到满足。旅游者是具有生理、心理结构的活生生的人,旅游审美是一项有劳体力和鉴赏力的综合性实践活动。导游工作者应该从人的本体出发,使观赏节奏符合旅游者的生理负荷、心理趋向和审美习惯。所谓旅游观赏节奏,泛指游览活动的张弛、行进速度的缓急、导游讲解的快慢、声音语调的高低以及导游过程的停顿等因素构成的多样统一的动态旅游审美过程。常见的协调技巧与原则包括以下几个方面。

(一)张弛相济

常言道:"文武之道,一张一弛。"旅游审美活动也应注意这一关系。在组织游览时,要考虑到旅游者的生理适应性,解决好日程安排的紧与松、劳与逸等关系。

不言而喻,人的审美心理与其生理机制是密切相关的。如果运动节奏超过了生理节奏(心跳、呼吸、血液循环等),就会打破人体内在机能的平衡,导致疲劳或其他症状,这对审美活动来讲如同釜底抽薪,失去了依托。游览活动的张与弛,一般通过全程安排、日程安排以及具体的节目安排反映出来。这就需要根据旅行团队的人员构成(年龄、体力、需求等),设法使观赏内容丰富多样,旅行活动紧松相宜,而非紧张疲劳,以达到使游客感到轻快自然和不虚此行的最终目的。当然,游览活动的张弛程度要视对象而定。对热衷于拼命工作、拼命游玩的日本中青年游客来讲,较快的观赏节奏也许更适合他们的习惯与追求。

(二)缓急有度

在具体的游览过程中,行进速度的缓急也应有一定的节奏,这对旅游审美效果会产生直接的影响。例如游园,有的人习惯于宏观观赏,即从大处着眼,注意建筑的轮廓或假山池树的布局等;有的人则喜好微观细察,即从小见大,仔细玩味一幅彩绘、一处盆景等。如果导游人员忽视了游客个人审美习惯的差异,或像赶羊似的一个劲儿地催快走,或放任自流随其所便,或因为时间宽裕而故意散漫松垮,都会对旅游者的正常审美情趣产生消极的作用。所以,导游人员应像乐队的指挥一样,在整体协调和因势利导的基础上,把握好行进变化,对哪儿该快,哪儿该慢,哪儿该停,必须做到心中有数,事前做好统筹安排,以使旅游者在快、慢、稍快、稍慢和停憩的节奏变化中,从容自如、轻松悠闲地享受旅游观赏的乐趣。

当然,由于一年四季的景致循环变幻、旅游审美习惯因人(或因旅行团的人员构成)而异,用程式化的方法来调节同一景区的游览速度是不可行的。这要求导游在实践中努力摸索,总结经验,灵活掌握,因时、因地、因人调节好审美观赏节奏。

(三)快慢相宜

导游的讲解速度快慢也构成观赏节奏。太快,游客不是反应不及就是听不清楚,时间一久,会导致听者注意力涣散或精神过度疲劳;太慢,会使人听了上句等下句,容易给人一种断续零乱或迟钝不适之感。这两种情况都不利于旅游审美活动的正常进行。

在正常情况下,导游讲解的节奏以不紧不慢、流畅生动为准则。快时不妨用设问作为缓冲,以使节奏有所变化和松弛旅游者过度紧张的听觉神经。

另外,还要根据景观对象的具体情况来调节讲解速度。通常人文景观的内容复杂,需要传递的信息量较大,就可适当快些;相反,自然景观的直觉性强,需要传递的信息量较小,可适当放慢一些,给旅游者留有观赏玩味以及印证的余地,以确保活动的自由性或随意性。

(四)音调和谐

无论是否使用扩音设备,导游讲解时音量的大小和声调的强弱与观赏节奏也有密切关系,对旅游审美行为也有一定影响。实践证明,声音太高会给人以刺耳不适之感,太低又会给人以含混不清之感;语调平淡会给人以枯燥无味之感,过于激扬又会给人以矫揉造作之感。因此,导游工作者理应因地制宜,根据听众的多寡与空间的大小,适时地控制自己的音量与声调。

一般来讲,音量的大小要以距导游最远的本团游客能听清为宜,声调的变化要以自然质朴、抑扬顿挫为好。声调要具有感情色彩。当导游亲临其境,全然进入角色之际,眼前的景观之美或相关神话故事的动人情节必然会唤起自身的审美情趣。这样,声调会随着情感的起伏而起伏,或激昂,或深沉,或欢乐,或忧伤,或抑或扬,或强或弱,从而构成一种富有节奏变化的带着真情实感的语流音调美,在不知不觉中,感染和吸引着游客的审美情趣和审美注意。

(五)停顿适时

停顿与讲解都是导游工作的需要,二者处于一种对立统一的关系之中。在旅游审美活动中,适时的停顿有助于游客的观赏。因为审美在很大程度上是一种自由的个体性价值判断过程,过多的诱导会蜕变成一种干扰或强迫,使人难以在平心静气的凝神观照中领悟眼前的景观之美。如果导游翻译在旅行途中已用有关的风物知识或神话传奇激发了游客的审美遐想,如果游客在宏丽明媚的自然景观(像漓江的九马画山或黄山奇峰云海)前已经进入兴致勃勃的观照状态,导游再无休止地讲解下去就会显得有些唠叨、多余,因为"此时无声胜有声"。游客在寂静永恒的大自然里会展开想象的翅膀,或以情托物,或借物抒情,进入物我两忘或天人合一等不同的审美境界。

总之,调节旅游者的观赏节奏是一个复杂的问题,不仅涉及心理的因素与导游的技巧,而且涉及游客的生理、体能、旅游日程安排与游览内容等方面的情况。

阅读材料:让游客信任的"最美导游"刘萌刚

2017年4月,41岁的刘萌刚荣获全国五一劳动奖章,这是对他10多年导游生涯的褒奖。

时间回溯到2003年,因为热爱旅游,27岁的刘萌刚转行开始从事导游工作。

入职不久,凭借良好的英语功底,刘萌刚被旅行社安排接待一对来自毛里求斯的外籍华人母子。行程中,客人对刘萌刚的服务很满意。行程结束时,这对母子在广西桂林买了一对石狮子,打算运回毛里求斯,放到自家经营的酒店门口。在去机场的路上,客人把3000美元和一张名片交给刘萌刚,"能麻烦你按这个地址帮我们把石狮子寄回毛里求斯吗?"刘萌刚有些吃惊,因为3000美元不是小数目,且还有贵重的石狮子。不过,刘萌刚迅速做出回答:"既然您相信我,那就请您放心!"

后来,刘萌刚及时将石狮子寄出,并将支付完邮费后的余款一起退给了那对母子。女主人写来一封很长的感谢信,其中提道:"因为你的真诚,我们很放心让你把物品托运回来。"

2006年,刘萌刚经过层层选拔成为一名援藏导游。一到西藏,他就有了明显的高原反应,失眠、呕吐、头痛,连站起来的力气都没有。不过,为了接待好在西藏的第一个外国旅游团,刘萌刚咬牙坚持,花了近20天时间做准备,每天工作近10小时,用于踩点和背英语单词。那段时间,他吃饭睡觉都在学习相关知识。当顺利带完第一个团时,他心里清楚,自己的知识储备还十分不足。此后,刘萌刚到图书馆办了一张借书证,利用空余时间苦读相关书籍。

在西藏的日子,有喜悦也有艰苦。2007年、2009年,刘萌刚又两次参加援藏。

随着旅游市场快速发展,一些行业"潜规则"渐渐滋生,如"零负团费"等。"靠蒙骗游客购物来赚钱,肯定不可取。"刘萌刚谈起一些不良行业现象颇为汗颜。

据刘萌刚的徒弟回忆称,刘萌刚常说导游把精力都花在如何诱导游客消费上,哪还有什么心思去讲述秀美的风光、跌宕起伏的人文故事。

刘萌刚说,他凭本事吃饭,不想挣让自己颜面扫地的昧心钱。或许,刘萌刚的轴劲儿源自母亲的言传身教。

刘萌刚的童年不算幸福,父母离异,随母亲生活。为了维持生计,母亲在街头摆摊卖水果。当时,有些摊贩经营不太规范,会以次充好、缺斤少两。而刘萌刚的母亲每次都从正规渠道进货,"给顾客的秤也是高高的"。至今,刘萌刚仍记得母亲当时的感叹——"人家到我们摊位上买,就是信任。缺斤少两的事不能干,干了就没回头客了。"后来,刘萌刚家的水果摊生意越来越好,母亲就是用卖水果的钱供刘萌刚兄妹三人上完学。

刘萌刚不仅自己不接"填坑团",也在同行中积极宣传,希望大家愉快而有尊严地赚钱,避免强迫、诱导游客购物的发生。

桂林漓江游船导游廖玉珍说,在刘萌刚的影响和带动下,越来越多的导游、司机自觉抵制"零负团费",他就是行业诚信的一面旗帜。

其实,在刘萌刚的带团经历中,不是没有委屈。

2012年6月,刘萌刚接待了一家美国客人。他们从桂林到达阳朔后想干洗衣物,嫌酒店的干洗价格太贵,就委托他联系其他干洗店。刘萌刚经过比较筛选,请来一家性价比较高的干洗店上门收衣,只有酒店价格的三分之一。但后来,该游客看到另一家干洗店的价格更便宜,感觉被坑了,用激烈的语言对刘萌刚进行冷嘲热讽。

"当时脑袋嗡嗡作响,委屈感瞬间涌上心头。"刘萌刚说。不过,他迅速调整情绪,没有辩解,只是将游客请到干洗店去看价格和服务。游客终于了解到,便宜的那家是混洗,且是自然晾干,没有高温消毒和烘干程序。女游客面色尴尬,连声致歉。

刘萌刚认为,对于这类事情,一名成熟导游要能够"自我消化"。

正是凭借良好的技能和品德,刘萌刚被推选为桂林市导游协会会长。刘萌刚带领导游们看望敬老院的老人,为山区的学生捐助学习用品和衣物,为罹患癌症的同行募捐,发起"导游有专位"活动,倡议全市导游拒接"填坑团",为会员购买保险等。"其实,导游生存压力挺大的,外界也有不少偏见。我要为行业正名,为导游发声,争取合法权益。"刘萌刚说。

刘萌刚2015年4月被原国家旅游局授予全国十大"最美导游"称号,2015年10月被中宣部、中央文明办授予"全国道德模范"称号,2016年1月被原国家旅游局授予"2015年度全国旅游行业十大新闻人物"称号,2016年6月荣获"广西壮族自治区优秀共产党员",2016年12月荣获"全国文明家庭"称号,2016年12月荣获"全国旅游系统劳动模范"称号……

从业以来,刘萌刚接待了近2万名国内外游客,不仅无一例投诉,还赢得广泛赞誉。这些赞誉既有来自普通游客的,也有来自多国政要的。对此,他说:"值了。"

(摘自中国旅游报,2018-12-10)

本章习题:

一、选择题

1. 就国际旅游者的职业而言,(　　)国际旅游者一般习惯于观察、体验东道国的政治制度、社会形态、经济体制,并相应做出美丑、利弊等方面的判断。

  A. 思想家、记者、宗教活动家　　　　B. 政治家、企业家和社会科学工作者

  C. 文学家、艺术家　　　　　　　　　D. 医学家、教育学家、考古学家

2. 关于导游的审美定位,正确的是(　　)。

A. 导游是审美关系中的审美客体　　　　B. 导游是审美现场的参与者

C. 导游是审美现场的主导者　　　　　　D. 导游是审美关系中的审美主体

3. 导游讲解技巧中,导游进入角色,有导有游,同旅游者自觉地结为一体。该技巧称为(　　)。

A. 虚实结合法　　　B. 进入角色法　　　C. 制造悬念法　　　D. 点面结合法

4. 在旅游之前简明扼要地介绍旅游活动的安排,游览区的总体情况、特点,激发旅游者的游兴。该导游技巧称为(　　)。

A. 顺序导　　　　　B. 边游边导　　　　C. 游前导　　　　　D. 游后导

5. (　　)不属于导游运用语言时应遵循的原则。

A. 语言的准确性和音乐性　　　　　　　B. 语言的生动性和风趣性

C. 语言的情感性和委婉性　　　　　　　D. 语言的音乐性和夸张性

6. 导游形象美的评价体现在(　　)。

A. 容貌美、风度美、心灵美　　　　　　B. 仪表美、劳动美、心灵美

C. 仪表美、风度美、心灵美　　　　　　D. 劳动美、风度美、容貌美

7. (　　)不是导游在审美中的作用。

A. 传递正确的审美信息　　　　　　　　B. 激发旅游者的想象思维

C. 帮助旅游者保持最佳审美状态　　　　D. 帮助旅游者安排机票酒店等

二、实践练习

2018年10月,西安某旅行社接待了来自内蒙古的28位老人组成的夕阳红旅游团队。在游览的过程中,导游小陈反复对游客说,大家来一次不容易。既然来了,就应该多看几个景点,在只争得少数游客同意的情况下,小陈增加了小雁塔和碑林两个计划外景点,并多收了200元钱。为了能挤出时间参观这两个景点,导游小陈缩短了原计划景点的参观时间,使老年游客疲惫不堪。另外,游览讲解景点时,只是在门口做了整体介绍,而且语速很快。行程结束后,许多游客感到参观时间太匆忙、导游讲解太敷衍,没有达到预期的目的,对小陈的导游工作非常不满意,并向当地旅游部门进行了投诉。

根据案例的描述回答下面的问题:

1. 导游小陈在接待旅游团队的过程中有哪些不当行为?
2. 接待老年旅游团队应该注意些什么问题?

第十一章 旅游者的审美结构和方法

本章提要

旅游是一项以绮丽多彩的自然景观和人文景观为审美对象的审美活动,旅游者可以在旅途中获得美感、美的享受、美的乐趣。而自然景观和人文景观所呈现的美具有自身的独特性,旅游者需要了解审美结构,掌握一定的旅游审美方法,即启动生理和心理多方面的审美鉴赏系统,并通过掌握一定的审美方式、时机、距离、角度,以便更好地观赏、体验和领略其中的美妙。

第一节 旅游者的审美结构

人类是在长期的社会实践和历史的进步中获得并积累起内在的审美结构。分析这样的审美结构,可将其分为生理和心理两个层次来认识。如果主体面临的是优美的对象,那么它所拥有的形式美诸因素及其有机组合,最先会使主体的视听感官感到生理上的愉悦,使第一个印象弥漫着和谐、柔丽的色彩。如果主体面临的是崇高的对象,那么它数量和力量上的"大",就会使主体感官似乎受到猛烈的撞击,产生突兀、惊讶,甚至触目惊心的感觉。

一、旅游者审美的生理层次

在审美的生理层次上,一般艺术审美与旅游审美间的区别十分突出。美感得以产生的生理机制不是主体审美活动中最主要的因素,但却是最基本最原始的因素,飞流直下的瀑布、落木萧萧的秋景、大漠孤烟的边陲旷野等,如果没有审美主体的感官接受,主体的审美感知就无法实现。生理层次是审美结构最基础的层次。

审美过程中的主体感受直接与主体自身的生理因素相关联,后者是构建审美的完整系统不可分割的组成部分。客观对象之所以感人,就在于它们能触及观察者敏锐的感受力,并与其大脑和心灵相沟通。健全的生理条件是审美活动的主体保障。那么,旅游者审美的生理条件包括哪些方面呢?

(一)视觉

在人境互动中,外界形态对人的视觉器官进行刺激,使人在大脑皮层相应区域形成一条兴奋曲线。它向视觉区伸展,唤醒视觉、知觉和表象,形成视觉形象;它向语言区伸展,唤醒相应的概念、观念,并融入视觉形象;它向皮下组织伸展,激活着相应的情感,也融入视觉形象之中,即在知觉的同时,会同时产生某种积极的、消极的或中性的情感体验。假如注重情感体验是积极的,就会对知觉的对象产生某种喜悦、爱好,对它的点、线、面诸条件构成的整个形象觉得悦目,产生审美知觉,随后又产生美的情感、体验,即美感。

不同区域的现实存在对旅游者的情感和精神起作用,首先是通过视觉来完成的。高山大海、沙漠雨林、园林等不同地点和空间因有旅游者的介入,才具有了文学性、诗意、叙事性、历史和意义。自然山川给人们十分美妙的景象,旅游者站在山顶眺望远处山峦重重叠叠、云雾滚滚,风雨晦明之变幻的自然力、山势和氛围给人一种心灵之美的激发。行走在山谷之中,两壁峻峭悬崖,气势磅礴,拔地几百米,其深奥亦感人肺腑。旅游审美离不开视觉感,没有视觉感也就无法阐述旅游目的地的各种资源。视觉是旅游者审美首要的生理条件。

(二)听觉

听觉接收的信息远比视觉要少,除了盲人用声音作为定位手段外,一般人仅利用听觉作为语言交往、相互联系和洞察环境的手段。声音短暂而不集中,但因它无处不在,因此不仅与室内而且与室外,不仅与局部而且与整体环境体验密切相关。丹麦学者拉斯穆森在《体验建筑》一书中强调,不同的建筑反射声能向人传达有关形式和材料的不同印象,促使形成不同的体验。事实上,不仅能"听建筑",还能"听环境"。无论是人声嘈杂、车马喧闹,还是虫鸣鸟语、竹韵松涛,都能鲜明地表达环境的不同性质,烘托出不同的气氛。旅游者从嘈杂街道进入宁静地带时,声音的明显对比会留下特别深刻的印象,特定的声音还能唤起有关特定地点的记忆和联想。至于特殊的声音信号,如教堂的钟声、列车的汽笛、校园的朗读等,更能加深人们对归属于特定时空的认同。此外,声音的巧妙利用还能获得某种特殊体验。

例如，闹市中喷泉的水声能掩蔽噪声，起到闹中取静的作用，有利于游人从事休憩和私密性活动。

（三）嗅觉

嗅觉也能加深人对环境的体验。大山雨林或大海，固然以视觉感观辨别为主，但嗅觉也是可以辨别其特有味道的。倘若旅游者真能嗅出大山雨林或大海的味道来，其对环境的体验就远远地超出了仅凭视觉的感知了。公园和人造景观区具有充分利用嗅觉的有利条件，如花卉、树叶、清新的空气，加上远来的微风常会环绕产生一种香远溢清的特殊效应，令人陶醉。有时，还可建成以嗅觉为主要特征的景点，如杭州满觉陇和上海桂林公园以桂花香诱人。即是如此，在不少城市的一些街区或小城镇中还可以分别闻到小吃、化妆品、熏香、蔬菜瓜果等多种特征性气味。它们能给人提供富有生气的感受，增添旅游生活的乐趣。

（四）触觉

通过接触感知肌理和质感是体验环境的重要方式之一。可以说，质感来自对不同触觉的感知和记忆。特别是对于儿童，亲切的触觉是生命早期的主要体验之一。从摸石头、栏杆、花卉、灌木直到雕塑、小品，几乎成为孩提时的习惯。创造富有触觉体验，既安全而又可触摸的环境，对于儿童身心发展具有重要的意义。建造物质感的变化，可作为划分区域和控制行为的暗示。用不同质料铺地暗示空间的不同功能，如草地、沙滩、碎石、积水、厚雪、土路、磴道，这些质地有时还可用来唤起主体不同的情感反应，使其产生出不同的感受。南京大屠杀纪念馆墓地满铺卵石，即试图使人产生一种干枯而无生气的感受，就是很好的例子。另外自然界的气候气象也能通过触觉引起主体对环境的体验。

（五）动觉

动觉是对身体运动及其位置状态的感觉，它与肌肉组织、肌腱和关节活动有关。身体位置、运动方向、速度大小和支撑面性质的改变都会造成动觉改变。罗丹在《艺术论》中说："实际上，没有一条人体的肌肉不表达内心的变化。一切肌肉都在表示快活和悲哀、兴奋和失望、静穆和狂想。"他所塑造的"思想者"，整个人的肌肉都在紧张地思考着。运动员在剧烈的运动或马戏团的演员全神贯注、心无旁骛地表演时有可能引起观赏者肌肉和关节的感觉。水中的汀步（踏石）是很多景点都有的设施，当人踩着不规则布置的汀步行进时，必须在每一块石头上略做停顿，以便找到下一个合适的落脚点，结果造成方向、步幅、速度和身姿不停地改变，形成动觉的特殊模式。如果动觉发生突变的同时伴随有特殊的景观出现，突然性加特殊就易于使人感到意外和惊奇。在小尺度的园林和其他建筑中，先抑后扬、峰回路转、柳暗花明都是这一原则的体现。在大尺度的风景区中，游人只有动、静结合，调动运动觉，跋山涉水、穿桥过洞，才能寻幽探胜。苏州、庐山、福州、永安、福鼎、贵州、云南等山水风景中都有"一线天"，云南石林有"狭窄逼人"，这就要求旅游者爬过去、钻过去、侧身挤过去，这也是体验动感的一些特例。

综上所述，游览中快感和美感的发生无不与主体的生理运动相关，而游览时所必然存在的主体的生理活动也无不与快感和美感相关。

二、旅游者审美的心理层次

美感心理是个相互关联、渐次深化、逐步推移的过程。审美心理首先接受的是对形式的感知。当作为审美主体的旅游者面临的优美、崇高的审美对象时，便从生理上给予快感。再从精神上出现情感上的冲击，唤起旅游者理性和意志的力量去把握对象。但需要注意的是，形式的感知不是一次完成的，而是审美主客体之间往复交流，不断进行对象情趣化和情趣对象化的结果。常常是对象的感性形式，引起了主体的突发感动。主体又将知觉引起的感性投射于对象。如此循环往复，使形式的感知所得逐步情意化，主体由此获得一种知觉情感。

审美欣赏中的"共感"，又称"感会、会心、应会、应目会心"等，指的是审美主体与对象之间心物两契，产生情感上的共振共鸣状态。我国古代不少艺术作品，记录了前人在欣赏自然美时心灵与对象所产生的共感现象，表明古人在体会和认识自然之美方面，极为敏感而又精妙。"江上调玉琴，一弦清一心。泠泠七弦遍，万木澄幽阴。能使江月白，又令江水深。始知梧桐枝，可以徽黄金"（常建《江上琴兴》）。泠泠的琴声，非但可以清心，而且能让一切自然景物都产生感应，诗人的心灵，和着宇宙的节律，共同奏响了一曲恬穆而略显凄清的乐曲。欣赏中主体获得同情与共感，意味着体验到"物我两忘""身与物化""我没入大自然，大自然没入我"的最高审美境界。庄子《齐物论》所记述的庄周梦蝶的故事，最早提"物化"一语，就是指这种物我界限消融，我与万物融化为一的心理境界。

旅游审美的心理活动是个相对复杂的过程，要明白其中的结构，我们还需了解审美心理的基本要素及它们的作用。

(一) 感知觉

桑塔耶纳在《美感》一书中曾这样写道："简单的感觉本身也是有趣的、交错的感觉，如果是感官所能欣赏，又不需要推理的思维去掌握它，它本身就是美的。"在"色彩"一节中，他又说道："各种色彩在欣赏方面有不同价值，类似于其他感觉具有不同价值，正如气味有香臭，音调也有高低，和弦有大有小，视其对感觉的刺激而彼此不同，所以红不同于绿，绿不同于紫。每种颜色都有一种兴奋作用，从而具有一种特定价值。这种感情属性相似于其他感觉的感情属性。所以，声波的高频震动对耳朵产生高音，光波的高频震动就对眼睛产生紫色，两者都会引起多少相似的感情，这是不足为奇的。"从这里我们可知，心理活动与生理活动存在着不可分割的协调运动。有一些感性的外界客体通过初级的感官给人在生理上造成一定的快感，没有这种初级的生理感受，高级的情感和想象活动就失去了基础。当倾听某人歌唱时，我们还没有听清歌词，甚至还没完整地听完一个乐句，便已深受感动了，这是音色和旋律的作用。有些音色和旋律会使人兴奋或松弛，有些又会像微风一样轻抚我们，在刹那间对我们产生作用。在这里，生理的感觉器官和心里的感觉不可分割的同时成为美感的基础。

知觉与感觉不同，感觉是对事物个别特征的反映，而知觉却是对于事物的各个不同的特征，如形状色彩、光线、空间、张力等要素组成的完整形象的整体性把握，甚至还包括对这一完整形象所具有的种种含义和情感表现的把握。知觉不是被动地将各种感觉要素加在一起，而是以一种主动的态度去解释它们和理解它们。从旅游审美心理的总体来看，触觉、味觉、嗅觉和运动觉由艺术欣赏的从属地位上升为与视觉和听觉相辅相成的重要地位。各感官的生理协同对于审美心理活动的展开，特别是对于想象和理解活动的展开，起着主导的作用。

知觉是一种主动的探索性活动，也是一种高度的选择性活动，它既涉及外在形式与内在心理结构的契合，也包含着一定的理解和解释。知觉就像是一只无形的手，它总是在探索着和触摸着，哪里有事物的存在，它就进入哪里，一旦发现了适合它的事物之后，它就捕捉它们，触摸它们，扫描它们的表面，寻找它们的边沿，探究它们的质地，感受到它们的意象。对此，阿恩海姆是这样说的："人的各种心理能力中差不多都有心灵在发挥作用,因为人的诸心理能力在任何时候都是作为一个整体活动着,一切知觉中都包含着思维,一切推理中都包含着直觉,一切观测中都包含着创造。"处于旅游审美活动中的知觉是一个相当活跃的心理因素。事实上,在整个旅游审美活动过程中,知觉因素一刻也没有停止过它的活动。它的最终目标就是将主体的心境引向一个独立的审美境界,把丰富浩瀚的外部对象世界与曲折深邃的内部心理思维融为一体,达到生理与心理最佳的协调状态。

(二)想象

构成审美心理的第二个要素是想象。审美想象大体可以分为两种,即知觉想象和创造性想象。出现在旅游审美活动中的主要是知觉性想象。旅游审美中知觉想象是面对美好的自然景观或富有感染力的人文景观而展开的。当人们的全部心理功能都活跃起来去拥抱自然或感受艺术品时,当人们的心境与大自然融合在一起时,人们的想象活动便会被激发起来。当我们称那些奇形怪状的钟乳石为花果山、水帘洞、虎、豹、熊、狮、云中仙子或九天仙女时,并不是随意的,而是由于这些钟乳石的形状与我们似曾见过的某些形象有着似又不似之处。这种模糊的原始物象材料经过想象的改造加工之后,特别是赋予了某种传说、民间故事后,在旅游者眼中便成了发乎自然而又不同于自然的东西。外部自然只是死的物质,而想象却赋予它们以生命。自然好比是一块未经冶炼的矿石,而心灵却是一座熔炉,在内在情感燃起的炉火中,原有的矿石熔化了,其分子又重新组合,使它的成分和关系发生了变化,最后终于以一种崭新的形象闪现在旅游者眼前。

想象是人类特有的一种思维活动,其心理实质是建立在记忆基础之上的表象运动,即表象的再现、组合和改造。在审美心理活动中,想象占据着重要的地位,它能借助于情感的推动,把审美感知中获得的审美意象,和旧有的表象相联结,并进行综合,将之改造成新的审美意象,使其具有更为深广的审美内容。去云南石林的人都有可能亲身感受审美感知中想象的特殊功能。当我们以一种"现实"态度去观看眼前的那根石柱(石林中那根被称为阿诗玛的石柱)时,它只不过是一根普通的石柱而已,但当人们放眼四望,看到那清澈的泉水,那通向竹林深处的小径,那神秘幽深的境界,又忽然联想到那动人心弦的阿诗玛的传说和见到的很多美丽善良的傣族姑娘,富于想象的人们的态度和心境一下子改变了,眼前的石柱也会随之变成美丽动人的阿诗玛。这当然是人们的想象赋予它的形象。特殊的心境生发出的特定情感,特定情感呼唤出附和这种情感的记忆形象,当这种形象与眼前的石柱交融为一体时,阿诗玛便在我们眼前传奇式地出现了。

想象在旅游审美中占据着举足轻重的地位。如果说感知的作用为进入审美世界打开了大门,那么想象就为进入这个世界插上了翅膀。反之,如果在旅游审美中缺乏想象,那么审美只能停留在浅显的感知的层面上。丰富的想象引人入胜,把游客带入激动人心的或全身心震撼的美的境界中去。

（三）情感

情感是审美主体对审美客体的一种态度体验,是审美主体对待客体的一种态度,它贯穿于整个美感认识活动中,并成为审美活动的内驱动力之一。情感是审美心理活动中最活跃的因素。它广泛地渗入到其他心理因素之中,使整个审美过程充满着情感色彩;它又是触发其他心理因素的诱因,推动它们的发展,起着动力作用。因此,审美心理活动中,情感问题的特点和作用问题,向来受到美学家和艺术理论家的重视。

情感不同于认识,它不是人对客观事物的属性及其相互关系的反映,而是人对自己与周围世界所构成的关系的反映和评价。在日常生活中,人们面对复杂的客观世界绝不会是无动于衷的,他们总依据对象是否能满足自己的需要产生一定的态度。这种态度的心理形式,就是情感体验。此外,情感还包括主体对自己的行为、举止、主张、活动的满意或不满意的评价,因而具有自我评价的性质。总之,情感因与人的需求、愿望、理想密切联系在一起,所以带有强烈的主观倾向性。从生理角度考察,情感是由皮下神经系统和植物神经的兴奋引起的,它一方面受到大脑皮层的指导和调节,另一方面直接影响内脏器官的活动和腺体的内分泌功能,所以情感体验总会伴随内部生理因素的某些变化,并表现为相应的表情和形体动作。羞涩时手足无措、恐惧时全身颤抖、高兴时手舞足蹈,这类现象非常普遍。我们说审美情感是全身心的感动,指的就是审美的愉悦兼有生理上内部体验的特点。审美情感以日常情感为基础,但两者之间存在着明显的差别。审美情感要求对象不单纯是个人主观需要的满足,还是审美需要、审美理想的满足,其中包含主体对审美对象的理性的、社会性的评价,所以,审美中的情感活动是一种高级的感情活动。

人的情感或情感反应,一般是以感知和想象为前提的。但情绪或情感反应不是感知和想象的消极结果,它常常反过来推动感知和想象活动,成为感知和想象发展的动力。从审美感知开始,情感因素便介入其中。如果对象是比较熟悉的,当时的感知就会撞开形象记忆和情感记忆的大门,使主体产生一定的情绪反应,转过来支配感知的选择方向;如果对象是陌生的、新颖的,新奇感和期待感便会增强主体的注意力,强化感知,产生强烈的第一印象。在想象阶段,原先感知的成果,亦即饱和情绪色彩的表象,由于情感的进一步诱发,会不断运动、分解和综合,使主体进入神思飞扬的状态,一系列新的审美意象,也就由这种状态所孕育、所诞生。在审美过程中,常常有主观情感和客观对象打成一片的现象。比如,诗人、画家在创作时就常把有生命有情趣的人比拟为无生命无情趣的自然物;或者相反,把无生命无情趣的自然物比拟为有生命有情趣的人来加以欣赏。杜甫有名句:"感时花溅泪,恨别鸟惊心。"郑板桥题竹画诗云:"衙斋卧听萧萧竹,疑是民间疾苦声。些小吾曹州县吏,一枝一叶总关情。"花、鸟、竹、林都成了有生命有情趣的人,这种现象在艺术作品中随处可见。这种把客观景物的描写转化为主观情意的表现方法,涉及审美过程中情感因素渗入感知和想象的心理现象,在旅游审美的感悟中也同样随处可见。

美感,它本身就是人的一种情感类型。情感起于感觉、知觉和想象,给表象披上了美丽动人的色彩。研究审美情感,对我们把握美感的实质有着极为重要的意义。

(四)理解

旅游审美活动中的理解要素包含若干个不尽相同的层次,总的说来,是指对审美对象的象征意义、题材、典故、技法、技巧、程式等的理解。举例说,如果你在欣赏西方宗教艺术时不懂得百合花象征着玛丽的童贞,羊羔象征着信徒,鹿在池边饮水象征着圣徒的欢乐,那么看到这样的绘画时就会觉得平淡无奇,甚至会有某种莫名其妙之感;如果你在欣赏以"钟馗嫁妹""罗江伏虎"等故事为题材的绘画时,不知道这些故事的情节和来历,你就会感到它们怪诞异常,不知所云;如果你读到"斑竹一枝千滴泪"的诗句时,不知道娥皇、女英哭舜帝的故事典故,你就会指责竹与眼泪是风马牛不相及的。在观赏京剧时,那些懂得京剧的程式和技法的人,仅仅从几个人的打斗场面中,就能理解到这是千军万马的沙场;仅仅看到演员挥动马鞭绕场数周,就能理解到他已骑马奔驰了千里的路程;看到演员手中船桨的摆动和身体的起伏,就能理解到一叶小舟顺流而下、青山绿水相映成趣的诗情画意。从上述例子可以看出理解在审美中的重要作用。在面对旅游地具体景观时,理解力的重要作用会充分显示出来。

审美感受中的理解,往往是同表象的联想和想象相联系的。实际上,没有表象的联想和想象,就不可能有理解,而联想和想象是以记忆表象的积累为基础的。游览杭州西湖时,如果你既了解白居易、苏东坡在杭州时的政绩,又读过他们写的那些关于西湖的美妙动人的诗词,你的审美感受会增添不少新的内容。相反,如果没有丰富的经验和知识储备,要达到对对象的审美理解,那就很难了。审美理解最基本的特点,是它始终渗透在感知、想象、情感诸因素之中,与之融为一体,构成一种非确定的多义性的认识,由于统觉作用使情感渗入表象,使表象得以活跃而进入想象。

理解力和审美能力是一致的,懂的东西多,修养高,对旅游景点中出现的许多事物就能有一个深入的理解,这会对审美起到促进作用。俗话说"外行看热闹,内行看门道",不懂就无法深入。西方人来到中国,或者中国人到了西方,由于文化差异较大,对一些事物不能理解,主客体相互不能进入,旅游中的新奇引发的只能是浅层次的感性愉快,而非深层次的精神欢快。

第二节 旅游审美方式

在旅途中,根据旅游者审美状态不同将旅游审美方法分为动态观赏、静态观赏和动静结合观赏三种。

一、动态观赏

动态观赏是指旅游者在身体移动状态下欣赏景观的审美方法。游客在移动状态下,景观会随着旅游者的移动而不断变换新的内容,如同电视剧情发展一样,新的景观持续不断地刺激游客的感官,从而获取大量的审美信息,产生极大的审美享受。动态观赏最大的特点是在景观中移动,如同"人在画中游",与景色融为一体,能给人一种立体的审美感受,具有极大的魅力。

(一)按移动方式不同分类

动态观赏按照移动方式可分为徒步观赏和交通工具观赏。其中交通工具观赏又分为畜力(骑马、骑驴)、人力(坐轿)、轮船、汽车、火车、飞机、动力伞、电瓶车、索道、竹排、航天飞船等观赏。

人在移动游览过程中欣赏那些包罗万象、流动变幻的风光胜景。移动是导致景变的原因。就审美对象而言,远近不同、形态各异、色彩缤纷的景致,犹如一组组电影镜头或是一幅幅画面组合连贯起来,此起彼伏,形成了源源不断的节奏美。

例如,当观赏者坐在行进中的车上,由车窗向外观看时,会发现路旁的树木快速划过视线,近距离的景物在瞬间向后消逝,远方的山峦则移动缓慢,这使观赏者能够感受到移动感的变化,为旅途带来更多的趣味性。即使欣赏同一景观,也会随着旅游者的移动发生角度变化而呈现出不同的景象。

观赏漓江秀丽风光,最好的方式就是乘船。从桂林到阳朔乘船沿江而下,百里漓江如同一幅巨长的中国水墨画。自桂林至阳朔 83 km 水程,两岸山峰秀丽,形态万千,河流依山而转,形成峡谷,景致十分迷人,沿途还有绿洲、险滩、深潭、飞瀑之胜;桂林市附近,河谷开阔平缓,伏波山、叠彩山、象山、穿山、塔山等平地拔起,四壁如削,奇峰罗列,气势万千。雄奇瑰丽的百里江水长卷,使人赏心悦目。

我国著名的海滨城市青岛依山临海,景色秀丽,气候宜人,素有"东方的瑞士,亚洲的日内瓦"之称。这里开辟了近海和远海的海上游览,乘船游览可以从栈桥到峨山,沿岸游览,可以观赏到数十里蜿蜒多姿的海岸风景。

近年来一些航空公司都在中秋节期间推出"赏月航班",主办方还邀请天文专家指导市民如何不失时机、以最佳角度在高空中近距离去观赏美丽的中秋明月。土耳其卡帕多奇亚由于火山喷发后形成的熔岩,在自然风蚀后形成了千奇百怪的地形。该地区最热门的旅游项目要数乘坐热气球俯瞰卡帕多奇亚全景。坐在五颜六色的热气球中在天空中翱翔,山谷的衍生、山脉的褶皱、弯曲的河流、散落的集镇,一切尽在鸟瞰中。

到武夷山九曲溪旅游,乘坐竹排观赏溪水清澈、蜿蜒绕转、曲含异趣、湾藏佳景、青山连绵的景色,荡漾在水光山色之中,如同融入神话般的境界,令人心旷神怡。

到瑞士的游客可以乘坐黄色的棕榈车观看白雪皑皑的山峰和树林,恩加丁透明的湖水,栗子树林围绕着的山庄。游客可以在舒适的观光车里,饱尝美丽如画的瑞士风景。

(二)按移动速度不同分类

动态观赏按照移动速度可分为慢速游览观赏和快速游览观赏。观赏速度不同,游客对景观的审美感受会产生差异。其中,慢速游览适宜观赏景点密集的旅游景观。比如步行游览,移动的速度缓慢,人与景没有阻隔,令旅游者左顾右盼,悠然自得,可以对景物进行细细的观赏。又如乘船游览,航行速度缓慢,视野比较开阔,感受更为悠闲。而快速游览观赏适宜观赏间隔较大的旅游景观,如乘车或乘快艇游览,景色瞬息万变,一闪而过,令人目不暇接。

唐代大诗人李白在《早发白帝城》中所记述的"两岸猿声啼不住,轻舟已过万重山"那直下江陵的情景,以及现代诗人贺敬之在《西去列车的窗口》所描绘的"一重重山岭闪过,似浪涛奔流……"那流动的景象,都是对运动感以及流动美的精彩写照。

总之,旅游动态观赏过程如同一种移动、速度、景变与感受等四大因素组成的"魔圈",其中移动涉及速度,速度导致景变,景变影响感受,感受反过来又调节速度,彼此关联,循环往复,交互作用。旅游者一旦步入其中,将会在"无限交流意志"的驱动下,俯仰六合,尽情玩味,畅神怡性,欣然而乐。

二、静态观赏

静态观赏是指旅游者停步或小憩处静坐观赏景观的审美方法。其特点是观赏时间相对较长,观赏比较充分,一般多用来观赏比较复杂的旅游景观,或含蓄深远、意境耐人寻味的美景,如对大海波涛、湖面白帆、地貌造型、山崖瀑布、石窟壁画、桥涵隧洞、名人题记等景观的观赏。

宋代哲人程颢诗曰:"万物景观皆自得,四时佳兴与人同。道通天地有形外,思入风云变态中。"这里显然是在强调静观默照之道与"天人合一"之境。旅游者在游览有些景点之时,要设法入境,在静观中感悟景物的诗情、画意、哲理或禅味。从古至今,这种传统的审美风范一直"积淀和凝冻"在广大旅游者的深层文化心理结构之中。

实际上,中国的名山大川和古典园林在布局和设计上也充分考虑到这一审美情趣,主要的景点均置有亭、台、楼、阁、厅、斋、榭、廊等,如泰山的松涛亭和瞻鲁台、昆明滇池的大观楼(图 11-1)、北京颐和园的佛香阁、上海豫园的静观厅、北海的静心斋等。它们一方面构成景致,供游人小憩,另一方面还供游人静观周围的景象,是观赏功能和实用功能有机统一的产物。

图11-1　云南滇池大观楼

三、动静结合观赏

动静结合观赏就是旅游者将动态观赏与静态观赏交互进行,以适当调节生理与心理节奏,从而更好地享受景观审美乐趣、得其神韵。

比如,在观赏中国古典园林时,游客在亭、台、楼、阁、假山、窗景、碑文、植物等处静态仔细观赏;沿着景观线路边步行边动态赏景,或者在行进的车船中进行动态观赏。一景又一景,时而静态观赏,时而动态观赏,形成一个连续的观赏过程。

又如,宁夏沙海中的奇观沙坡头,沙、山、黄河融为一体,独具静态观赏价值。景区也设置了一些适合动态观赏的方式。其一,滑沙。人们从高150 m、倾斜60°的沙坡坐着滑板下滑时,沙坡会发出一种"嗡嗡"的轰鸣声,犹如金钟长鸣。其二,沙漠车。在腾格里沙漠中坐着卡车冲过一个个高坡沙丘,好像坐过山车一样,惊险刺激。其三,滑索。乘滑索飞跃黄河、俯瞰黄河、感受黄河的雄浑气势。其四,羊皮筏子。乘坐古老的交通工具羊皮筏子,在湍急的黄河水中顺流而下,体验惊心动魄的感受。此外,还有水上摩托艇、水上降落伞等,多途径地将动态观赏与静态观赏交互进行,从而使旅游者产生不同的审美感受。

事实上,从观赏者在时空的感知形式角度来看,动中求静、静中求动、动静结合的观赏方法也符合旅游者在搜奇览胜过程的生理与心理节奏。就景观对象中的动静关系而言，也存在一定的互补性，即动态景观（如行云流水）与静态景观（如山崖亭台）的互补功能。

第三节　旅游审美距离

"审美距离"说是由20世纪瑞士心理学家、美学家布洛在《心理距离》中首次提出的。这种距离包括审美活动的心理距离、空间距离和时间距离。他认为，距离是一种美学原理，是审美悟性的一种特征。"美，最广义的审美价值，没有距离的间隔是不能成立的。"对于旅游者来说，距离是一种必不可少的观赏原理。

一、心理距离

心理距离是出现在观赏者与能够打动人心的观赏对象之间的距离。关于"心理距离"，布洛曾有过这样的解释："设想海上涌起大雾，船上大多数的乘客除了感到烦闷和忧虑之外，还会产生一种奇特的焦虑之情，对难以预料的危险感到恐惧和紧张。这一切使得这场大雾变成了海上的一场大恐怖，因为那极端的沉寂与轻飘迷茫而显得更为可怕。然而海上的雾也能够成为浓郁的趣味与欢乐的源泉。就像所有那些兴高采烈的登山的人们并不计体力的劳累及其危险性一样，你也同样可以暂时摆脱海雾的上述情境，忘掉那危险性与实际的忧闷，把注意力转向客观地形成周围景色的种种风物——围绕着你的是那仿佛由半透明的乳汁做成的看不透的帷幕，它使周围的一切轮廓模糊而变形，形成一种奇形怪状的形象；你可以观察大气的负荷力量，它给你形成一种印象，仿佛你只要把手伸出去，让它飞到那堵白墙的后面，你就可以触摸到远处什么能歌善舞的云中仙子；你瞧那平滑柔润的水面，仿佛是在伪善地否认它会预示着什么危险；最后，还有那出奇的孤寂以及与世隔绝的情境，宛如只有在高山绝顶上才能感受到的情况。这种经历把宁静与恐怖离奇地糅合在一起，人们可以从中尝到一种浓烈的痛楚与欢快混同起来的滋味。这种情绪与另一方面所形成的盲目而反常的焦虑之情形成了尖锐的对比。"

我国老一辈美学家朱光潜对此曾断言："心理距离其实不过是由于暂时脱开实用生活的约束，把事物摆在适当的'距离'之外去观赏罢了。我们在游历时最容易见出事物的美。东方人陡然站在西方的环境中,或是西方人陡然站在东方人的环境中,都觉得面前的事物光怪陆离,别有一种美妙的风味。这就是因为那个新环境还没有变成实用的工具……它们和你的欲念和希冀之中还存在一种适当的'距离'。池塘中园林的倒影往往比实在的园林好看,也是因为'距离'的道理。"这一审美原理如果运用到艺术观赏上,其结果也相当类似。比如,看人体绘画,像法国古典派画家安格尔的《泉》《大言女》,有的观众一见到这柔美动人的裸女,就起邪念或占有欲,想入非非,忘乎所以;而有的则能将观赏对象摆在适当的"距离"之外,透过外在的形体,超然物表,开掘其中丰富的内涵和美的特质,如圆润流畅的曲线美、媚而不俗的神态美和纯真无华的情感美等。以上两种截然不同的观赏态度与体验,也在于是否拉开"心理距离"的缘故。

心理距离是由于暂时脱离实用生活的约束,把事物摆在适当的距离之外观赏,这样最容易体验到事物的美。按照获得新奇美的程度不同,中国人最喜欢的旅游目的地是欧洲、美洲,其次为大洋洲、非洲,最后才是亚洲。

二、空间距离

空间距离是指人与物之间的远近长短间隔。距离不等,所看到的景致相异。如同电影镜头一样,距离远,构成远景;距离近,构成近景或特写景;距离适中,则构成中景。审美主体与审美客体总是处在一定的空间距离的位置关系上,距离不等,所看到的景致相异,往往使人获得不同的审美体验。所谓"不识庐山真面目,只缘身在此山中"说明距离太近,就领略不到事物的整体美。

比如,驱车前往莫干山游览,从 5 km 开外的远距离望去,轻雾缭绕的山色峰影就像一幅影影绰绰、青虚淡雅的写意水墨画;若靠近 3 km,景象大为改观,眼前层峦叠嶂,峡谷幽深,满山遍野的翠竹将游人的眼睛几乎都染绿了。此时此地,呈现在眼前的景致立体深邃,俨然一幅以绿色为主调的大型艺术挂毯。可当钻进山里,穿过竹林,来到剑池,那飞流直下的三叠泉、"万绿丛中一点红"的观瀑亭、此起彼伏的鸟啭、清凉幽静的环境使人心醉神迷……所有这一切,显然与"远眺轮廓,近观细部","远望之,以取其势;近看之,以取其质"之类的"游道"或"距离"原理不无关系。

再如,看油画,太近了,只能看到一块块的色块,太远了看不清细节,只有距离适中才能领略到油画作品的美。

上述这些实例正好印证了德国美学家费歇尔关于距离的一段精辟论述:"我们只有隔着一定的距离才能看到美。距离本身能够美化一切。距离不仅掩盖了物体外表的不洁之处,而且抹掉了那些使物体原形毕露的微小细节,消除了那种过于琐细和微不足道的明晰性和精确性。这样,视觉的过程本身在把对象提高到纯洁形态方面而起到了一定作用。"

因此,在旅游中,欣赏景观要选择恰当的距离。根据欣赏距离的远近不同可分为远距离观赏、近距离观赏、远近距离观赏的结合三类。

(一)远距离观赏

有些景观只有远距离观赏才能体验到美感。例如,远看月亮的确很美,但走进月球,会发现其表面坑坑洼洼。在夜晚欣赏星星,是因为距离遥远,见不到星体凹凸不平的表面,只见到闪烁的星光。远看绿油油的山林、红红的花朵、潺潺的小溪,但如果走进森林里,就会发现有朽木、枯叶、毒蛇等。

远距离一般适用于观全景、远景、大体量的景观。例如,连绵的群山、一望无际的湖泊、高大宏伟的建筑、大江奔流之势、大桥飞架之姿、白云飘逸之趣等。如游览海南岛天涯海角,站在高处放眼远眺,海阔天空,白浪撩云,渔帆点点,海天一色,使人心旷神怡,流连忘返;近看只有"天涯""海角"等刻石。

有些景观造型,远看形象逼真,给人以美的启示和享受,一旦走进则面目全非。例如,坐落在重庆市巴南区鱼洞镇的云篆山,远视如睡佛望月、妙趣横生,近看如一根庞大的擎天柱。又如黄山"猴子观海"(图11-2)"仙人指路""仙人踩高跷""仙人下棋"等景观,只有远距离才能使人感到像是一只猴子在望海,像是仙人指路、仙人踩高跷、仙人下棋,近看只是一些普通的石头。再如位于云南昆明滇池的西山素有"睡美人"之称。远观西山,长发飘逸,温柔秀美。距离太近,也许只能看到满山的杂草、遍野的荒草、零乱的岩石,而丝毫见不到"睡美人"的踪迹。

一般的山壑,从近处看很平常,但若登上高山往下俯瞰,就有"登山俯平野,万壑皆白云。身在白云上,不知云绕身"的诗意。

(二)近距离观赏

一些小体量的景观,需要近距离观赏才能发现其中的魅力,而距离太远,看不清楚,游客也感受不到它的美。近距离观赏的特点是真切、清楚,获取的审美信息

图 11-2　黄山"猴子观海"

量大。现代许多旅游景区利用现代科学技术,把越来越多的远距离景物转换为近距离观赏,以满足游客近距离的审美需求。

1. 近距离观赏动物

现代海洋水族馆让人们近距离观赏到原来游弋在海洋深处的神奇鱼类。比如,新加坡的"海底世界"有 250 多种罕见的海洋生物,游客可以通过 83 m 长,设有输送带的透明海底隧道,近距离观赏鲨鱼、魔鬼鱼、鳗鱼等海洋生物,馆内还有危险鱼类走廊,显示多种能使人致命的海底生物,如水虎鱼、河豚、剑鱼、电鳗等。游客可以在碰碰池亲自触摸海龟、海星等。

夏威夷群岛是世界著名的观赏鲸鱼的地点。每年 11 月下旬,鲸鱼成群地从阿拉斯加和北极启航,游弋到夏威夷群岛附近温暖海域,至次年 5 月重新返回阿拉斯加和北极海域。在此期间,游客可以搭乘赏鲸船出海,近距离观赏鲸鱼。

现代野生动植物园在野外放养着东北虎、非洲狮、长颈鹿、鳄鱼、大象等各种动物,游客可以乘坐专用车辆近距离观赏各种动物捕食,也可以通过游廊给虎、狮喂食,观赏东北虎、非洲狮的王者风范。

2. 近距离观赏植物

颐和园、紫竹院公园以荷花闻名,有近 4 公顷十几万株荷花,品种有小莲座、红日、火花、红苔莲、案头春、红建莲、娃娃莲、碧莲、黄莲花以及荷中珍品千瓣莲等。过去都是远距离观赏,后来公园开挖了一条长约 800 m 的曲折航道,让游客乘船走进荷花丛中,为游客提供一个近距离观赏荷花的环境。

3. 近距离观赏气象

台风是地球上重要的自然气候现象之一。台风登陆时，狂风呼啸，12级以上的大风能将树木连根拔起，倾盆大雨顷刻间将低洼地变成汪洋。在沿海地区，狂风掀起10 m高的巨浪，惊涛拍岸，非常壮观。过去台风一直是人们心目中的"凶神恶煞"，避之不及。近来，浙江省气象中心提出了"台风景观"的旅游概念，通过一些技术处理，让游客近距离感受台风的雷霆之怒。

4. 近距离观赏小体量景点

如果欣赏小规模景观、人文景观，宜近距离观赏，宜取近景，此种观赏看得真切，如池中观鱼、园中观花、门前观楹联、庙内观佛像等。有时为了加强高耸感，特意把景点置于主景前的局促环境中，以建立崇敬的感应气氛。旅游者如站在近处仰视纪念塔、纪念碑，会自然地产生崇敬感。又如，山东傲徕峰（又名芙蓉峰），峰高不过泰山主峰之半，有傲然不向泰山低头之势，只有近看才能领略其景观的美。

（三）远近距离观赏的结合

有些景观在不同距离观赏会产生不同的美感。比如，瀑布既可以近看，也可以远观。近看有近看的情趣，远观有远观的妙处。近观瀑布似万马奔腾、轰响如雷、水沫飞溅、水柱流动、震撼心魄；远看如同玉带飘落，呈现出柔美的线条，仿佛镶嵌在绿色挂毯上的珍珠项链，又如神来之笔的写意狂草，镶嵌在青山绿水间。

长白山峰顶，"远而望之若珠宫玉阙，近而视之如瑶林琪树"。云南玉溪三洞风景名胜区有"三变石"，"远似渔翁钓清流，近如狮子滚绣球，忽变犀牛望明月，一石三景迷轻舟"。随着距离的变化，三变石变换出不同的形态，妙趣横生。

三、时间距离

时间距离是指审美主体对审美客体观赏时间的早与晚、快与慢、长与短、远与近。

"久居之处无美景"说的就是审美时间过长而影响审美效果。古代女诗人郭六芳，家住湘江之畔，日日相见，并未感到家乡之美。一日乘船外出多日，返回家乡时眺望家乡景物，落日余晖、竹篱茅舍、碧波帆影分外美丽。

而秦砖汉瓦、古景旧迹等时间越长，越能给人以深沉、古朴之美。一件艺术品或一处自然风景，初次看到，会引起一种美感，但如果看得久了，美感会淡化，甚至消失,产生审美疲劳。同样地,一处景观许久不看,有一天故地重游,美感又恢复了,甚至有了新意。

总之,在旅游审美活动中距离占有十分重要的地位,对提高旅游者的观赏水平或美感层次有着不可估量的作用。

第四节 旅游审美位置与角度

旅游者在观赏景观时,因所处的位置与景观的对应关系不同,从而产生平视、侧视、仰视、俯视等视觉差异。不同的观赏角度会产生不同的透视关系、纵深层次和视野范围,从而产生不同的审美效应。一般而言,平视可见景物广阔辽远之美,仰视可见景观雄伟高峻之美,俯视能见景观纵深之美,远视欣赏景观整体美,近视欣赏景观局部细致美。苏东坡在《题西林壁》咏庐山诗中写的"横看成岭侧成峰,远近高低各不同",宋代郭熙在《林泉高致》中言"自山下而仰山巅,谓之高远;自山前而窥山后,谓之深远;自近山而望远山,谓之平远",都说明从不同的位置与角度观赏,看到的景色迥然不同。

有些景观可以多角度观赏,而有些景观只有在特定角度下才能欣赏,如以"险"著称的西岳华山,在山下人们看不到它的奇险,只有经过了千尺幢、百尺峡、老君犁沟、苍龙岭、南上东峰,身临深渊险壑,才能感受华山之险,才会真正体验出"自古华山一条路"的险峻之美。

一、平视

平视又称正面观赏或平眺,即观赏者视线平行地向前方观看景物。平视使人产生平静、深远、安宁的感觉,不易疲劳。

平视是人们在旅游过程中最常见的一种观赏方式。许多景观适宜平视欣赏。平视观赏者一般站在主景对面,观看景观的正貌,如观赏建筑物大门、庙宇佛殿、宝塔、雕刻等。这些景观往往两侧对称,适宜正面观赏。

比如,扬州的平山堂(图11-3),因从平山堂远看有"远山来此与堂平"的感觉,故名平山堂。又如,观海潮最好采用平视。海浪从远处滚滚而来,平视可以感受到后浪推前浪、汹涌澎湃、浪花飞溅的气势。

图11-3 扬州的平山堂

从我国古代山水画中,也可以体会到我国古来重视平视的审美效果,宋代郭熙说:"自近山而望远山谓之平远""平远之色有明有晦""平远之意冲融而缥缥缈缈"。观赏"山色空蒙雨亦奇"的西湖景色,应以平视的角度为最佳。观赏黄山的云海也应取平视,才能达到"冲融而缥缥缈缈"的效果。

二、侧视

侧视又称侧面观赏,即观赏者视线从侧面观看景物。例如,河北承德鸡冠山,若从正面观赏,看到的仅是一座普通山峰,并不怎么美,但换个角度,从侧面看去,便可见此山极像一只雄鸡头,昂首向南,形象逼真,鸡冠山因此而得名。

浙江温州会仙峰,又名仙人岩,此峰在山巅上,从正面看,俨然两个巨人面东并立;从南面侧视,仿佛数人聚会,因传说此地曾有仙人行踪,于是称为会仙峰。

一些通常从正面观赏的景观,也可以适当地从侧面欣赏,如观赏天坛公园的祈年殿,如果正面对着祈年殿,稍觉呆板;如果稍稍侧着一些,不仅看到了祈年殿的全貌,而且背衬着殿外的百年青松,会形成另一种审美效果。

三、仰视

仰视,即观赏者选择一定的仰视角度观看景物。仰视宜欣赏景观的高耸、险峻。仰视高山,能激起人们"危乎高哉"的惊险感;或站在谷底,欣赏"一线天"状的幽深峡谷,欣赏两侧岩壁如同刀削斧劈的峡景,产生惊险壮观的美感。

四、俯视

俯视,即观赏者选择一定的俯视角度观看景物。观赏者居高临下,站在制高点看全景,能见景观的纵深层次。站得高,看得远,使观赏者产生"一览众山小""登泰山而小天下"之感。

伫立亭台楼阁之上,俯瞰江河湖海碧波惊涛的壮丽景色,给人一种意境深远,潇洒自在的感受。

古诗"欲穷千里目,更上一层楼"就是这个道理。登上秦岭主峰太白山顶,极目远眺,"俯首群峰低,放眼天地宽",视野开阔,一览无余,目睹自然之美,顿生荡胸之情。

由于俯视点与景观的水平距离不同,就会产生俯视鸟瞰和平视鸟瞰两种不同的效果。在形式险峻的高山上,可以俯视鸟瞰峡谷,有惊险感。平视鸟瞰是远景,视点远伸,有胸襟开阔、目光远大、心旷神怡之感。

日出是我国旅游者喜爱欣赏的一种景致,在山顶平视鸟瞰才能感受到一轮红日从云层下喷薄而出的魅力。金顶是峨眉山观赏日出的最佳地点,因其黎明前,在金顶面向东方,伫立静候,不久,即见天色从微明到初露鱼肚白,到五彩斑斓,到周天红遍,直到一轮红日冉冉升起,十分壮观。云海也是我国旅游者喜爱欣赏的一种景致。在峨眉山金顶观云海,只见云涛汹涌,状如大海;风时起,云海如万马奔腾,起伏开合,时有浓云涌来,人在其中,伸手莫辨;时而云开雾散,上下天光,一碧万顷。

一些城市开辟俯视的观赏点,以欣赏城市景观。北京中央广播电视塔高225 m,在其观景厅里俯瞰,京城高楼林立、绿树层层,蓝天绿水,尽收眼底。上海东方明珠广播电视塔坐落在黄浦江畔,与外滩万国建筑博览群隔江相望,塔高468 m。其上球体观光层是鸟瞰上海的最佳场所。当风和日丽时,举目远望,佘山、崇明岛隐约可见,城区高楼林立,车水马龙,大上海一览无余。法国埃菲尔铁塔建于1886年,塔高320 m,在塔顶俯瞰巴黎全景,令人陶醉。晴天时,可眺望72 km之远。入夜可以欣赏巴黎夜景,特别是灯火通明的凯旋门方向,令人目光不忍游移。新加坡圣淘沙岛上高110 m的摩天塔,是新加坡最高的公共观景台,能把圣淘沙岛及新加坡城市尽收眼帘,在晴天可以看到邻近的印度尼西亚岛屿。

五、多角度、多位置欣赏

一些景观从不同角度与位置欣赏,可以产生不同的审美感受。平视、俯视和仰视,在观赏时不能截然分开。例如,登高山峻岭,先在下面向上望,再一步步地攀登,眼前又出现一组组的仰视画面;当登上高处时,向四周平视鸟瞰,以及再返回低处时,眼前又出现一组组的俯视鸟瞰景观。对某些特殊的峰峦景观,应采取多角度观赏,才会得到多样的美感体验。

如在黄山天都峰脚下仰望,陡峭山峰直插云天,惊险绝伦。一旦登上黄山峰顶,俯瞰脚下,茫茫云海,尽收眼底,其他诸峰犹如漂浮于云海之中的一座座小岛。观赏者恰如身临九天之上,恍如进入神话世界。

雁荡山有两座奇峰,朝着不同的方向展示出不同的形象,因此有"合掌峰""夫妻峰""雄鹰峰""双乳峰"等多种称呼。

太姥山是福建名山,最动人心弦的是那些奇岩怪石,如"二佛谈经""金猫扑鼠""仙人锯板"等,能呼出其名的有360处。山峰无定形,岩无专属,即使同一岩石,由于气候和观赏角度不同,形象也会随着改变,如有一处从正面看形为"夫妻峰",绕到山后仰望却成了"二佛谈经"。

长白山大峡谷岩溶,随着观赏角度的改变,一峰可以展示出几个不同的景观,正看是引颈长啸的"天马",斜看是沙漠中的"骆驼",再换个角度看成了竞渡的"龙舟"。另有一块熔岩,斜看是活灵活现的"鳄鱼",正看却是张着血盆大口的"巨蟒",从侧面看又变成了憨态可掬的"青蛙"。

怪石是黄山一绝,形态千差万别,有的像人,有的像物,有的像某些神话传说和历史故事中人物,活灵活现,生动有趣。其中飞来石、仙人下棋、喜鹊登梅、猴子观海、仙人晒靴、蓬莱三岛、金鸡叫天门等早已被人们所熟知。许多怪石因为观赏位置和角度不同,形态就会有不同的变化,成了一石多景,如"金鸡叫天门"又呈"五老上天都"形态,"喜鹊登梅"又呈"仙人指路"形态等。

长沙湄江风景区的香炉山风景区有一石八景,称"姑娘崖"。从八个不同的角度观赏分别呈现出慈母背子、严母教子、夫妻送子、双亲探子、相思母子、二老盼子、归乡游子、朝圣母子等八种不同的形态,构成一组天然岩雕。

黄山"耕云峰"上有一块奇石,从三个方位可以观赏出像农民耕地的"犁头"、像一双"鞋"、像面向天都峰的一只松鼠仿佛要纵身跳跃过去的"松鼠跳天都"。

江西鹰潭老人峰,高约51 m,形似老者。身材匀称,如雕似琢,形如拱揖打坐,泰然自若,像超凡脱俗的仙人,故也称"道者峰"。此峰从不同角度看,形态各不相同,若孤立看"老人峰"头部,则像一只古人烹食的"三足鼎";若整体看,可称为"武士峰";在同一角度从右往左看,又似海豚戏球之貌;从西侧由高向低看,则俨然一乡村大妈背看一只巨大的背篓,满载而归;从南面向北看,"老人峰"又变成了一只巨大的田螺,故又称"螺蛳峰";再仔细端详,更像一只大熊猫,有鼻子有眼,憨态可掬。

不少旅游景观只有从一定位置与角度望去,才能发现其特有的魅力。若站东颐和园昆明湖的东堤仰观万寿山佛香阁,会感到其形象是那样清晰、高大、堂皇、恢宏。此时,玉泉山有些朦胧,而那亭亭玉立的宝塔仍然引人注目,西山的群峰则显得青虚淡远,弥漫悠悠。这样,西山的峰峦、玉泉山宝塔和昆明湖西堤的烟柳皆成为万寿山的陪衬或背景,天造地设般地融为一体,呈现出一幅以西山峰影为远景、玉泉山宝塔为中景、万寿山佛香阁为近景、连同昆明湖水景的多层次的山水画卷。假若由玉泉山眺望万寿山,万寿山只不过是单调的小山头,平淡无奇,其景观将会大为失色。

地貌的酷似造型,宜找准特定观赏点,充分发挥想象才能体会,因为它们大多只有在一定位置与角度观赏才会呈现惟妙惟肖的形象。到云南石林观看神话中的"阿诗玛天然石像",也存在一个观赏位置与角度的问题。通常从正前方10步左右望去,那尊"石像"犹如一位穿裙戴帽、亭亭玉立的妙龄美貌少女,身后背箩筐依稀可见。但若从偏左方8步左右看去,该"石像"顿时变成一位瘦骨嶙峋、风烛残年的老太婆。同一景物从不同的位置和角度看去,就会呈现出截然不同的形象,这显然是观赏位置与角度的戏剧性效果所致。

要全面领略瀑布之美就必须从远到近、从低到高,有一个选择和变动观赏点的过程。如黄果树瀑布就要动观:未见瀑布先闻水之轰鸣,转过一岭,便见雾气上升,再走近,就可见宽阔壮观的瀑布了(图11-4)。

由上述内容可见,同一景观,站在不同的位置,从不同的角度观赏,会产生各种不同的效果,看到各不相同的景致。

图 11-4　宽阔壮观的黄果树瀑布

第五节　旅游审美时机

在绚丽多彩的景观美中,有些景观美是相对固定的,不随着时间的流逝而有明显的变化,主要是一些固态的人文景观,如园林、寺庙、陵寝、古人类遗址、古城等,一年四季不会有太大的变化,可以随时观赏而不会影响人们的审美效果。当然,人文景观也有受时机制约的现象,特别是人文景观的旅游节庆,如元宵节观灯、端午节赛龙舟、蒙古族那达慕、彝族火把节都在特定的日期举行,因此必须选择不同的时机进行旅游观赏。

而许多自然景观受时机的影响更加明显,随时间、天气、季节的变化展示出不同的自然美。我国季风气候显著,自然景观随季节交换而有春翡夏翠秋金冬银的差异。一般而言,我国北方地区的大部分山水风景最宜夏季观赏。越往南,山水风景的观赏季节越长,至华南地区,四季皆宜。但南方地区一些千米以上的高山,如黄山、庐山等,也最宜夏季观赏。因为夏季雨水多,山中多云雾,景色丰富并具有变化,同时兼具避暑之效。大自然是美的源泉,提供给游人多种多样的美,如色彩美、线条美、形象美、音响美、动态美、静态美、阴柔美与阳刚美等。然而所有这些丰富多彩的美只有在一定时机才为观赏者所领略。

一、不同季节观赏时机

由于景观的形态变异受季节的制约,因此应当分别选择一年四季的恰当时机观赏景物。

名山大川形态虽始终如一,我国古人还是敏锐地发现其在不同时间的不同美态,指出:春山宜游、夏山宜看、秋山宜登、冬山宜居。正如宋代郭熙在《林泉高致》中所言:"山,春夏看如此,秋冬看又如此,所谓四时之景不同也。"实际上,这"四时之景"的变化是因山水的云气和烟岚的变化而定。这云气,"四时不同:春融怡,夏翁郁,秋疏薄,冬黯淡";这烟岚,"四时不同:春山淡冶而如笑,夏山苍翠而如滴,秋山明净而如妆,冬山惨淡而如睡"。这是四季不同山景的审美特征。相应地,观赏者的审美心理活动与审美感受也呈现出不同的特征,即"春山烟云连绵人欣欣,夏山嘉木繁阴人坦坦,秋山明净摇落人萧萧,冬山昏霾翳寒人寂寂"。

宋朝诗人杨万里笔下所描绘的六月西湖就是一个范例。他写道:"毕竟西湖六月中,风光不与四时同。接天莲叶无穷碧,映日荷花别样红。"可见,同一景观在不同季节往往呈现出不同的色彩和形象。这是因为导致变异的光照、植被、云雾、雨雪等自然因素具有明显的季节性,从而使同一景观按时令顺序表现为春景、夏景、秋景和冬景。

景观变异的季节性也向旅游者提出了一个观赏时机问题。故此,如游燕京八景中的"琼岛春荫",应在桃红柳绿的春季,择风和燕舞之日前往;观"居庸叠翠",应在草木葱茏的夏季,择雨后方晴之日寻访;看"西山红叶"应在天高云淡的秋季,择明净气爽之日览胜;要赏"西山晴雪",应在寂静萧瑟的冬季,择雪后日出之时登临。

8000亩秀水的西湖,层次丰富、风神飘逸。"欲把西湖比西子,淡妆浓抹总相宜。"如果要观赏西湖的浓妆,最好在风和日丽、春暖花开的季节;如果想欣赏西湖的淡妆,最好选择烟雨苍茫、细雨迷蒙的日子。

二、特定时空观赏时机

有的自然景观一天、一个月甚至一年、数年才出现一次,有其特定的规律,如一年一度的"钱塘潮"、云南大理的"蝴蝶会"、东北的"树挂"等,只有届时前往才能观赏到。

景观的形态变异受朝暮光照的影响。当人们置身于巍巍的泰山之顶,不同的时机会使人感受到不同的景致。从观日石上望去,晨曦中有红日喷薄欲出时的绚丽神奇的色彩美。从观月峰上远眺,黄昏时有夕阳余晖洒落黄河构成的"黄河金带"式的线条美。夜来站在玉皇顶上,有幽寂而挺拔的东岳与其脚下的万家灯火相衬出的形象美。如遇山风云雾,来到瞻鲁台上,还将有机会欣赏到由松涛飞瀑汇成的音响美,以及由飘飞的流云与虚幻雾气所构成的飞动美和朦胧美……正如宋代郭熙所言:一切景物,"朝看如此,暮看又如此,阴晴看又是如此。所谓朝暮之变态不同也"。

"朝暮之变态"实指景观的时间性与变异性。若无时间的流动、光照的转换,无以谈日出奇观、夕阳彩云、朦胧月色。所以,要想欣赏特定时空中的景观形象,旅游者务必掌握好观赏时机,因为这种特定的景致只有在特定的时空中才能充分展现出特定的风韵。例如,西湖,"葛岭朝暾""苏堤春晓"和"三潭印月"等著名景点是随着朝暮时光的变幻而变幻的,观赏者若不把握好时机,就难以直接体味其独特的审美价值。

三、特定景观观赏时机

有些景观现象则决定于当时当地的各种环境条件,如庐山飞瀑、华山日出等,即使届时而往,这些景观也难以保证观赏到。

有些景观稍纵即逝,只可巧遇,不能奢求,如蓬莱仙岛的"海市蜃楼"和峨眉金顶的"佛光"等自然幻景。这类景观时间性尤为突出,大有机不可失、时不再来的特点,慕名而访的旅游者能否如愿以偿,那就要看其时机与运气如何了。

(一)日出与日落观赏时机

日出、日落是我国游客喜欢观赏的景观。伴随着日出和日落,通常还有美丽的霞景。

国内许多名山大川都开辟了观赏日出的活动,如浙江普陀山的"朝阳涌日"、庐山鄱阳湖口的"鄱阳晨曦"、泰山的"旭日东升"、崂山的"巨峰旭照"、华山的巨掌峰、峨眉山金顶、黄山狮子峰清凉台等,均以观日出晨景闻名遐迩。

宁波无量寺太白山的"南山晚翠"、承德的"馨锤夕照"、杭州的"雷峰夕照"以及西安临潼的"骊山晚照",则以观赏夕阳西下的晚景见长。

马来西亚的沙巴被称为世界上三大观赏落日场所之一。沙巴西边的海平面上排列几处岛屿,每年大部分时间的傍晚都可见红霞落日,即可以看到橙红色的太阳徐徐沉入海平面的壮观景象。

(二)佛光观赏时机

佛光是山岳中的一种美景,我国黄山、庐山、泰山、峨眉山等名山都可以观赏到佛光,尤以峨眉山金顶和舍身岩观赏佛光最为著名。佛光是一种特殊的自然物理现象,原理是太阳自观赏者的身后,将人影投射到观赏者前面的云彩上,云彩中的细小冰晶与水滴形成独特的圆圈彩虹,人影正在其中。佛光的产生需要阳光、地形和云海等众多自然因素相结合,因此只偶尔可欣赏到。

峨眉山舍身岩就是一个得天独厚的佛光观赏场所。据统计,这里平均每五天左右就可能出现一次观赏佛光的天气条件,其时间一般在午后三点至四点之间。欣赏峨眉山的佛光最好在夏秋之交。

(三)海市蜃楼观赏时机

海市蜃楼是一种光学现象,常见于海湾、沙漠地区山岳顶部,是由于光线折射或全反射表现出来的一种自然现象,一般出现在日照充足的4~9月。这种景象出现时接近海面的空气呈现高密度低温状态,空气密度由下而上陡然减少,光线透过这些不同密度的空气层时便发生折射或全反射,使远处景物时大时小、时断时连、忽隐忽现、千姿百态、变幻莫测,增加了海市蜃楼的神秘感。山东蓬莱市海上常现海市蜃楼,古称"登州海市"。沈括在《梦溪笔谈》中写道:"登州海中,时有云气,如宫室、台观、城堞、人物、车马、冠盖,历历可见,谓之海市。"海市蜃楼这种现象在我国其他地方以及世界许多国家都曾经发生过。

(四)云海观赏时机

云海是我国许多风景名胜区的重要景观。黄山云海闻名遐迩,景区也分别命名为北海、西海、东海、前海(南海),故黄山又称"黄海"。黄山一年内有三分之二的时间都在云蒸霞蔚之中,每当云海出现时,波澜壮阔、一望无际、高山深谷都淹没在云涛雪浪中。流云散落在诸峰之间,云来雾去,变幻莫测。风平浪静时,云海一铺万顷,波平如镜,映出山影如画;远处天高海阔,峰头似扁舟轻摇;近处仿佛触手可及。忽而风起云涌、波涛滚滚、奔涌如潮、浩浩荡荡,更有飞流直泻、白浪排空、惊涛拍岸,似千军万马席卷群峰。黄山春夏多雨雾,是看云海的好时机。

(五)雾凇观赏时机

雾凇,又名"树挂""树冰",是一种凝结在树枝上呈针状、粒状的乳白色晶体。冬日瑞雪纷飞的早晨,沿松花江十里长堤的树枝上都凝霜挂雪、披银垂玉,好似"千树万树梨花开",琼枝玉叶,婀娜多姿,成为闻名中外的一大胜景。我国吉林市是雾凇出现最多的地方,每年12月中旬至次年2月末是观赏雾凇"玉树银花"的奇妙景观的最佳时机。

(六)瀑布观赏时机

瀑布是旅游者喜欢观赏的景观。黄果树瀑布是我国最大的瀑布,也是世界上第四大瀑布。此外还有川黔交界的十丈洞瀑布群、山西黄河壶口瀑布、庐山瀑布、雁荡瀑布、泰山黑龙潭瀑布、崂山瀑布、沂山瀑布、福建九鲤瀑布群、云南昭通大标山岩瀑布等。不同地区的瀑布最佳观赏时间也不同,但一般是在雨季,尤其雨后是观赏的最佳时机,正所谓"山中一夜雨,处处挂飞泉";或春季冬雪初融,瀑布尽情宣泄,从天而降,蔚为壮观。

(七)钱塘潮观赏时机

钱塘潮又称"钱江潮""浙江潮""海宁潮"等,每年农历八月十八海宁盐官海潮最为壮观,正所谓"八月十八潮,壮观天下无"。钱塘潮观赏之风始于唐代。据唐代《元和郡县志》载:"每于八月十八,数百里士女共观。舟人渔子溯涛触浪,谓之弄潮。"南宋之后观潮之风更盛。

(八)花卉观赏时机

不同的花卉有不同的花期。牡丹是中国传统名花,雍容华贵,国色天香,其色红、黄、粉、白、蓝、绿、墨、紫,民间俗称"百花之王"。洛阳牡丹久负盛名,盛于隋唐,至北宋时期种牡丹、赏牡丹已经成为庶民百姓的一种生活时尚,形成"唯有牡丹真国色,花开时节动京城"的盛况。白居易用"花开花落二十日,一城之人皆若狂"的诗句形容牡丹花期洛阳人的赏花狂潮。宋代欧阳修在其所著《洛阳牡丹记》中称:"洛阳牡丹天下第一""洛阳地脉花最宜,牡丹尤为天下奇"。每年谷雨时节是牡丹盛开的花季)。

台湾台中县梨山景区开发四季赏花游览,1月、2月梅花、樱花,3月、4月李花、桃花、梨花,5月苹果花,6月猫耳叶菊,9月、10月大波斯菊等,四季都可以赏花。

(九)北京香山红叶观赏时机

北京香山红叶,闻名中外,是"燕京八景之一"。大面积种植的是黄栌树、柿树、枫树。香山公园林木繁茂,植被覆盖率达96%以上。每到秋天,漫山遍野的黄栌树叶红得像火焰一样。每年10月中旬到11月上旬是观赏红叶的最好季节,红叶延续时间通常为一个月左右。

(十)动物观赏时机

不同动物有各自不同的活动规律,因此观赏不同的动物要具体选择时机。广西万鹤山的白鹤朝出晚归,观赏白鹤最佳时机是清晨和傍晚。清晨,白鹤开始活动,万鹤上山,绿树丛中,处处可见白鹤的身姿;傍晚万鹤归巢,白鹤由远而近,慢慢向万鹤山汇集,有的低空而飞,有的展翅滑翔,或飞或舞,余音袅袅,不绝如缕,景观令人陶醉。

澳大利亚菲利普企鹅岛是一个以野生动物闻名的旅游度假胜地,这里生活着成群的企鹅,而且是世界上最小的企鹅,身高不足35 cm。观赏企鹅的最佳时间是晚上7点钟以后,因为晚间企鹅成群结队从海上归巢。企鹅岛因而以企鹅归巢的景象闻名。

南非的野生动物保护区很多,观赏野兽的最佳时刻是清晨和黄昏,观赏动物的最佳季节是5~8月。

(十一)天体观赏时机

天文观赏是近些年发展起来的一项重要旅游活动。观赏时机往往选择在天体的近地时间。由于不同天体有不同的运行轨迹,因此观察的时机需要天文台预测。

2003年8月29日凌晨两时,火星、地球和太阳依次排成一条直线,成为火星最接近地球的冲日,这是五万多年来火星最接近地球的时刻,此时火星与地球相距不到 5576 万 km,是观赏的最佳时机。据预测,到 2287 年 8 月 30 日,才能再次观赏到比这次距离还要近的火星大冲。

狮子座流星雨,被称为流星雨之王,在每年的 11 月 14 至 21 日左右出现。一般来说,流星的数目大约为每小时 10 至 15 颗,但平均每 33 至 34 年狮子座流星雨会出现一次高峰期,流星数目可超过每小时数千颗。2012 年狮子座流星雨于 11 月 17 日午夜前后上演,最大流量每小时 15 颗。2013 年 11 月 17 日晚流星雨之王光临地球,出现两次"极大"流星雨。2018 年 11 月,天宇上演"水星东大距""北金牛座流星雨极大""婚神星冲日""狮子座流星雨极大"四大天象。据记载,2001 年 11 月 18 日晚,我国曾是狮子座流星雨的最佳观赏地点。

(十二)人文景观观赏时机

人文旅游景观的节庆活动,一般都有定期,像汉族的元宵节观灯、清明节扫墓、端午节划船、中秋节赏月、重阳节登高,云南大理白族的"三月街",四川凉山彝族的"火把节",云南傣族的"泼水节",苗族的"四月八",蒙古族的"那达慕"等。

云南红河哈尼梯田规模宏大,气势磅礴。红河地区的元阳县境内全是崇山峻岭,所有梯田都修筑在山坡上。观赏元阳哈尼梯田的最好时机是每年 11 月至次年 4 月之间,因为这时候是水稻种植的间歇期,水平梯田层层透亮,易于欣赏。

同一旅游地往往包含许多景点,不同的景点也会有相应最适宜的旅游时间。以"西湖十景"为例,苏堤春晓、柳浪闻莺适合于春天游览,曲园风荷适于夏天游览,平湖秋月适于秋天游览,断桥残雪适于冬天游览,其他如双峰插云、花港观鱼、南屏晚钟、三潭印月、雷峰夕照四季都宜观赏。十景中,苏堤春晓宜赏早景,雷峰夕照宜赏黄昏之景,南屏晚钟、三潭印月、平湖秋月宜赏晚景和夜景。善于观赏者从景观中获得更多的审美趣味。西湖在苏东坡眼中是"水光潋滟晴方好,山色空蒙雨亦奇。欲把西湖比西子,淡妆浓抹总相宜。"(苏轼《饮湖上初晴后雨》)西湖随着天气的阴晴也在不断变换自己的容颜,善于审美的人,才能观赏到西湖善变的美态。

阅读材料:朱自清散文《威尼斯》

威尼斯(Venice)是一个别致地方。出了火车站,你立刻便会觉得;这里没有汽车,要到那儿,不是搭小火轮,便是雇"刚朵拉"(Gondola)。大运河穿过威尼斯像反写的 S;这就是大街。另有小河道四百十八条,这些就是小胡同。轮船像公共汽车,在大街上走;"刚朵拉"是一种摇橹的小船,威尼斯所特有,它哪儿都去。威尼斯并非没有桥；三百七十八座，有的是。只要不怕转弯抹角，那儿都走得到，用不着下河去。可是轮船中人还是很多，"刚朵拉"的买卖也似乎并不坏。

威尼斯是"海中的城"，在意大利半岛的东北角上，是一群小岛，外面一道沙堤隔开亚得利亚海。在圣马克方场的钟楼上看，团花簇锦似的东一块西一块在绿波里荡漾着。远处是水天相接，一片茫茫。这里没有什么煤烟，天空干干净净；在温和的日光中，一切都像透明的。中国人到此，仿佛在江南的水乡；夏初从欧洲北部来的，在这儿还可看见清清楚楚的春天的背影。海水那么绿，那么酽，会带你到梦中去。

威尼斯不单是明媚，在圣马克方场走走就知道。这个方场南面临着一道运河；场中偏东南便是那可以望远的钟楼。威尼斯最热闹的地方是这儿，最华妙庄严的地方也是这儿。除了西边，围着的都是三百年以上的建筑，东边居中是圣马克堂，却有了八九百年——钟楼便在它的右首。再向右是"新衙门"；教堂左首是"老衙门"。这两溜儿楼房的下一层，现在满开了铺子。铺子前面是长廊，一天到晚是来来去去的人。紧接着教堂，直伸向运河去的是公爷府；这个一半属于小方场，另一半便属于运河了。

威尼斯的夜曲是很著名的。夜曲本是一种抒情的曲子，夜晚在人家窗下随便唱。可是运河里也有：晚上在圣马克方场的河边上，看见河中有红绿的纸球灯，便是唱夜曲的船。雇了"刚朵拉"摇过去，靠着那个船停下，船在水中间，两边挨次排着"刚朵拉"，在微波里荡着，像是两只翅膀。唱曲的有男有女，围着一张桌子坐，轮到了便站起来唱，旁边有音乐和着。曲词自然是意大利语，意大利的语音据说最纯粹，最清朗。听起来似乎的确斩截些，女人的尤其如此——意大利的歌女是出名的。音乐节奏繁密，声情热烈，想来是最流行的"爵士乐"。在微微摇摆地红绿灯球底下，颤着酽酽的歌喉，运河上一片朦胧的夜也似乎透出玫瑰红的样子。唱完几曲之后，船上有人跨过来，反拿着帽子收钱，多少随意。不愿意听了，还可摇到第二处去。这个略略像当年的秦淮河的光景，但秦淮河却热闹得多。

（节选自朱自清《朱自清散文经典全集》，北京出版社，2007）

本章习题：

一、选择题

1. 下面不属于旅游者审美的生理层次的是（　　）。

A. 触觉　　　　　B. 视觉　　　　　C. 嗅觉　　　　　D. 感觉

2. 对于想象这个心理活动,出现在旅游审美活动中的主要是(　　)。

A. 知觉性想象　　B. 创造性想象　　C. 一般性想象　　D. 以上都不对

3. (　　)不属于旅游审美的心理活动。

A. 感知觉　　　　B. 听觉　　　　　C. 想象　　　　　D. 理解

4. 根据旅游者审美状态不同,可以将旅游审美方法分成(　　)。

A. 动态观赏、静态观赏和动静结合观赏三种

B. 动态观赏和静态观赏两种

C. 俯视、平视、仰视三种

D. 俯视和仰视两种

5. 动态观赏按照移动方式可分为(　　)。

A. 徒步观赏和交通工具观赏　　　　B. 从上游览观赏和从下游览观赏

C. 从前游览观赏和从后游览观赏　　D. 慢速游览观赏和快速游览观赏

6. (　　)可见景观雄伟高峻之美。

A. 平视　　　　　B. 俯视　　　　　C. 仰视　　　　　D. 以上都不对

7. 长白山大峡谷岩溶,一峰可以展示出几个不同的景观,正看是引颈长啸的"天马",斜看是沙漠中的"骆驼",再换个角度看成了竞渡的"龙舟"。这是因为(　　)。

A. 观赏者离景物的距离不一样

B. 观赏者的想象力不一样

C. 观赏者的文化水平不一样

D. 从不同角度与位置欣赏,可以产生不同的审美感受

8. "毕竟西湖六月中,风光不与四时同。接天莲叶无穷碧,映日荷花别样红。"这句诗反映的是(　　)特定景观观赏时机。

A. 不同季节观赏,景物呈现不同状态　　B. 特定位置观赏,景物呈现不同状态

C. 不同角度观赏,景物呈现不同状态　　D. 以上都不对

二、实践题

忽然听见水声了,再往下没有多少步,声音就非常之大,好像整个洞里充满了这轰轰的声音,真有逼人的气势。就看见一挂瀑布从石隙吐出来,吐出来的地方石势突出,所以瀑布全部悬空,上狭下宽,高大约十丈。身在一个不知道多么大的岩洞里,凭汽油灯的光平视这飞珠溅玉的形象,耳朵里只听见它的轰轰,脸上手上一阵阵地沾着飞来的细水滴,这是平生从未经历的境界,当时的感觉实在难以描述。

再往下走几十级,瀑布就在我们上头,要抬头看了。这时候看见一幅奇景,好像天蒙蒙亮的辰光正下急雨,千万枝银箭直身而下,天边还留着几点残星。这个比拟是工友说给我听的,听了

他说的,抬头看瀑布,越看越有意味。这个比拟比较把石钟乳比做狮子和象之类,意境高得多了。

在那个位置上仰望,瀑布正承着洞口射进来的光,所以不须照灯,通体雪亮。所谓残星,其实是白色石钟乳的反光。

这个瀑布不像一般瀑布,底下没有潭,落到洞底就成伏流,是双龙洞泉水的上源。

现在把徐霞客记冰壶洞的文句抄在这里,以供参证。"洞门仰如张吻。先投杖垂炬而下,滚滚不见其底。乃攀隙倚空入。忽闻水声轰轰,秉炬而下,则洞之中央,一瀑从空中下坠,冰花玉屑,从黑暗处耀成洁彩。水穴石中,莫稔所去。乃依炬四穷,其深陷逾朝真,而屈曲少逊。"

节选自叶圣陶《记金华的双龙洞》

结合本章学习的旅游审美结构和方法,分析以下问题:

1. 从生理和心理两个层次分析作者游览金华双龙洞时的不同感受。
2. 作者从不同位置与角度对双龙洞进行了游览和描述,试举例说明。

参考文献

1. 董翠.景观设计原理[M].武汉:武汉理工大学出版社,2010.
2. 崔莉.旅游景观设计[M].北京:旅游教育出版社,2012.
3. 雅克·马凯.审美经验[M].北京:商务印书馆,2016.
4. 安简·查特吉.审美的脑[M].杭州:浙江大学出版社,2016.
5. 亓元,陈琳,屈凯.旅游审美概论[M].哈尔滨:哈尔滨工程大学出版社,2012.
6. 王春雷.生活中的活动管理艺术[M].北京:科学出版社,2018.
7. 祁颖.旅游景观美学[M].北京:北京大学出版社,2009.
8. 曹诗图.旅游文化与审美[M].武汉:武汉大学出版社,2017.
9. 李鸿,姚雪峰,苏喜娥.导游与旅游审美[M].北京:中国铁道出版社,2013.
10. 薛英,车秀英,钱小梅.旅游心理与服务策略[M].北京:清华大学出版社,2013.
11. 陈鸣,赵全鹏,朱湘辉.新编旅游美学[M].广州:华南理工大学出版社,2013.
12. 吴荻.旅游景观审美[M].北京:中国旅游出版社,2018.
13. 刘南威.自然地理学[M].北京:科学出版社,2014.
14. 范德华.旅游景观鉴赏[M].北京:旅游教育出版社,2013.
15. 李天元.旅游学概论[M].天津:南开大学出版社,2014.
17. 顾朝林.人文地理学导论[M].北京:科学出版社,2012.
18. 柴庆春.旅游审美十五讲[M].北京:北京大学出版社,2018.
19. 陈学军.旅游资源学概论[M].北京:中国人口出版社,2016.
20. 叶朗.美学原理[M].北京:北京大学出版社,2009.